KB091763

북일 교섭 30년

NIKKANKOSHO 30NENSHI by Haruki Wada

Copyright © Haruki Wada, 2022
All rights reserved.

Original Japanese edition published by Chikumashobo Ltd.
Korean translation copyright © 2023 by Booksea Publishing Co.
This Korean edition published by arrangement with Chikumashobo Ltd., Tokyo, through The English
Agency (Japan) Ltd. and Duran Kim Agency

이 책의 한국어판 저작권은 듀란킴 에이전시를 통한 Chikumashobo-English Agency와의 독점계약으로
서해문집에 있습니다.
저작권법에 의하여 한국 내에서 보호를 받는 저작물이므로 무단전재와 무단복제를 금합니다.

북일 교섭 30년

초판 1쇄 발행 2023년 8월 15일

지은이	와다 하루키
옮긴이	길윤형
펴낸이	이영선
책임편집	김종훈
편집	이일규 김선정 김문정 김종훈 이민재 김영아 이현정 차소영
디자인	김회량 위수연
독자본부	김일신 정혜영 김연수 김민수 박정래 손미경 김동욱

펴낸곳 서해문집 | 출판등록 1989년 3월 16일(제406-2005-000047호)
주소 경기도 파주시 광인사길 217(파주출판도시)
전화 (031)955-7470 | 팩스 (031)955-7469
홈페이지 www.booksea.co.kr | 이메일 shmj21@hanmail.net

ISBN 979-11-92988-22-1 03340

북일 교섭 30년

와다 하루키 지음

길윤형 옮김

서해문집

북일국교촉진국민협회는 2000년에 설립돼 북일 국교 정상화를 위해 운동해 왔다. 무라야마 도미이치村山富市 전 총리가 회장이 되고 내가 사무국장을 맡아 22년 동안 활동했다. 2021년 봄이 되어, 국민협회는 여전히 북일 국교 정상화를 실현하지 못한 우리 활동의 결과를 패배로 받아들이고 일본 정부가 지난 30년 동안 해 온 북일 교섭이 실패로 끝난 경과를 살피고, 이를 검증하는 기구를 설치하기로 결정했다. 협회 내부에선 의견이 엇갈렸다. "우리는 진 것이다. 이제 와 검증해 본다 한들 의미가 없다"라고 주장하는 사람들은 검증회의에 참가하려 하지 않았다. 하지만 우리는 검증회의 구성을 시작으로 2022년 여름까지 회의를 거듭해 가며 이 작업을 끝냈다. 이 토의의 결론을 내가 정리해 지쿠마서방筑摩書房을 통해 출간한 것이 이 책의 일본어판《日朝交涉30年史》다. 2022년 9월 6일에 간행된 이 책에서 나는 납치 문제를 이용해 일본 정부의 국책이었던 북일 국교 정상화 사업을 실패로 끝나게 한 인물이 아베 신조安部晉三 전 총리였다고 지적했다.

하지만 이 보고서가 나오기 2개월 전인 2022년 7월 8일 아베는 통일교회 신자 2세이자 전 해상자위대원 청년이 만든 수제 총에 맞아 절명했다. 9월 27일 아베의 국장에서 기시다 후미오岸田文雄 총리는 아베의 대북정책을 계승하겠다고 맹세했다. 우리의 보고서가 일본 정부에 의해 거부당한 것이나 마찬가지였다.

그로부터 1년이 지났다. 아베의 숭배자들은 그사이에 《아베 신조 회고록安倍晋三回顧録》(주오공론사中央公論社, 2023)을 간행해 아베 신조의 승리의 변을 세상에 퍼뜨렸다. 나아가 아베 신조의 맹우라 할 수 있는 NHK의 이와타 아키코岩田明子도 《아베 신조 실록安倍晋三実録》(분게이슌주文藝春秋, 2023)을 내 아베의 승리의 변을 다시 한번 세상에 알렸다. 아베가 숨진 뒤 1년 동안 일본에선 이미 생명을 잃은 아베 노선을 기계적으로 찬미하는 목소리가 높아지고 있다.

그런 가운데 존경하는 기자 길윤형 씨가 이 책을 한국어판으로 번역해 한국에서 출판한다는 사실은 커다란 기쁨을 전해 준다. 한국어판에선 어떤 수정도 하지 않았다. 2022년 원서 내용이 그대로 유지됐다.

이 책은 북일국교촉진국민협회의 패배를 그리고 있다. 여기서 우리가 절망을 말하고 있다는 사실은 틀림없다. 그러나 동시에 북일 국교 정상화 사업을 파멸에 이르게 한 아베 신조 전 총리의 노선, 아베 납치 3원칙의 책임을 분명히 하고 있다. 이 3원칙이 변하지 않는 한, 북일 교섭을 추진하는 것은 불가능하다. 하지만 이 점을 수정한다면, 북일 교섭은 앞으로 나아갈 수 있을 것이다.

한국어판 서문

예전에 중국의 작가 루쉰魯迅은 헝가리의 혁명 시인 페퇴피 샨도르Petőfi Sándor에 대해 다음과 같이 말했다. "고통스러운 인생이여. 견줄 이 없이 용감하던 페퇴피 같은 이도 마침내 어두운 밤을 향해 발을 멈추고, 망망한 동방을 돌아보았소. 그가 말했소, 절망도 희망처럼 허무한 것이다."

북일국교촉진국민협회는 올해 말에 활동을 끝내게 된다. 그러나 나는 절망의 바닥 끝에서 희망을 본다. 일본 국민은 북일 국교 정상화를 반드시 달성할 것이다. 동북아시아 평화의 집, 함께하는 집을 만들어 내기 위해 이는 열어젖히지 않으면 안 되는 문이다. 하지만 일본 국민이 그렇게 하기 위해선 어떻게든 한국 국민의 이해와 지원이 필요하다. 먼저 이 책을 읽는 한국 독자들이 이에 가세해 주길 바란다.

2023년 7월

와다 하루키和田春樹

머리말

북일국교촉진국민협회는 2000년 7월 3일 설립됐다. 무라야마 도미이치 회장,[*] 아카시 야스시明石康, 스미야 미키오隅谷三喜男, 미키 무쓰코三木睦子 부회장을 중심으로 하는 협회는 "2001년 중에 적어도 2002년 월드컵 개최까지는" 북일 국교 수립을 실현하자는 목표를 내걸었다. 그리고 고이즈미 준이치로小泉純一郎 총리가 2002년 9월 17일 북한을 방문해 김정일 위원장과 회담하고 북일 평양선언을 발표했다. 북일 국교 수립은 눈앞에 다가온 것처럼 보였고, 실로 협회의 희망이 이뤄질 수 있겠다고 생각한 순간이었다.

그렇지만 유감스럽게도 그해가 다 가기도 전에 희망은 산산조각 나고, 북일 교섭은 결렬되고 말았다. 이후 20년 동안 국민협회는 이

---

[*] 1994년 6월 30일부터 1996년 1월 11일까지 일본의 제81대 총리대신을 지냈다. 일본 사회당(이후 사민당)이 배출한 유일한 총리다. 1995년 8월 아시아 주변 국가를 침략하고 식민 지배를 한 것에 대한 통절한 사과와 반성의 뜻을 밝힌 무라야마 담화를 남겼다.

런 상황을 만회해야 한다는 생각에 노력을 이어 왔지만, 사태를 바꿀 순 없었다. 무라야마 회장은 고향인 오이타 땅에 살아 있지만, 스미야 씨는 2003년, 미키 씨는 2011년에 숨졌다. 국민협회는 2020년을 맞아 우리의 패배를 인정하고 지난 역사를 되돌아보며 이후 나아가야 할 길을 생각하는 것을 목표로 삼기로 했다. 이는 우리(국민협회)가 가야 할 길일 뿐 아니라, 일본 국민이 나아가야 할 길이기도 하다.

우리는 같은 근심을 가진 이들을 불러 모아 2021년 봄부터, 2002년의 실패를 되묻고, 이후 20년의 교섭과 활동의 역사를 검증하는 기획으로 북일국교교섭검증회의日朝国交交渉検証会議 활동을 시작했다. 작업을 시작해 보니 곧바로 우리가 하는 이 검증 작업은 북일 평양선언이 있었던 2002년이 아닌 북일 국교 교섭이 시작된 1991년으로 거슬러 올라 수행해야 한다는 사실을 깨닫게 됐다. 우리는 일본 정부가 지난 30년 동안 북일 국교 교섭을 이어 왔지만, 국교 수립을 이뤄내는 데 실패했다는 것을 확인하고 그 원인을 규명하려 했다. 과거의 교섭사에 등장하는 다나카 히토시田中均, 야마사키 다쿠山崎拓, 가네마루 신고金丸信吾, 조지마 고리키城島光力, 스토 노부히코首藤信彦, 아리타 요시후有田芳生, 마키타 구니히코槙田邦彦, 미네 요시키美根慶樹, 하스이케 도루蓮池透, 요시다 다케시吉田猛, 고자카 히로아키小坂浩章 등과 이 역사를 취재·보도했던 후쿠자와 마유미福澤真由美, 기타노 류이치北野隆一, 아오키 오사무青木理, 김수영金寿英 등에 대한 인터뷰 조사도 진행했다.

1년 반 동안 이어진 검증회의의 성과를 기초로, 국민협회 사무국장이자 검증회 대표인 와다 하루키가 북일 국교 교섭 30년의 보고서를 집필했다. 그리고 검증회의에 참가한 10명의 위원이 이 원고를 교열했다. 이 책이 북일 교섭을 위한 일본 국민의 새로운 출발과 일본 정부의 앞으로의 노력에 조금이라도 도움이 될 수 있다면, 그보다 더한 기쁨은 없을 것이다.

하지만 이 과정(지난 30년간의 북일 교섭 과정)의 주역이었던 고이즈미 준이치로, 아베 신조 전 총리와는 인터뷰하지 못했다. 아베는 이 책의 교열을 위한 편집본이 나온 직후인 2022년 7월 8일 한 청년이 쏜 수제 총에 맞아 사망했다. 이 책을 읽지 못하게 된 점에 대해 아쉽게 생각한다.

머리말

차례

일러두기

1 이 책은 저자인 와다 하루키가 북일국교촉진국민협회 설립 20주년을 맞아 협회의 지난 활동을 돌아보려는 북일국교교섭검증회의 작업의 일환으로 집필한 것이다. 그런 이유로 본문에서 저자 이름이 3인칭으로 표현돼 있다.

2 인명, 지명 등 외래어는 국립국어원 외래어표기법을 따랐으나, 일부는 관례에 따라 그대로 두었다.

3 원서 본문에 나온 '북조선', '일조 관계', '조선전쟁' 등의 표현은 한국어판 독자들에게 익숙하도록 '북한', '북일 관계', '한국전쟁' 등으로 바꿨다. 본문 속에 나오는 일부 오류는 옮긴이가 사실관계 확인 뒤 별도 설명 없이 고쳤다.

4 직함은 되도록 처음 나올 때 한 번만 표기하고(예: 아베 신조 총리, 이후 아베), '○○ 씨' 등 경칭도 생략했다(예: 아베 씨, 아베).

5 본문에서 옅은 색으로 표시한 단어 또는 문장은 독자들의 이해를 돕기 위해 옮긴이가 추가한 부분이다. 별도 설명이 필요한 구절엔 옮긴이 주를 각주로 달았다.

들어가며,
일본과
북일 국교 정상화

최후의 전후 처리 미달성국 북한

일본은 1945년 8월 14일,[*] 미·영·중·소 4개국이 요구한 포츠담선언을 수락하면서 연합군에 항복했다. 이로써 1894~1895년 청일전쟁 이후 50년에 이르는 전쟁 국가의 역사를 끝냈다. 전승 연합국의 대부분을 구성하는 구미 제국(미국·영국·네덜란드·프랑스·오스트레일리아·뉴질랜드·캐나다 등)이나 동남아시아 국가들(인도네시아·필리핀·남베트남·캄보디아·라오스 등)과는 1951년 샌프란시스코강화조약에 조인하며 전후 처리를 끝냈다.

그러나 중국·소련 등 중요 연합국은 이 강화조약에 참가하지 않

---

[*] 일본 정부가 최종적으로 일본의 '무조건 항복' 의사를 연합군에 전달한 것은 1945년 8월 14일 밤이었다. 그에 따라 이튿날인 15일 정오에 이뤄진 일본 천황의 항복 방송은 그날 밤 11시 25분에 녹음됐다. 자세한 내용은 김윤형, 《26일 동안의 광복》, 서해문집, 2020, 71~75쪽 참조.

았다. 일본은 이들 국가와는 긴 시간을 들여 교섭하면서 전후 처리를 해 나갈 수밖에 없었다. 먼저 강화회의 직후인 1952년에 중화민국(타이완)과 일화 평화조약을 체결했다. 1954년에는 버마(미얀마)와 평화조약과 배상·경제협력협정을 맺었다. 소련과는 1956년에 소일 공동선언을 발표하고 국교를 수립했다. 일본이 식민 지배를 했던 조선의 남반부에서 탄생한 대한민국과는 1965년에 한일 기본조약을 맺었다. 공산 중국인 중화인민공화국과는 1972년에 중일 공동선언을 발표하고, '하나의 중국' 정책에 따라 타이완과 일화 평화조약을 파기한 뒤 국교를 수립했다. 북베트남(베트남민주공화국)은 1973년 9월에 일본과 북베트남의 주프랑스 대사가 서한을 교환해 국교를 수립했다. 이것으로 전후 처리는 거의 완료되어, 국교 정상화가 이뤄지지 않은 채 남게 된 것은 조선의 북반부에서 생겨난 조선민주주의인민공화국뿐이다.

이 나라와의 국교 교섭은 1991년 시작됐지만, 30년이 지난 지금도 여전히 국교 수립에 이르지 못하고 있다. 그에 따라 2022년 기준으로 77년 전에 끝난 전쟁 시대의 사후 처리가 아직도 완료되지 않는 상태다. 그 결과 일본의 이웃 나라 가운데 하나인 조선민주주의인민공화국은 2022년 현재까지도 일본이 국교를 맺지 않은 세계 유일의 국가로 남아 있다.

전후 일본과 북한

애초 근대 일본이 가장 처음으로 쳐들어가 완전히 병합한 나라가 대한제국이었다. 1910년 8월 병합과 함께 일본은 이 국가의 영역을 조선이라 부르기로 결정했다. 조선에 대한 식민 지배는 햇수로 36년에 이르렀다. 일본 정부는 1945년에 미·영·중·소 4개국이 발표한 포츠담선언을 수락하며, 거기(포츠담선언문)에 포함되어 있던 카이로선언의 조건* 중 하나였던 "조선 인민이 놓여 있는 노예 상태에 유의해", "조선을 자유롭게 독립시킨다는 결의"에 따른다는 것을 받아들였다. 그에 따라 1951년 9월 샌프란시스코강화조약을 체결함에 있어 "일본국은 조선의 독립을 승인하고 … 조선에 대한 모든 권리·권원 및 청구권을 포기한다"는 것에 동의했다.

일본의 지배에서 해방된 조선은 미소의 결정에 따라 북위 38도선을 경계로 미군과 소련군에게 분할 점령됐다. 3년 뒤인 1948년 각각의 점령 지역에 대한민국과 조선민주주의인민공화국이 건국됐다. 헌법상 대한민국의 판도는 한반도 전체**라고 선언됐고, 조선민주주의인민공화국의 수도는 서울***로 정해졌기에, 두 국가의 관계는 기본적으로 적대적으로 되었다. 각각이 통일을 목표로 삼았다. 북한은

---

* 1945년 7월 연합군이 일본에 수락할 것을 요구한 포츠담선언 8조엔 "카이로선언의 요구 조건들이 이행될 것"이라는 내용이 포함돼 있다. 또 1943년 12월 연합군이 발표한 카이로선언엔 "연합국은 한국 인민의 노예 상태에 유의해 한국이 적절한 시기에 자유롭게 독립될 것을 결의한다"라고 되어 있다. 즉, 일본이 포츠담선언을 받아들여 항복한다는 것은 곧 조선의 독립 역시 허용한다는 것을 의미했다.
** 대한민국 헌법 3조는 "대한민국의 영토는 한반도와 그 부속도서로 한다"라고 되어 있다.
*** 1972년 헌법개정을 통해 평양으로 수정했다.

이를 '국토완정'이라 불렀고, 남한은 '북진통일'이라 표현했지만, 그 의미하는 바는 모두 무력통일이었다.

남북한이 건국됨에 따라 소련군과 미군은 각각 철수했다. 그 뒤 조선인민군은 1950년 6월 25일 무력통일을 목표로 남쪽으로 쳐들어가 이틀 뒤 서울을 점령했다. 한국전쟁이 시작된 것이었다. 일본을 점령하고 있던 미군이 곧바로 한국 쪽에서 참전했기 때문에 일본은 점령군의 요청 혹은 명령에 따라 미군의 군사행동을 지원하는 태세에 돌입했다. 그 결과 일본은 자발적 결정에 따른 국가의사로서 참전한 것은 아니지만, 준 참전국이자 실질적 참전국이 됐다. 일본에서 이륙한 미군의 B-29 폭격기는 북한군을 분쇄하고, 북한을 초토화했다. 미군·유엔군의 힘으로 북한의 무력통일 시도를 저지하고 난 뒤, 이번엔 한국군과 미군이 북진해 남쪽에서 무력통일을 시도하는 길로 들어섰다. 한국군과 미군은 10월 20일 평양을 점령했다. 그러나 이번엔 공산 중국(중화인민공화국)이 북한 쪽에서 참전해 한국과 유엔의 무력통일 시도를 저지했다. 이를 통해 한국전쟁은 한반도에서 이뤄진 미·중 전쟁으로 변하고 말았다.

이 단계에서 정전회담이 1951년 7월 10일 시작됐다. 이 회담이 합의에 이르기까지 2년이 걸렸다. 1953년 7월 27일 휴전협정이 맺어져 휴전이 실현됐다. 중국인민지원군中國人民志願軍은 1958년 완전히 철수했지만, 미군은 머물러 미국·한국군과 조선인민군의 군사적 대치는 한없이 이어지고 있다.

한국전쟁이 한창 진행되고 있는 가운데 미국의 중개로 한국과 일본 간의 국교 정상화 교섭이 시작됐다. 이 교섭은 긴 중단 기간을 포함해 끈질기게 이어졌다. 결국, 1965년 6월에 한일 기본조약이 체결되어, 한국과 일본은 국교를 정상화했다.

이때 맺어진 한일 기본조약 제3조에 한국은 자국이 한반도에서 유일한 합법적 정권임을 일본 쪽이 인정하도록 만들었다고 주장했다. 하지만 일본 정부는 그런 해석을 취하지 않고 한국의 관할권은 한반도의 남쪽에 한정된다는 인식을 유지했다. 그러나 일본은 그 뒤에도 오랫동안 한국과만 국교를 유지하고 북한과는 국교를 맺으려 하지 않았다.

국교 없는 북일 관계의 현실

그렇다고는 해도 한국전쟁이 끝나고 난 뒤, 일본과 조선민주주의인민공화국 사이에도 다양한 관계가 생겨났다. 이런 문제에 대응하기 위해 자연스레 정부 간 교섭도 이뤄지게 됐다. 남일南日 북한 외무상은 1955년 2월 25일 일본 정부에 무역·문화 관계를 열자고 제의하는 성명을 발표했다. 이런 북한 정부의 선제적 움직임에 따라 양국 적십자사 간 교섭이 이뤄져 재일 조선인들이 북한으로 집단 도항(이주)하는 일이 실현됐다.

일본에서 재일 조선인 975명을 태운 첫 번째 귀국선이 니가타新潟현 니가타항을 출발해 이틀 뒤인 1959년 12월 16일 청진항에 도착했다. 청진 부두에는 1만여 명의 환영 인파가 몰려나왔다. 일본에서 생활고에 허덕이며 차별에 절망하고 있던 재일 조선인들이 북한에 희망을 걸고 민족이동이라고 부를 만한 행동에 나섰다. 귀국자 수는 다음 해인 1960년에는 4만 9000명으로 뛰어올랐다. 일본 정부도 생활 보호를 해야 하는 재일 조선인들을 북한으로 내보낼 수 있으니 이 사업을 적극 추진할 만한 동기가 있었다. 결과적으로 1959년부터 1962년까지 4년간 7만 5000명 정도, 최종적으로 9만 명이 북한으로 이주했다.

1965년 6월 한일조약이 체결돼 한국과 일본 사이에 국교가 열리게 되니 남북 관계나 북일 관계가 긴장에 빠지게 된다. 한국이 베트남 전쟁에 참전한 것에 대항해, 북한은 1968년 1월에 무장 게릴라를 서울에 침투*시키는 일까지 저질렀다. 무장 게릴라는 전멸했고, 북한은 이 노선을 하루빨리 바꿔야 하는 상황을 맞게 됐다.

1970년대에 들어선 뒤인 1972년에는 남북공동성명**이 나왔다. 남북 관계는 크게 바뀌어 긴장이 완화되었고, 북일 관계에서도 민간 무역이 시작됐다. 무역대금을 지불하는 데 연체 문제가 발생해 무역은 순조롭게 늘어나지 않았지만, 그래도 북한에 일본은 중국 다음가는 무역상대국이 되었다. 1980년 북일 무역은 수출과 수입을 합쳐 연간 5억 5400만 달러에 달했다.

---

* 1968년 1월 21일 북한 무장군인 31명이 청와대를 기습해 대통령 박정희를 제거하려다 실패한 사건이다. 1·21 사태 혹은 당시 살아남은 유일한 북한군인 김신조의 이름을 따 김신조 사건이라 부른다.
** 7·4 남북공동성명을 뜻한다. 자주·평화·민족대단결 등 조국통일 3대 원칙에 합의했다.

북일 국교 수립의 태동

북일 국교 정상화를 추진하는 움직임은 1971년 시작됐다. 자민당 의원이 중심이 되어 북일우호촉진의원연맹(구노 주지久野忠治 회장)이 생겨났다. 1973년 무렵에는 총평사회당 등 혁신계가 북일국교정상화국민회의를 조직해 국교 수립을 요구하는 활동을 시작했다. 그러나 북한이 '두 개의 조선론'은 인정하지 않는다는 입장*을 강하게 내세움에 따라 국교 정상화라는 얘기를 할 수 없게 됐다. 결국 이 단체는 1983년에 북일우호연대국민회의로 이름을 바꾸게 된다. 1970년대의 특징은 김대중 납치 사건**과 시인 김지하 구원 활동*** 등으로 한국 민주화운동과 연대하는 일본 내 시민운동이 시작되고 활발해졌다는 점이다. 한일 연대 운동의 시대였다.

이런 상황 속에서 새롭게 북일 국교 수립을 추진하는 운동이 제기된 것은 다름 아닌 1984년이었다. 한국 민주화운동과 연대 행동을

---

* '두 개의 조선을 인정하지 않는다'는 것은 북한만이 한반도 내의 유일한 합법 정부라는 의미다. 일본이 이를 받아들인다면, 북한과 수교를 위해선 한국과는 단교해야 한다.
** 김대중 전 대통령은 1973년 8월 8일 오후 1시께 일본 도쿄의 그랜드팰리스 호텔 2210호실에서 중앙정보부 요원들에 의해 납치됐다. 김대중의 구명을 위해 일본 정부와 일본 시민사회가 적극적으로 활동했다.
*** 김지하는 1974년 4월 '민청학련 사건'에 연루돼 사형 선고를 받았다. 일본 시민사회는 즉각 '김지하 등을 돕는 모임金芝河を助ける会'을 발족하고, 박정희 대통령에게 '김지하를 죽이지 말라! 석방하라!'라는 호소문을 보내는 등 적극 대응에 나섰다.

해 온 일본의 시민과 기독교인들이 한국인의 마음과 소원을 이해하게 되면서, 1984년 7월 일본의 식민지 지배에 대한 반성·사죄를 표명하는 국회결의를 채택해야 한다고 제안하기에 이르렀다. 중심에 있었던 것은 아오치 신青地晨, 오에 겐자부로大江健三郎, 시미즈 도모히사清水知久, 스미야 미키오, 쓰루미 슌스케鶴見俊輔, 와다 하루키 등 지식인들과 나카지마 마사히사中嶋正久, 시요지 쓰토무東海林勤, 소마 노부오相馬信夫, 후카미즈 마사카쓰深水正勝 등 신구 기독교인들이었다. 와다가 기초한 성명 '조선 문제와 일본의 책임'에 136명이 서명했다.

전두환 대통령의 방일*을 앞둔 1984년 7월 4일 발표된 이 성명은 "일본 국민은 한일병합이 조선 민족의 의사에 반해 강행되었다는 것을 인정하고, 일본이 식민지 통치 시대에 걸쳐 이 민족에게 측량할 수 없는 고통을 줬다는 것을 반성하며, 마음 깊이 사죄한다"라는 취지의 국회결의를 시행하고 이 결의를 한국 정부에 전달하면서 한일조약 제2조의 해석을 수정**한다는 요구를 담고 있었다. 그와 함께

---

* 1984년 9월 6일부터 8일까지 이어졌다. 대한민국 정상의 첫 공식 일본 방문이었다.

** 한일 양국은 1965년 6월 22일 도쿄에서 정식 서명된 〈대한민국과 일본국 간의 기본 관계에 관한 조약〉 2조에서 "1910년 8월 22일(병합조약) 및 그 이전에 대한제국과 대일본제국 간에 체결된 모든 조약(을사조약 등) 및 협정이 '이미' 무효임을 확인한다"라고 못 박았다. 일견 별 특색이 없어 보이는 이 문장은 아슬아슬한 긴장 속에서 위태롭게 균형을 유지하고 있다. 갈등의 핵심은 '이미'(already·もはや)라는 단어에 압축돼 있다. 한국은 조문 속에 담긴 "(지난 조약이) 무효임을 확인한다"라는 구절을 통해 '병합조약 등은 처음부터 불법·무효'였다는 입장을 취하고

"이 결의를 전달하기 위해 조선민주주의인민공화국과 접촉해 식민지 관계 청산을 위한 교섭을 시작"해야 한다는 점도 촉구했다. 이 성명의 기초자는 1983년 북한이 벌인 양곤 폭파 사건*을 깊게 우려하면서, 북일 정부 간 교섭을 시작함으로써 북한과 긴장을 완화하는 길을 찾으려 한 것이다. 그러나 이때 사회당의 이시바시 마사시石橋政嗣 위원장이 이 요청에 대해 회답을 보내오며 언급한 것과 같이, 이런 국회결의를 채택하는 것은 말 그대로 "꿈과 같은 얘기"일 뿐이었다.[1]

도쿄의 운동과 전혀 관계없는 지역인 교토에서도 움직임이 일어났다. 조선총련 교토지부의 요청을 받아 불교대학 학장인 미즈타니 고쇼水谷幸正(정토종 종무총장)와 오쿠다 아즈마奥田東(전 교토대학 학장)가 그해 10월에 북한을 방문했다. 미즈타니는 이듬해 북일종교자교토간담회를 시작했고, 오쿠다는 교토북일학술문화교류협회를 설립했다. 미즈타니는 교토부 출신으로 이 지역에 선거구를 가진 자민당 의원에게 접근해 노나카 히로무野中広務[2]의 지원을 얻게 됐다. 이 무렵 교토에서도 이 같은 치밀한 활동이 독자적으로 시작된 것이다.

있으나, 일본은 '이미'란 부사어를 통해 '원래는 합법·유효했지만, 일본의 항복과 한국의 건국 등으로 1965년 현재 무효가 됐다'고 해석한다. 일본이 이 2조의 해석을 수정한다는 것은 지난 식민 지배가 합법이 아닌 불법이었음을 인정한다는 의미다.

* 1983년 10월 9일에 미얀마의 옛 수도 양곤에 위치한 아웅산 묘역에서 북한이 미리 설치한 폭탄이 터져 21명이 숨지고 수십여 명이 부상을 입었다. 한국의 서석준 부총리, 이범석 외무부 장관, 김동휘 상공부 장관 등 각료와 수행원 17명 등이 숨졌다. 전두환은 도착이 늦어 가까스로 목숨을 구했다.

그런데 이와 거의 비슷한 시기 일본 정부의 핵심부에서도 정책 변화의 움직임이 시작되고 있었다. 이는 전두환이 과감한 대북정책을 모색한 것과 연결된 움직임이기도 했다. 쿠데타로 권력의 자리에 오른 전두환은 1988년 서울올림픽 개최권을 따냈기 때문에 공산주의 국가들이 올림픽에 참가할 수 있도록 소련과 중국에 접근할 기회를 노리고 있었다. 이를 위해 전두환은 1983년께부터 중국·소련과의 국교 수립과 미국과 일본도 북한을 인정한다는 교차승인안을 구상하게 되었다. 이 무렵 일본에서는 나카소네 야스히로中曽根康弘 내각이 탄생했다. 나카소네 총리는 1983년 1월 첫 방문국으로 한국을 찾아 전두환과 회담했다. 그때 전 대통령이 교차승인안이 합리적이라고 설명했다.[3]

1983년 11월 나카소네는 일본을 방문한 중국의 지도자 후야오방胡耀邦에게 중국과 우호적 관계를 맺기를 원한다는 한국의 희망을 전했다. 나카소네는 1984년 3월 중국을 방문했을 때 교차승인안을 제안했지만, 중국의 태도는 신중했다. 류큐대학 김성호金成浩의 연구에 따르면, 전두환 정권은 1984년 11월 20일 비밀명 '한강개발계획(안)'이라는 '교차접촉'을 통해 '교차승인'으로 나아가는 교차승인정책에 관한 문서를 작성해 두고 있었다.[4] 한국은 중국·소련, 북한은 일본·미국과 국교를 수립한다는 안이었다.

이런 교류를 해 나가는 가운데, 나카소네도 교차승인안에 따라 북일 국교 수립을 추진하는 방침을 가져야 한다는 생각이 점점 더 분명해졌을 것이라 생각된다. 그에 따라 드디어 나카소네는 1985년 5월 2~4일 독일 본에서 이뤄진 로널드 레이건Ronald Reagan 미국 대통

령과의 회담에서 한반도에 변화를 불러오기 위해서 '엇갈림たすき掛け 승인'(교차승인)을 해야 할 필요가 있다고 제안하기에 이른다. 회담 내용을 받아 적기 위해 배석하고 있었던 관방부장관 야마사키 다쿠는 다음과 같이 증언하고 있다.

나카소네 총리는 1985년 본 정상회담에서 레이건과 회담하던 중에 냉전 구조를 해소해야 한다고 진언했습니다. 그 내용은 냉전 구조가 남아 있는 것은 베를린 장벽과 38선(휴전선)이니까, …해소하지 않으면 안 된다. …우리(일본)는 한반도에 그려진 38도선의 해소를 추진하겠다고 말한 것입니다. 한국은 중국·소련과 국교가 없고, 북한은 일본·미국과 국교가 없다. 그렇기 때문에 교차승인을 해야 하지 않느냐고, 나카소네가 말했습니다.

'엇갈림 승인'은 나카소네가 만든 용어입니다. 레이건은 국제안전보장 정책에 대해 정통한 분이 아니었기 때문에 잠시 회담을 중단하고, 동행하고 있던 조지 슐츠George Schultz 국무장관과 캐스퍼 와인버거Caspar Weinberger 국방장관을 별도 방으로 불러 30분 정도 협의했습니다. 그리고 회담이 재개되자 레이건 대통령이 "앞서 나카소네 총리가 한 제언을 받아들이겠다"라고 말했습니다.

당시 나는 브리퍼(기자들에게 회담 내용을 설명하는 역할)이기도 했는데, 이 부분은 기자들에게 발표하지 않았습니다. 동행하고 있던 아베 신타로安倍晋太郎 외무상*이 "야마사키 군 지금 얘기는 밖으로 내지 마라"

라고 했기 때문입니다. 그래서 공개하지 않았습니다.[5]

아베 신타로가 이 발표를 하지 못하게 막은 것은 정부 부처 내에서 토의되지 않은 구상이었기 때문이었을 것이다. 그래서 발표를 막고, 나카소네에게도 자제를 요청했던 것으로 보인다. 나카소네는 죽을 때까지 본 정상회담 때 자신이 했던 이 제안에 대해 한 번도 언급하지 않았다. 하지만 이 사실은 야마사키 다쿠라는 정치가의 기억 속에 남아, 1990년대에 외부로 공개되어 일본의 대북정책에 영향을 주게 된다.

어찌 되었든, 묘하게도 이 무렵 민간과 정부 내에서 동시에 북일 국교 수립의 가능성을 내다보는 새로운 발상이 나오게 되었다고 볼 수 있다.

그러나 일반 국민 가운데선 북한에 대한 관심이 여전히 낮은 상태가 이어졌다. 1980년대엔 북한에 대한 책이 연평균 15권 정도가 간행됐다. 대부분은 북한을 비판하는 책이었다. 산케이신문사의 시바타 미노루柴田穂가 쓴 《김일성의 야망(상·중·하)金日成の野望(上·中·下)》(산케이출판サンケイ出版, 1984), 소련에 망명한 북한 유학생 임은林隱이 쓴 《김일성왕조 성립 비사金日成王朝成立秘史》(지유사自由社, 1982), 북한에 납치된 영화인 최은희·신상옥의 회상록인 《어둠 속의 메아리闇からの餅 상·하》(이케다서점池田書店, 1988) 등이 대표적 출판물이었다.[6] 잡지 가운데서는 일본조선연구소의 사토 가쓰미佐藤勝

* 아베 신조의 아버지다.

巳가 그동안 내던 《조선 연구朝鮮研究》를 《현대 코리아現代コリア》로 이름을 바꿔 1982년부터 간행을 시작했다. 사토는 일본공산당원으로 니가타에서 재일 조선인의 귀국 운동을 도왔고, 도쿄로 올라와서는 한일조약 반대 운동에 열심히 활동하던 인물이었다. 하지만 이 무렵엔 북한에 대한 혹독한 비판자로 변해 있었다. 북한을 연구하는 잡지라 했지만, 급격히 북한을 비판하는 잡지가 됐다. 그 때문에 초기에 잡지에 참여했던 이들이 많이 떠나고 그다지 영향력을 갖고 있지 못했다.

북일 국교 교섭의
개시와
결렬,
1990~1992

1980년대 말의 새 정세

1980년대 말에 세계정세가 결정적으로 전환됐다. 1985년 소련공산당 서기장으로 취임한 미하일 고르바초프Mikhail Gorbachev 아래서 페레스트로이카라는 소련의 대개혁이 시작됐다. 대외정책에서도 '신사고'와 '글라스노스트'(자유언론)를 중심으로 사회가 획기적으로 변화하기 시작했다. 냉전이 끝나 감에 따라 동유럽에서 변혁의 움직임이 눈에 띄게 진행됐다. 동아시아에서도 필리핀 혁명에 이어 1987년 6월 한국 민주혁명의 승리라는 거대한 변화가 나타났다.

이런 가운데 1987년 11월 29일 중동 바그다드에서 출발해 서울로 가는 대한항공기의 연락이 끊기는 사건이 발생했다. 머잖아 이 비행기가 인도양 상공에서 폭파·추락해 승객과 승무원을 합친 115명 전원이 사망했을 것이란 추정이 나왔다. 비행기의 기항지인 아부다비에서 내린 두 남녀가 구속됐다. 둘은 일본인 여권을 가지고 있었다. 고령의 남성은 이(逮捕) 과정에서 자살했지만, 젊은 여성은 자살을 시도한 뒤 중태에 빠졌다가 살아남았다. 한국 정부에 12월 15일 인도된 이 여성은 서울에서 자신이 폭파 실행범이라는 사실을 자술했다. 1988년 1월 15일 김현희金賢姬라고 이름을 밝힌 이 여성은 국가안전기획부 기자회견에 동석해 자신이 납치된 일본인 여성 이은혜李恩惠로부터 일본인이 되기 위한 교육을 받았다고 말했다.

곧바로 다나카 히토시 외무성 북동아시아과장이 서울로 날아가 이 여성과 만났다. 경찰청 조사관도 사정 청취에 나섰다. 각 신문도 이 문제를 크게 다뤘다. 《요미우리신문》도 《아사히신문》도 이것이 사실이라면, 주권과 관련된 중대한 문제이며, 북한에 적절한 조치를 취하도록 요구해야 한다고 썼다. 일본공산당의 하시모토 아쓰시橋本敦 참의원 의원이 3월 26일 예산위원회에서 납치 문제에 대해 처음 질문하며 이은혜 사건을 언급했다. 그러나 이은혜라 불리는 여성의 신원은 결국 알 수 없었다. 그 결과 대한항공 폭파 사건이라는 꺼림칙한 사건도 실행범을 교육한 일본인 여성 이은혜에 관한 것도 수수께끼 같은 얘기로 사람들의 의식 속에서 사라져 갔다.

7·7선언

노태우가 1987년 12월 되살아난 대통령 직접선거에 따라 선출돼 1988년 2월 대통령에 취임했다. 새 대통령은 '7·7선언'을 발표해 한국은 소련·중국과 국교 수립을 목표로 하고, 북한이 일본·미국과 국교를 수립하려는 것을 환영한다는 입장을 밝혔다. 이것이 커다란 변화를 불러일으키게 된다.

당시 일본 정부는 다케시타 노보루竹下登 내각이었고 아베 신타로가 여당인 자민당의 간사장이었다. 외무성엔 다니노 사쿠타로谷野作太郎 아시아국 심의관, 다나카 히토시 북동아시아과장이 포진해 있었다. 다니노는 차이나 스쿨의 에이스였고, 다나카는 이 스쿨에 속한 멤버는 아니었지만, 북한 문제에 특별한 의욕을 갖고 있었다. 그리하여 한국 대통령의 '7·7선언'이 나오자, 그날 바로 외무성이 정부 견해를 내놓게 된다.

우리 나라로서도 북한 쪽이 건설적 자세를 보인다면, 관계국과도 밀접히 협조하는 가운데 한국과 중국·소련이 교류하는 것에 균형을 배려해 가며, 북일 관계의 개선을 적극적으로 추진해 가고 싶다. 하지만 이를 위해선 제18후지산호第一八富士山丸 문제*의 해결을 전제로 해야 한다. 정부는 이러한 일한 간 현안의 모든 측면에 대해 북한 쪽과 대화할 용의가 있다.[1]

이어, 도이 다카코土井たか子 사회당 위원장이 8월 15일 한반도에서 두 개의 국가가 건국된 40년을 기념하는 성명에서 조선에 대한 식민 식민 지배의 역사를 청산하기 위해 국회결의를 내놓자는 시민운동의 아이디어를 채용했다. 식민 지배에 대한 사죄의 뜻을 담은 국

---

* 1983년 11월 일본의 냉동 화물선인 '제18후지산호'의 선장 베니코 이사무紅粉勇와 기관장 구리우라 요시오栗浦好雄가 북한 병사 민홍구閔洪九의 망명을 도왔다는 혐의로 북한에 억류돼 실형 판결을 받은 사건.

회결의를 한 뒤 그 연장선상에서 북한과 정부 간 교섭을 해 나가자고 제안했다.[2] 이 성명을 쓴 것은 도이의 친구인 야스에 료스케安江良介[*]였다. 야스에는 1984년에 나온 와다 하루키 등의 제안을 이 성명에 넣었다고 말했다. 한국의 《한겨레》는 도이의 성명을 다루며 이전엔 "극히 소수의 지식인 안에 있던" 목소리가 "일본의 대표적 정치가"의 발언으로 나오게 됐다고 보도했다.[3]

9월 8일에는 우쓰노미야 도쿠마宇都宮德馬, 도이 다카코, 다나베 마코토田辺誠, 야스에 료스케, 스미야 미키오, 다카사키 소지高崎宗司, 와다 하루키 등 35명이 서명한 〈북한 정책의 개선을 요구하는 요망서朝鮮政策の改善を求める要望書〉를 발표했다. "정부는 북일 간 정부 교섭을 통해 식민 지배를 청산한다는 것을 신속히 성명으로 발표하고, 가능한 것부터 구체적인 행동으로 옮겨야 합니다. 이를 강하게 요청합니다. 좋은 기회를 놓치지 않아야 합니다. 총리의 영단을 기대합니다"라는 내용이었다.[4]

이 사람들은 11월 1~2일 도쿄 지요다구 도조회관東条会館에서 공개 심포지엄 '북한 정책의 개선을 요구한다朝鮮政策の改善を求める'를 열었다. 보고자는 이마즈 히로시今津弘, 고마키 데루오小牧輝夫, 다나카 히로시田中宏, 와다 하루키, 마에지마 무네토시前島宗甫 5명이었다. 마지막에는 사회자인 야스에가 이날 발표 가운데 7개 항목의 일치하는 점을 정리했다.

이 그룹은 다음 해 1989년 3월에는 '북한 정책의 개선을 요구하

---

[*] 일본의 대표적 진보 지식인으로 이와나미서점岩波書店의 사장을 지냈다.

는 모임'의 이름으로 《제언·일본의 북한 정책》(이와나미 부클릿岩波ブックレット)을 간행했다. 200명이 서명한 새로운 성명인 〈정부에 북한정책의 전환을 요구한다政府に朝鮮政策の転換を求める〉가 발표됐다. 성명은 "일본 정부가 식민 지배의 청산을 완수하겠다는 것을 명확히 내세울 것"과 "북일 관계의 개선은 일본 쪽이 먼저 나서 구체적으로 시행해야 한다는 것" 등 두 가지를 강하게 주장했다.[5]

야스에는 이 성명의 연장선에서 다나베 마코토 사회당 부위원장을 설득해 움직이게 했다. 이후 다나베는 다케시타, 아베 그리고 국회대책위원회에 오래 몸담아 친했던 자민당의 전 부총리인 가네마루 신金丸信 등과 접촉에 나선다.

다른 한편으로 와다와 다카사키는 나카지마 마사아키中嶋正昭, 우쓰미 아이코内海愛子, 가지무라 히데키梶村秀樹, 다나카 히로시 등 학자들과 논의한 뒤 1989년 3월 1일부터 시민과 노동조합을 상대로 이 운동에 참여하도록 호소하는 방식으로 조선 식민 지배에 대한 사죄·청산을 위한 국회결의와 새로운 북일 관계를 요구하는 서명운동을 개시했다.[6]

그리하여 중의원 예산위원회에서 무라야마 도미이치 의원이 3월 30일 다케시타에게 질문했다. 이는 다나베와 총리의 협의를 통해 사전에 준비된 행동이었다. 무라야마는 "일본과 조선민주주의인민공화국 사이의 국교 정상화를 향해 지금이야말로 파격적 정책을 내놓아야 할 때다"라고 주장했다. 나아가 북일 관계에서 원점은 "식민지 지배에 대한 반성과 속죄"라면서, 일본 정부는 공화국(북한)과 조선 민족에 대해 "한마디 사죄도 하지 않고 있다"고 지적하며 총리의 견해를 물었다. 이에 대해 다케시타는 다음과 같이 답변했다.

> 정부와 국민은 "과거에 우리 나라의 행위가 주변 국가의 국민들에게 다대한 고통과 손해를 끼쳤다는 것을 깊이 자각하고 있으며, 이런 일을 두 번 다시 되풀이해서는 안 된다는 반성과 결의 위에 서서 평화 국가로서의 길을…걸어왔습니다", 이 사실은 한반도와의 관계에서 특히 마음속에 새겨야 하는 일이라고 생각합니다. 현재 한반도의 새 정세 가운데 한반도의 "모든 사람에게 그런 과거의 관계에 대해 깊은 반성과 유감의 뜻을 표명하려 합니다" 그리고 "조선민주주의인민공화국과 사이에 있어서도 한반도를 둘러싼 새로운 정세를 배려하면서, …관계를 개선해 나가려 합니다. 이렇게 희망하고 있는 바입니다."

다나베는 이때 북한을 방문하기 위해 베이징에 있었다. 그는 다케시타의 이 답변을 가지고 평양으로 향했다.

가네마루·다나베 방북단

1989년 11월 드디어 베를린 장벽이 무너졌다. 그로 인해 동유럽 국가들에서 진행 중이던 변혁의 움직임이 결정적으로 진전하게 됐다. 그중에서도 한국과 소련의 국교 수립의 때가 다가왔다. 1990년 6월 4일 노태우와 고르바초프는 샌프란시스코에서 회담하고 국교 수립 방침에 합의했다. 북한은 이렇게 되면 소련으로부터 제공받던 핵우산이 없어질 거라 판단했다. 예두아르트 셰바르드나제Eduard Shevardnadze 소련 외교장관이 9월 2일 북한을 방문해 한국과 국교 수립을 한다고 통고했다. 그러자 북한은 그에게 각서를 건넸다. "소련이 한국과 '외교 관계'를 맺는다면, 북소 동맹조약은 자연히 유명무실해질 것이다. 그렇다면, 우리는 지금까지 동맹 관계에 의존해 왔던 약간의 무기를 스스로를 위해 조달할 대책을 세울 수밖에 없다."[7] 북한은 그동안 소련의 핵우산에 들어가 있었지만, 여기서 벗어나게 된다면 미국의 핵에 대항하기 위해 자체적으로 핵무기를 가질 수밖에 없다는 뜻을 밝힌 것이다. 이것이 북한이 생각한 위기 탈출의 첫 번째 대책이었다.

북한이 생각한 두 번째 대책은 북일 국교 수립이었다. 북한은 일본 안에서 높아지고 있던 북일 교섭에 대한 의욕에 기대를 걸었다. 이는 북한 쪽과 오랜 시간에 걸쳐 가장 굵은 파이프(연락망)를 가지고 있던 일본사회당의 다나베 마코토가 일본 내에서 진행하고 있던 활동과 연결되기에 이른다. 다나베는 일본에서 북일 국교 수립을 위해 본격적으로 움직이고 있었다. 1989년 북한을 방문할 때 다케시타의 국회 답변에 더해, 가네마루 신의 서한도 가지고 갔다. 다나베는 북한 쪽의 교섭 책임자인 허담許錟 서기, 그 후임인 김용순金容淳 서기와 절충을 거듭해 자민당의 중진인 가네마루 신과 함께 북한을 방문하는 계획을 준비했다.

당연히 이런 계획에는 외무성도 함께하지 않으면 안 된다. 그를 위해 일본과 북한 사이에 있는 또 하나의 파이프인 요시다 다케시吉田猛 신일본산업 사장의 중개를 통해 1990년 3월 28~29일 파리에서 가와시마 유타카川島裕 외무성 아시아국 심의관과 송일호宋日昊 노

동당 국제지도원이 회담했다.[8]

　이 당시 북한과 교섭을 요구하는 사람들이 주목하고 있었던 것은 1983년에 발생한 제18후지산호의 선장과 기관장이 북한 군인의 밀항을 도왔다는 이유로 체포·구속된 사건이었다. 이 둘의 석방·귀국에 대한 요구가 나올 수밖에 없었다. 공산당 의원(하시모토 아쓰시)이 국회 질의에서 제기한 납치 문제를 다루려는 생각은 없었다. 당파적 반발*이 영향을 끼친 것이거나, 아니면 북일 교섭 추진파 모두가 '이런 사실을 끄집어내면 북일 교섭을 해 보지도 못하고 실패하고 말 것'이라고 우려했기 때문일지도 모른다.

　드디어 가네마루·다나베 대표단이 1990년 9월 24일 방북했다. 가와시마, 야마모토 에이지山本栄二 북동아시아과 수석사무관이 이들을 수행했다. 총인원 53명, 수행기자단 36명이라는 대형 방문단이었다. 도착 당일 환영 리셉션에서 가네마루는 "이번 세기의 한 시기 우리 나라의 행위 때문에 귀국의 여러분들이 참기 어려운 고통과 장해를 입은 것에 대해 마음으로부터 반성하며 사죄합니다"라고 말했다.

　김일성·가네마루·다나베 3자 회담은 9월 26일 묘향산에서 이뤄졌다. 이 자리에서 가이후 도시키海部俊樹 총리의 서한이 전달됐다. 가네마루는 "친서에도 써진 대로 우리는 과거의 역사에 대해 속

---

*　일본 좌파의 양대 세력이라 할 수 있는 일본사회당과 일본공산당은 노선 차이로 인해 관계가 나쁘다. 두 당의 차이를 가장 잘 드러내는 것 가운데 하나가 대북정책이다. 북한에 쌀쌀한 공산당과 달리 사회당은 북한에 동정적 태도를 보였다. 납치 문제는 공산당 의원이 먼저 제기한 문제이니 사회당은 이를 중시하지 않았다는 의미다.

죄와 보상償い을 해야 한다고 생각하고 있다"라고 말했다. 김일성은 이 얘기를 듣고, 북일 국교 교섭을 하겠다고 결단했다며 가네마루 한 사람만 남기고 일대일 회담을 했다.[9]

그 결과 3당 공동성명이 9월 28일 조인·발표되었다. 이 성명엔 "3당은 과거에 일본이 36년간 조선 인민에게 커다란 불행과 재난을 끼친 사실과 전후 45년간 조선 인민에게 입힌 손실에 대하여 조선민주주의인민공화국에 공식적으로 사죄하고 충분히 보상해야 한다고 인정한다"라는 내용이 들어갔다. 나아가 "3당은 북일 두 나라 사이에 존재하고 있는 비정상적 상태를 해소하고 가능한 한 이른 시일에 국교 관계를 수립하여야 한다고 인정한다"라면서 정부 간 교섭이 그해 11월 중에 개시되도록 노력하겠다는 내용도 포함됐다.[10]

이 선언에 포함된 "전후 45년간 조선 인민에게 입힌 손실"이라는 구절은 나중에 많은 논란을 일으키게 된다. 북한 입장에선 한국전쟁 당시 일본이 사실상 전쟁에 참여한 것에 대한 청산이 필요하다는 생각에서 제시한 표현이었을 것으로 생각한다. 이 사실을 유의하는 것이 중요할 수 있지만, 일본이 이에 대해 사죄하고 보상해야 한다고 요구하는 것은 분명히 지나친 것이었다. 가네마루는 저항감을 느꼈지만, 공동선언을 발표하는 것이 중요하다고 생각해 그대로 이 내용이 포함된 선언문을 조인하고 발표하는 것을 받아들였다.[11]

북한은 또 현안이 되어 있던 제18후지산호의 베이코 선장과 구리우치 기관장을 석방하겠다고 밝혔다. 일본 쪽에서 도이 사회당 위원장과 오자와 이치로小沢一郎 자민당 간사장이 이들을 맞이하러 온다면 넘기겠다고 했다. 이 약속은 그해 10월 9일 시행됐다.

일본 국민은 사죄로 시작된
북일 교섭을 받아들였다

가네마루·다나베 방북에 대해 일본의 각 신문은 환영의 뜻을 밝혔다. 《아사히신문》도 《마이니치신문》도 모두 공동선언을 크게 보도했다. 《마이니치신문》은 〈전후 45년을 포함한 '사죄'·'속죄'/ 3당이 '공동선언'/ 국교의 조기 수립을/ 평화적 남북통일을 요구한다〉라는 제목을 내세웠다. 사설도 호의적이었다. 《요미우리신문》은 사설에서 〈북일 관계의 구축은 신중히·착실히〉라고 쓰며, 한일 관계에 대한 배려를 역설하면서도, 방문단의 활동이 '신시대'를 열었다고 평가했다.[12]

하지만 북일 교섭에 반대하고 있던 논자들은 일본 정부가 돌연히 북일 교섭을 위해 움직이기 시작했기 때문에 급습당한 듯한 모습이었다. 《현대 코리아》의 사토 가쓰미는 《쇼쿤!諸君!》 11월호에 〈가네마루는 무엇을 하려 방북했는가金丸は何をしに訪朝したのか〉라는 글을 썼다. 이 글에서 "북한은 전후 45년 동안 국교가 없었던 국가다. 게다가 일본과도 관계된 다음과 같은 사건을 일으킨 나라"라며, 문세광 사건文世光,* 양곤 사건, 대한항공기 사건, 아베크 납치**를 열거했다.

---

* 서울 장충동 국립극장에서 1974년 8월 15일 열린 광복절 제29주년 기념식에서 재일교포 2세인 문세광이 박정희 대통령을 암살하기 위해 권총을 쏴 귀빈석에 앉아 있던 영부인 육영수 씨가 숨진 사건이다. 그 직후 19일 열린 장례식에 다나카 가쿠에이田中角榮 일본 총리가 조문 사절로 참석했지만, 한일 관계는 극도로 악화됐다. 광복회원 200명 등으로 구성된 시위대가 9월 6일 주한 일본대사관에 난입

"이런 김일성 정권을 상대로 가네마루 전 부총리가 돌연 국교 '정상화'를 열심히 주장하기 시작하며 사죄란 말을 꺼낸 것이다, 실로 이해하기 어려운 얘기다." 사토가 특히 강하게 반발한 것은 가네마루의 사죄 발언이었다. 같은 잡지 12월호에도 사토는 〈전후 45년간 '사죄'해야 하는 것은 어느 쪽인가戰後四五年間 '謝罪'すべきはどっちだ〉라는 글을 써 3당 공동선언에서 전후 45년간의 손실에 대해 사죄·보상을 한다고 한 것은 '매국노의 짓거리'라고 단정 지었다. 한국전쟁은 남을 해방하기 위한 북의 전쟁이다. 북은 '두 개의 조선'을 인정하지 않는다. 일본에서 돈을 뜯으려는 것을 목표로 하고 있다. "일본의 신용을 실추시키는" 이런 외교 교섭에 반대한다. 왜 성급하게 북일 관계 개선을 추진하는 것인가. 그러나 이런 논조는 사회 내에서 고립된 목소리에 머물렀다.

위안부 문제에서도 사죄가 이뤄지다

나아가 민주화된 한국이 사토와 같은 생각을 가진 이들을 고통스럽게 하는 문제를 제기했다. 위안부 문제였다. 1990년 10월, 한국 8개 여성단체는 위안부 문제에 대한 6개 항목의 요구를 제기하며 일본 정부가 이에 답변해야 한다고 압박했다. 이 단체들은 이튿날 정신대

해 기물을 파손하기도 했다.
** 1970년대에 데이트하던 남녀 한 쌍이 납치되는 사건이 많아 '아베크avec(불어로 '함께'라는 의미) 납치'라는 표현이 생겨났다.

문제대책협의회를 설립한다. 이에 대해서도 사토는 반발했다. 1991년 2월《현대 코리아》1월호에 〈식민지 지배가 왜 '사죄'의 대상인가 植民地支配がなぜ"謝罪"の対象か〉를 썼다. 식민지 지배는 세계 어디에서나 볼 수 있는 일이었고, 이에 대해 '사죄와 속죄'가 문제가 된 적이 없다. 한일조약에서 경제협력에 대한 합의는 박정희가 "제2의 이완용이라고 불린다 해도 좋다"면서, 목숨을 걸고 마무리를 지은 것이다. 한국 경제의 발전에 공헌한 게 아닌가. 이 무렵에 이르면 사토가 한일조약에 반대했던 25년 전 자신의 입장과 완전히 결별했음을 알 수 있다.

김학순金学順 할머니가 1991년 8월 14일 기자회견을 통해 자신이 일본군 장병을 위한 위안부가 되도록 강제되었다는 사실을 밝히며 일본 정부의 책임을 추궁했다. 이것이 일본 정부와 국민에게 끼친 충격은 컸다. 일본 정부는 한국의 목소리에 진지하게 대응했다. 가토 고이치加藤紘一 관방장관은 1992년 1월 13일 한국의 주장에 대응하기 위해 노력하겠다는 담화를 발표하고 이어서 방한한 미야자와 기이치宮沢喜一 총리는 1월 17일 노태우에게 사죄하고, 한국 국회 연설에서도 사죄했다. 이에 대해 사토는《분게이슌주》3월호에 등장해 〈'사죄'할 만큼 악화된 한일 관계: 성과 없는 미야자와 방문을 질타한다'謝罪'するほど悪くなる日韓関係: 実りなき宮沢訪韓を叱る〉라는 글을 실었다.

북일 교섭이 시작되다

북일 교섭은 시작을 향해 나아갔다. 예비회담은 1990년 11월 3~4일에 이뤄졌다. 북한 쪽이 "전후 45년간의 보상 문제"를 의제에 포함하자고 주장했기 때문에 당연히 대립하게 되었다. 드디어 12월 15~17일 제3차 예비회담에서 이 문제는 '경제에 관한 여러 문제'를 다루는 제2의제에 포함한다는 합의가 이뤄져 본회의로 나아갈 수 있게 됐다. 다른 한편으로 미국은 일본에 북한의 핵 개발 문제를 교섭 의제로 제기하라는 압력을 가해 왔다. 이는 '국제문제'를 다루는 제3의제에 이미 들어 있었기 때문에 문제가 되지 않았다.

북일 교섭 제1차 회담은 1991년 1월 30일 평양에서 시작됐다. 회담 모두 발언에서 나카히라 노보루中平立 일본 쪽 단장은 북한과 일본 사이에 전쟁 상태가 없었기 때문에 배상·보상을 하는 것을 받아들일 수 없으며, 핵확산금지조약NPT의 의무를 하루라도 빨리 이행하기를 희망한다는 뜻을 밝혔다. 이에 대해 북한 쪽 단장인 전인철田仁徹은 일본은 1910년 병합조약이 불법·무효라는 것을 선언하라, 보상 문제 해결에는 교전국 간의 배상과 재산청구권을 적용하라, 전후 45년의 피해와 손실에 대해 보상하라, 국제원자력기구IAEA의 사찰은 주한미군에 대한 사찰과 동시에 이뤄져야 한다고 밝혔다. 특히 일본과 북한이 교전 관계에 있었다는 주장과 관련해 김일성이 이끄는 조선인민혁명군이 항일전을 정식으로 선포하고, 15년 동안 일본군과 싸웠다고 말한 것이 주목받았다.

제2차 회담은 3월 11일부터 13일까지 도쿄에서 열렸다. 이번엔

나카히라 전권대표가 병합조약은 합법적으로 체결·실시되었다, 조선인 빨치산은 중국공산당 동북인민혁명군의 한 부대로서 동북지방에서 활동한 것이다, 국제원자력기구 사찰을 받아들이는 조건으로 미국이 북한에 핵을 사용하지 않겠다고 보장하라는 요구는 받아들일 수 없다고 주장했다. 북한 쪽은 이 주장에 강하게 반발했다.

어떤 의미에선 이 두 번의 교섭을 통해 기본적 문제점이 모두 드러나게 되었다고 말할 수 있다. 1965년 한일조약 때는 병합조약은 합의에 의해 체결되었기에 유효이며 식민 지배는 합법적이었다고 주장하는 일본 정부와, 병합조약은 처음부터 무효이며 병합은 강제된 것이라는 한국 정부가 대립했다. 두 나라는 "이미 무효이며 효력이 없다(already null and void)"라는 제2조의 영문 구절을 각자 자신의 입장에 맞게 해석하는 것으로 타협했다. 그로부터 26년이 지나 정치가가 사죄하고 보상한다는 뜻까지 밝혔지만, 지난 식민 지배에 대한 외무관료의 공식 논리는 조금도 변하지 않았던 것이었다. 상황이 이러하니 교섭이 난관에 봉착하는 것은 당연했다. 물론 북한이 김일성 부대의 전투를 교전국 간의 전쟁이라고 주장하는 것은 무리였다.

이후 미국은 북한의 핵 개발 문제와 관련해 북일 국교 교섭에 본격적으로 개입하기 시작했다. 제임스 베이커James Baker III 국무장관은 1991년 3월 미국을 방문한 나카야마 다로中山太郎 외무상에게 핵사찰 문제를 북일 교섭에서 다루도록 요구했다. 나아가 사이타마현 경찰이 5월 15일 김현희의 교육을 담당한 이은혜가 사이타마현 출신 여성인 TY 씨라는 사실을 확인했다고 발표했다. 나중에 이 TY는 도쿄 이케부쿠로의 카바레에서 호스티스로 일하던 다구치 야에코田口

八重子이며, 그녀가 두 명의 아이를 탁아소에 맡긴 채 실종되었다는 사실이 밝혀졌다.

일본은 베이징에서 5월 20~22일 열린 제3차 회담 모두부터 북한에 국제원자력기구의 사찰을 받아들이는 것은 "국교 정상화의 전제조건"이라고 말했다. 나아가 남북의 유엔 동시 가입도 요구했다. 북한 대표는 이런 태도는 3당 선언을 위반하는 것이라며 강하게 반발했다. 하지만 외교 관계를 우선 수립한 뒤 보상 문제는 나중에 교섭하자는 양보안을 제안했다. 일본은 이 안에 동의하지 않고, 재산청구권만을 받아들인다. 이에 대한 구체적 요구 내역은 증거자료를 첨부해 제출하기를 바란다고 요청했다. 나아가 일본은 대한항공 폭파 사건의 범인 김현희가 자신의 교육을 담당했다고 진술한 납치된 일본 여성 '이은혜' 문제에 대한 조사를 요구했다. 북한은 이에 강하게 반발하고, 발언의 철회와 사죄를 요구했다. 그리고 이 요구가 충족되지 않는 한 회담을 이어 갈 수 없다는 뜻을 밝혔다.

이렇게 해서 북일 회담은 식민지 지배의 반성이라는 근본 문제를 둘러싼 대립에 더해 미국이 요구하는 핵 문제와 일본 자신이 제기한 '이은혜' 문제로 인해 시작부터 장애물에 부딪히게 됐다.

서서히 높아지는 교섭 반대론

그사이 북일 교섭 반대파가 목소리의 강도를 높였다. 1991년 2월엔 《현대 코리아》 그룹의 니시오카 쓰토무西岡力가 《쇼쿤!》 3월호에 〈북한 '납치' 일본인의 이용 가치北朝鮮 '拉致' 日本人の利用価値〉라는 글을

썼다. 이 글에서 그는 "북한이 지금까지 일본인 15명을 납치했다는 의혹이 매우 농후하다"면서 "외무성은 '북한은 일본인을 자신의 의사에 반해 국내에 붙들어 두면서, 가족들이 이 사실을 일본에서 공개하면 그 사람의 목숨에 위해를 가할 수도 있는 국가'라는 인식을 가져야 한다. 그런 국가에 왜 경제협력을 해야 하는가"라고 썼다. 3월에는 사토 가쓰미가 〈자민당은 테러 국가를 지원하는가自民党はテロ国家を支援するのか〉를 《현대 코리아》에 썼다. 이 글에서 "총련이 지금 자민당과 당당히 공동 행동을 할 수 있다는 허가를 손에 넣었다. 한국을 고립화하고 최종적으로 적화통일을 이루기 위한 통일전선에 결국 자민당까지 포섭되고 말았다"라고 한탄했다. 이어 "우리 《현대 코리아》는 미력하나마 전력을 다해 발언을 계속해 나가겠다"라는 결의를 밝혔다.

그해 봄에 사토는 새로운 책 《붕괴하는 북한: 북일 교섭을 서둘러선 안 된다崩壊する北朝鮮: 日朝交渉急ぐべからず》를 네스코ネスコ 출판사에서 냈다. 이 책의 띠지에는 "먼저 사죄해야 하는 것은 북한이다"라는 글귀가 쓰여 있다. 북한은 테러 국가며, 사죄해야 하는 것은 북한 쪽이라는 것이다. 하지만 사토는 이때까지도 납치 문제에 대해선 거의 주목하지 않았다. 납치 피해자로서 예를 든 것은 어선을 타던 선원 둘과 유럽에서 사라진 청년 셋뿐이었다. 정부는 이미 북일 교섭을 하는 과정에서 이은혜 문제를 제기했는데도, 사토는 이 책에서 이은혜 문제에 대해서도 전혀 다루지 않았다. 그리고 사토는 아직이 무렵까진 북한과 식민 지배에 대한 뒤처리를 해야 할 필요가 있음을 인정하고 있었다. "북한에 개인 독재정권이 아닌, 남북 공존을 인

정하는 정상적인 정권이 생겨난다면, 그 정권과 식민 지배의 뒤처리에 관해 얘기해야 한다"라고 쓰고 있다.[13]

제3차 회담 직후인 5월 28일 북한이 돌연 남북 유엔 동시 가입을 받아들이겠다고 발표했다. '두 개의 조선'을 만들겠다는 것이냐며 한국의 제안을 일관되게 반대해 왔던 북한으로서는 갑작스레 태도를 바꿨다고 할 수 있을 만한 변화였다. 그렇지만 북일 국교 교섭을 시작했다는 입장에서 본다면, 이 변화는 당연했다. 남북 양국의 유엔 가입은 같은 해인 1991년 9월 17일 이뤄지게 된다.

핵 문제와 이은혜 문제

제4차 회담은 8월 30일 평양에서 시작됐다. 일본은 '이은혜' 문제를 다시 한번 제기하면서 조사를 요구했지만, 북한은 이를 거부했다. 일본은 나아가 청구권에 기초한 요구를 하기 위해서는 '객관적 자료'가 필요하다고 거듭 강조하며 "당시 적법하게 이뤄진 징병·징용 등에 수반하는 사망 등 인적 피해는 보상 대상이 아니다"라는 뜻을 밝혔다. 북한은 강하게 반발했다.[14]

국제원자력기구 이사회는 9월 12일 북한이 핵 사찰 협정을 조인하고 사찰을 받아들여야 한다고 결의했다. 북한은 미국이 한국에 배치해 둔 핵무기를 철거하지 않는 이상, 협정에 조인할 수 없다는 뜻을 밝혔다. 남북의 유엔 가입이 9월 17일 받아들여지고 난 뒤, 미국 정부는 9월 27일 전술 핵무기의 해외 배치를 중지한다고 발표했다. 그리고 이튿날 철거하는 핵무기의 일람표를 공개했다. 그 가운데 한국에 배치돼 있던 핵미사일도 포함돼 있었다. 노태우는 이를 받아들여 11월 8일 〈한반도 비핵화와 평화 구축을 위한 선언〉을 발표해 한국은 핵연료의 재처리 시설이나 핵농축 시설을 보유하지 않겠다고 선언했다.

제5차 북일회담이 11월 18~20일 베이징에서 이뤄졌다. 일본은 다시 한번 핵 사찰을 요구했다. 북한은 독일의 예를 들어 배상이 아니고 보상을 요구한다고 주장했다.[15]

북한은 1992년 1월 30일 국제원자력기구 핵 사찰 협정에 조인했다. 북일 교섭은 1월 30일~2월 1일에 제6차 회담, 5월 13~15일에 제7차 회담이 각각 베이징에서 이뤄졌다. 그러나 같은 주장이 되풀이되었을 뿐 진전은 없었다.

8월 24일에는 마침내 한중 국교 수립이 이뤄졌다. 한국전쟁에서 서로 싸웠던 두 나라의 국교 정상화는 양국 관계에 한정해 볼 때 평화와 화해가 실현됐다는 것을 의미했다. 북한은 이를 침묵 가운데 받아들였다. 말할 것도 없이 북한에 이는 심각한 사태였다. 한국은 소련·중국과 국교를 수립했는데, 북한은 일본과 교섭조차 낙관할 수 없는 상황이었기 때문이다. 북한이 초조감에 휩싸이진 않았을까.

그럼에도 북한은 11월 5일 베이징에서 열린 제8차 북일 교섭에서 일본이 '이은혜' 문제와 인권 문제를 제기하는 것에 대해 "북한은 자신의 존엄과 원칙을 버리면서까지 일본과 관계 개선을 하진 않겠다"라고 밝히며 교섭을 중단했다. 구체적으로 북한은 비공식적으로 이뤄지던 '이은혜' 문제에 관한 부단장 회의에서 5일 회담을 중지시켰고, 그대로 회의는 재개되지 않았다.[16]

결국, 일본 정부는 국교 교섭을 시작하면서 식민 지배에 대해 명확히 반성·사죄한다는 굳건한 태도를 갖추고 있지 않았다. 그 때문에 북한이 내놓는 주장과의 차이를 뛰어넘기 위해 노력할 수 없었다. 그보다도 심각했던 것은 북한이 1990년에 자국 앞에 닥친 위기 상황에서 탈출을 시도하며 채용했던 두 개의 옵션 즉 핵무기 개발과 일본과의 국교 수립에 대해 미국이 상반된 반응을 보였다는 사실이다. 미국은 일본이 핵 개발을 향해 가는 북한과 국교 수립을 위해 교섭하는 것에 대해 찬성하지 않는다는 태도를 일찍부터 분명히 했다.

이렇게 하여 1992년 말 북일 교섭이 중단된 뒤 북한은 미국과 개전의 벼랑 끝까지 가는 핵 위기를 향해 나아가게 된다.

북일 교섭 재개 노력과 노력과 반대 세력, 1993~1997

위안부 문제와 북일 교섭 문제

북일 교섭이 불과 1년 만에 중단되고, 북미 관계가 극히 긴장되어 가던 중에도 사죄 반대파는 안심하지 못했다. 한국이 위안부 문제를 통해 가해 오는 압력이 점점 강해졌기 때문이다. 니시오카 쓰토무는 1992년 8월 《한일 오해의 심연日韓誤解の深淵》(아키서방亜紀書房)을 출판하며 대항했다. 그는 'TK생의 범죄TK生の犯罪'*나 광주 사건

---

* 'TK생'이라는 필명을 쓴 인사가 박정희·전두환 군사독재 시절인 1973년부터 1988년까지 한국의 인권 탄압과 민주화투쟁 상황을 일본 진보 월간지 《세카이世界》에 '한국으로부터의 통신'이란 이름으로 연재했다. 이 연재는 당시 한국의 민주화운동을 지원하는 일본 시민사회에 적잖은 영향을 끼쳤다. 'TK생의 범죄'라는 말은 이 인사가 한국에 대해 왜곡된 정보를 제공해 일본 사회에 편향된 시각을 심어 줬다는 의미다. 《세카이》는 2003년 TK생의 정체가 지명관(1924~2022) 전 한림대 석좌교수였다고 밝혔다. 이에 대해선 《한겨레》 2022년 1월 3일 23면 참조.

(5·18민주화운동)에 대한 고발을 날조라고 하고, 한국 '민주화'의 실태를 폭로한다든가, 노태우 선언*은 위험하다고 지적하는 등 아주 못되게 반한국적 억지 주장을 늘어놓았다. 그러고 나선 종군위안부 문제는 '여자정신대'와 '위안부'를 혼동한 결과 생겨난 것으로 보상은 한일조약으로 마무리됐기 때문에 대책 마련을 위해 고민할 필요가 없다고 주장했다. 하지만 그런 주장으로 일본 국내 여론이 고양되는 것을 진정시킬 수 없었다.

　　1993년 2월 대통령이 노태우에서 김영삼으로 바뀌었지만, 위안부 문제에 대한 한국의 엄혹한 추궁은 이전과 다름없었다. 사토 가쓰미 역시 1993년 7월 《북한 '한'의 핵전략北朝鮮 '恨'の核戦略》(고분샤光文社)이란 책을 냈다. 그는 이 책에서 "일본 언론이 주장하는 '연착륙'론**은 거짓"임을 강조하면서 북한의 본질은 변하지 않는다, 믿어선 안 된다고 주장했다. 그와 동시에 "삼쪽같이 북한의 페이스에 올라탄 '합의서'***를 채택"하고 "'반일'로 너무 간단히 단결하는 남북한"이라는 주장을 내놓으면서, 한국이 북한과 한 몸이 되어 일본을 압박하고 있다는 특색 있는 경고를 내놓았다. 그 중심 문제는 식민지배에 대한 반성과 사죄 요구였다. 이제 남북이 하나가 되어 내놓고

----

*　　당시 여당이던 민주정의당의 대표 의원이자 대통령 후보였던 노태우가 1987년 6월 29일 국민들의 민주화와 직선제 개헌 요구를 받아들이겠다고 발표한 특별선언을 뜻한다. 국민들의 민주화 열망을 담은 1987년 6월혁명의 가장 큰 성과였다.

**　북한의 개방을 돕고 경제협력을 하면, 북한이 핵 개발을 포기하고 정상적 국가로 연착륙할 수 있다는 생각.

***　1991년 12월 13일 남북이 합의한 남북기본합의서를 가리킨다.

있는 사죄 요구를 단호히 거부하자는 입장인 셈이었다. "아사히신문 사설을 읽고 있으면, 식민지는 악이고 '사죄와 속죄'가 필요하다는 말이 나온다. 도쿄대학의 와다 하루키 교수 등은 식민 지배에 대해 우리 나라 국회에서 사죄결의를 해야 한다면서 서명운동을 하고 있다. 말도 안 되는 소리다", "식민 지배에 대해 말하자면, 1965년 조약과 협정에 따라 모두 해결되었다."[1] 그렇지만 이렇게 주장하는 것만으로 일본 사회에서 더 이상 자신들의 주장이 받아들여질 수 있는 상황이 아니었다.

일본 정부는 1993년 8월 4일 고노 요헤이河野洋平 관방장관 담화를 발표해 위안부 문제와 관련한 사실을 인정하고 사죄했다. "위안소는 당시 군 당국의 요청에 따라 설치된 것으로 위안소의 설치·관리와 위안부의 이송에 관해서는 옛 일본군이 직접 혹은 간접적으로 이에 관여했다. 위안부의 모집에서는 군의 요청을 받은 업자가 주로 이 임무를 맡았지만, 그 경우에도 감언·강압 등 본인들의 의사에 반해 모집된 사례가 다수 있고, 나아가 관헌 등이 직접 이에 가담하는 일도 있었다는 것도 밝혀졌다. 또 위안소 내의 생활은 강제적 상황 속에서 고통스러운 것이었다. 더구나 전쟁터에 이송된 위안부의 출신지는 일본을 제외하면, 한반도가 큰 비중을 차지하고 있었다. 당시 한반도는 우리 나라의 통치 아래 있어, 그 모집이나 이송 관리 등에도 감언, 강압에 의하는 등 전체적으로 본인들의 의사에 반해 이뤄졌다" 이런 사실을 인정한 뒤에 "본 건은 당시 군의 관여 아래 다수 여성의 명예와 존엄에 깊은 상처를 준 문제다. 정부는 이번 기회에 다시 한번 그 출신지가 어디인지를 떠나 이른바 종군위안부로서 많은 고통을 경험하고, 심신에 걸쳐 치유하기 힘든 상처를 입은 모든 분에 대해 진심으로 사죄와 반성의 마음을 전해드린다"라고 사죄했다. 이는 전쟁 시대에 일본 국가가 가한 특별한 가해의 책임을 인정하고, 식민 지배를 받은 이들에게 특별히 심각한 인권침해를 가한 사실에 대해서도 일본 정부가 사죄한 첫 번째 행위였다. 더 이상 이 문제에 있어 정부와 국민의 사죄와 반성의 움직임을 멈추게 할 순 없었다.

미야자와 내각은 고노 담화를 발표하고 이틀 뒤 정권의 자리에서 내려왔다. 하지만 담화를 내놓은 고노 요헤이는 야당의 자리로 내려온 자민당의 총재가 되었다. 그 때문에 당내 보수파는 고노 담화를 뒤집기 위한 움직임에 나설 수 없었다.

호소카와 정권의 탄생

1993년 8월, 일본에서 정권 교체가 이뤄졌다. 38년 동안 이어졌던 자민당 정권이 하야하고 호소카와가 이끄는 반 자민 연립정권이 탄생했다. 호소카와 모리히로細川護熙 총리는 첫 기자회견에서 일본의 지난 전쟁에 대해 '침략전쟁', '잘못된 전쟁'이라고 발언했다. 그해 11월 한국을 방문한 호소카와는 김영삼 대통령과 경주에서 회담하고 "과거 우리 나라의 식민 지배에 의해 한반도의 분들이…견디기 어려운 슬픔과 고통을 경험했던 것에 대해, …깊이 반성하고, 진심으로 사죄의 말씀을 드린다"라고 말했다. 이는 고노 담화에서 이어지는, 일본 총리의 첫 사죄였다. 전전戰前 체제에 미련을 가진 이들은 분노를 이기지 못해 몸을 부들부들 떨었다. 북일 교섭, 위안부 문제에 이어지는 역사 인식을 바로잡는 세 번째 파도가 도래한 것이었다.

북미 전쟁의 위기감이 높아지다

그러나 이 무렵 북미 관계는 급격히 험악해지게 된다. 미국과 국제원자력기구는 1993년 초 북한 영변 핵시설에서 소량이지만 플루토늄이 생산된 것이 아니냐는 의혹을 품고 특별 사찰을 요구했다. 북한은 이에 강경하게 반대했다. 그리고 3월 12일 북한은 핵확산금지조약에서 탈퇴한다는 뜻을 밝혔다. 그러나 6월 2일부터 빌 클린턴Bill Clinton 정권이 북한과 협의를 시작하자 북한은 11일 탈퇴를 유보한다고 발표했다. 북미 간 협의는 1994년 1월까지 이어져, 북한은 핵시설에 대한 사찰을 받아들이는 데까지 나아갔다.

그러나 그 뒤 국제원자력기구가 사찰을 진행하는 과정에서 북한이 사찰에 필요한 작업을 허용하지 않았다. 그에 따라 영변 핵시설이 국제원자력기구의 규제를 준수하고 있는지 확인하는 게 불가능해졌다. 영변 핵시설에서 나오는 사용후 핵연료를 재처리하면, 북한은 핵폭탄 제조에 필요한 플루토늄을 손에 넣을 수 있게 된다.

사태를 위험하게 바라본 윌리엄 페리William Perry 미국 국방장관은 4월 한국과 일본을 긴급 방문했다. 게리 럭Gary Luck 주한미군 사령관은 아파치 헬리콥터와 패트리엇 미사일의 배치 그리고 미군 20만 명의 증파를 요구했다. 페리는 무기 배치를 결정한 뒤 귀국해 미국은 북한이 플루토늄을 추출하는 것을 용납하지 않겠다고 공식 발표했다. 북한은 격하게 반발하며 5월 14일부터 영변에서 사용후 핵연료를 반출하는 작업을 시작했다. 페리는 몇 개월 뒤에 북한이 6~10개의 핵폭탄을 제조할 수 있는 플루토늄을 손에 넣게 될 것이라 보고, 그로 인해 "전혀 예상할 수 없는 극히 위험한 결과를 초래할 것이 확실하다"라고 판단했다. 그는 존 샬리캐슈빌리John Shalikashvili 미 합동참모의장과 럭에게 대북 긴급 대응 계획을 수정할 것을 요구했다. 그와 함께 영변 핵시설에 대한 미사일 공격 계획을 입안할 것도 요구했다.[2]

돈 오버도퍼Don Oberdorfer는 저작인 《두 개의 한국The Two Koreas》을 통해 이 뒤에 샬리캐슈빌리 주재 아래 열린 회의의 결론을 전하고 있다. 작전 계획을 검토한 결과, 첫 90일 안에 미군 사상자가 5만 2000명, 한국군 사상자가 49만 명, 북한에서도 사망자가 대량으로 발생한다는 예측이 나왔다.[3]

국제원자력기구는 6월 2일 사찰이 불가능하다고 선언했다. 국제원자력기구 이사회는 10일 북한에 대한 기술협력을 정지한다는 것과 특별 사찰을 받아들일 것을 요구한다는 내용이 포함된 제재 결의를 채택했다. 북한은 6월 13일 국제원자력기구 즉시 탈퇴를 표명하고, 제재는 선전포고로 간주하겠다고 했다. 유엔 안전보장이사회는 제재 토의를 위한 준비를 시작했다.

페리는 6월 16일 북한에 대한 행동 계획을 제출하고, 클린턴에게 결정을 요청했다. 주한미군을 20만 명 증파하고 작전계획 5027*을 실시하는 준비를 시작한다는 제안이었다. 한반도 전쟁이라는 결정적

---

* 북한군의 남침에 대비한 한미 연합사령부의 작전계획. 1974년 만들어졌다.

위기에 돌입한 것이었다.

전쟁으로 향하는 사태를 구한 것은 지미 카터James Carter의 방북이었다. 같은 날인 6월 16일 카터 전 대통령과 김일성이 회담했다. 김일성은 카터에게 미국이 군대의 증파와 제재 추진을 중지한다면, 핵연료 재처리 계획을 동결하겠다는 뜻을 전했다. 이를 통해 위기를 피할 수 있었다. 제3차 북미회담을 7월 8일 제네바에서 열기로 정했다. 바로 그날 김일성이 사망했다.

무라야마 정권의 탄생

신기하게도 일본은 북미 간 위기가 고조되는 이 같은 상황의 바깥에 있었다. 일본에선 1994년 6월 자민당·사회당·신당사키가케*가 연합한 자·사·사 3당 연립정권인 무라야마 도미이치 총리의 집권이 시작됐다. 자민당은 여당으로 복귀했지만, 사회당이 총리를 배출한 연립정권이었다. 세 당이 연정을 꾸리기로 약속하며 체결한 정책협정에는 전후 50년에 맞춰 국회결의를 채택하자는 내용이 들어 있었다.

중국에 대한 침략전쟁과 조선에 대한 식민 지배를 사죄한다는 국민적 입장을 확립하려는 이들과 어떻게든 이에 반대하려는 이들

---

* 1993년 자민당 내 진보적이고 젊은 색채를 가진 의원들이 만든 정당이다. 하토야마 유키오, 간 나오토, 마에하라 세지, 에다노 유키오, 겐바 고이치로 등 이후 민주당의 주축으로 활동하게 되는 신진 정치인들이 대거 소속돼 있었다. 그런 의미에서 민주당(현 입헌민주당)의 모체라 평가할 수 있다.

사이의 대결이 다가온 것이다. 사토 가쓰미 등 북일 교섭 반대파도 이 싸움에 합류했다. 자민당의 야스쿠니 관련 세 개 협의회가 1994년 8월 11일 호소카와 발언에 항의하는 의견을 제시했다. '일본은 침략국이 아니다 국민위원회의' 의견광고 〈일본은 침략전쟁을 한 것입니까〉가 9월 9일 《산케이신문》에 발표됐다. 사토도 이에 참가했다. 광고에 "식민 지배에 대한 뒤처리가 아직 끝나지 않은 것은 북한 한 나라뿐이다. 전쟁 처리와 관련해선 모두 조약과 협정에 따라 처리됐다"라는 2년 전 사토의 주장이 실려 있다는 점이 기묘했다.

북일 교섭 재개 시도

1994년 가을로 접어든 10월 21일 이른바 '북미 간 제네바 합의'가 이뤄졌다. 북한은 모든 흑연감속로를 동결·해체하고, 미국은 그 대신 2003년까지 1000메가와트의 경수로 2기를 제공하고, 1기가 완성될 때까지 연간 50만 톤의 중유를 제공하기로 합의했다. 북미가 돌연 협력 체제에 들어간 것이다. 그러나 김일성이 약속한 남북 정상회담은 후계자인 김정일이 사실상 거절했다. 김영삼이 김일성의 죽음에 대한 조의를 표하지 않은 것이 무례한 일이고, 한국 정부가 장례식 당일에 소련이 몇 가지 한국전쟁 관련 기밀문서를 제공했다는 사실을 발표한 것도 악의적이라고 본 것이다. 북미의 화해 분위기가 고조되고 있는 가운데 남북은 엄혹하게 대립하게 됐다.

북미 간 전쟁 위기가 지나간 상황을 이용해 북일 관계 개선을 추진하려는 움직임이 일본 정부 내에서 시작됐다. 연립여당 최고의사 결정회의에서 사이토 주로斎藤十郎 자민당 참의원 의원회장이 무라야마 정권이 추진해야 할 과제로 북일 국교 정상화를 제기해 그에 대한 합의가 이뤄졌다. 가네마루·다나베 방북단의 뜻을 계승해 북일 교섭을 재개하려는 움직임이었다. 가토 고이치 자민당 정조회장이 이 움직임을 밀어붙였다. 가토는 이때 의도에 대해 2002년 4월 8일 중의원 예산위원회에서 다음과 같이 설명했다. "나는 그때 북일 관계를 타개해야 하지 않나 하고 생각하고 있었습니다", "무라야마 정권이 무언가 큰 발자취를 남긴다면, 그것은 오키나와 기지 문제 해결이라고 생각하고 있었습니다. 오키나와 기지 문제를 해결하는 데 가장 중요한 것은 북한 문제를 해결하는 것입니다. 그런 의미에서 이를 추진해 보는 게 어떻겠냐고 했더니 당시 자민당 내의 간부들도 그거 좋은 생각 아니냐고 말해 추진했던 것입니다."

한편, 대항 세력은 12월 1일 자민당 내에 '종전50주년국회의원연맹'을 결성했다. 회장에는 오쿠노 세이스케奥野誠亮, 간사장엔 무라카미 마사쿠니村上正邦, 사무국장에는 이타가키 다다시板垣正, 사무차장으로는 의원 3기째였던 아베 신조가 임명됐다. 결성 취지서에는 "일본의 자존·자위와 아시아의 평화"를 위해 목숨을 바친 전몰자를 잊어선 안 되고, 역사적 화근을 남길 수 있는 국회결의에 반대한다는 내용이 담겼다.[4]

패전 50년이 되는 해인 1995년이 시작됐다. 2월에는 민간의 보수파·반동파들이 결집해 종전50주년국민위원회가 결성됐다. 회장은 가세 슌이치加瀬俊一, 부회장은 마유즈미 도시로黛敏郎 등이었고, 운영위원장은 모리 요시나리毛利義就(메이지신궁 권궁사*), 사무국장은 가바시마 유조椛島有三였다.

한편, 북일 교섭파 쪽에서는 가토의 노력을 통해 1995년 3월 28일 연립여당 방북단이 북한을 방문했다. 그 직전인 3월 9일 북한과 한반도에너지개발기구KEDO가 경수로 제공에 관한 협정에 조인한 것도 격려 요인이 되었을 것이다. 이때 가토는 북한을 방문하지 않고, 와타나베 미치오渡邊美智雄가 단장이 됐다. 대표단은 자민당 대표단, 구보 와타루久保亘 등 사회당 대표단, 하토야마 유키오鳩山由紀夫 등 신당사키가케 대표단 등 세 갈래로 구성됐다. 외무성에선 다케우치 유키오竹内行夫 아시아국 심의관이 동행했다. 출발 전에 가토의 맹우인 YKK**의 야마사키 다쿠는 나카소네가 1985년 레이건에게 '교차승인'을 제언했었다는 사실을 밝히며 '이 길을 가야 한다'고 나카소네파를 계승하는 와타나베를 설득했다. 이를 통해 북한과 국교 정상화 교섭을 재개하려는 가토의 공작을 도운 것이다.[5]

세 단장과 조선노동당 김용순 서기는 3월 30일 〈북일회담 재개를 위한 합의서〉에 서명했다. ① 불행한 과거를 청산하고 국교 정상화를 조기 실현하기 위해 적극적으로 노력한다. ② 국교 정상화를 위한 회담에는 어떤 전제조건도 없다. ③ 회담은 자주적이고 또 독자적

---

* 　한국의 사찰에 비교한다면, 부주지에 해당되는 직책이다.
** 　1972년 처음 중의원에 당선된 동기인 자민당의 야마사키 다쿠, 가토 고이치, 고이즈미 준이치로 등 세 의원의 협력 관계. 야마사키의 Y, 가토의 K, 고이즈미의 K를 이어 YKK라 불렀다.

인 입장에서 진행된다. ④ 각각의 정부가 회담을 적극적으로 진행하도록 노력한다. 이렇게 네 항목에 합의했다.

사토 가쓰미와 《현대 코리아》 그룹은 이 움직임을 맹렬히 공격했다. 4월 25일에 나온 《현대 코리아》 5월호에는 다마키 모토이玉城素가 진행한 가토의 인터뷰 〈북한을 적극적으로 지원해야 한다北朝鮮を積極的に支援すべきだ〉와 함께 다마키와 사토 가쓰미의 대담인 〈북일 교섭 재개에 반대한다日朝交涉再開に反対する〉가 실렸다. 사토는 이 글에서 3당 대표단에 가토 사무소의 실무자로 동행한 신일본산업의 요시다 다케시를 언급하며 일본 국적을 취득한 재일 조선인으로 '북한의 간첩'이라고 단정했다. "북한의 간첩을 일본 여당 대표단이 고문으로서 데려갔다"라고 공격한 것이다.

5월 29일에는 종전50주년국민위원회가 '추도·감사·우호·아시아 공생의 축전追悼·感謝·友好·アジア共生の祭典'을 도쿄 지요다구 일본부도칸에서 개최했다. 12개국에서 온 내빈과 국회의원 39명, 전몰자 유족 등 약 1만 명이 참석했다. 지난 전쟁은 "구미 열강으로부터 아시아의 독립을 지키기 위한 싸움이었다"라며 전몰자에 대한 감사의 뜻을 전하고 미래의 평화 등을 주장하는 '도쿄 선언'이 채택됐다. 가세 회장과 가스야 시게루粕谷茂 자민당 대표는 인사말에서 사죄와 단죄에 기초한 국회결의에 반대한다는 뜻을 밝혔다.[6]

전후 50년 결의, 중의원에서 가결되다

그럼에도 1995년 6월 9일 중의원에서 마침내 전후 50년 결의가 찬성 230명, 반대 14명으로 가결됐다. 반대 14명은 공산당이었다. 종전 50주년국민위원회 활동가 가바시마 유조, 오하라 야스오大原康男 등은 무라카미 마사쿠니 의원의 방에 모여서 결의문안에서 불편한 부분을 빼 보려고 공작했지만 무리였다. 결의는 가토의 뜻을 받아들인 호리 고스케保利耕輔 정조회장 대리의 통합안대로 "근대사에 있었던 식민지 지배와 침략적 행위를 생각하면서, 우리 나라가 행한 이러한 행위와 타국민 특히 아시아 여러 국민에게 가한 고통을 인식하고, 깊은 반성의 뜻을 표명한다"라는 내용으로 정해졌다.[7] 반대파는 참의원 결의를 저지하는 게 고작이었다.

그러나 결의가 이뤄질 때 본회의에 결석한 이들이 249명이나 됐다. 결의문 수정을 요구했는데 받아들여지지 않아서 결석한 신진당 의원이 171명, 그 밖에 각파에서 23명이었다. 자민당에서는 55명이 결석했다. 자민당의 결석자들 가운데 40명은 항의의 뜻으로 결석했다. 이들은 오쿠노 회장이 이끄는 종전50주년국회의원연맹 멤버였다. 오쿠노 세이스케, 아베 신조, 에토 세이이치衛藤晟一, 나카가와 쇼이치中川昭一, 히라누마 다케오平沼赳夫 등이었다.

무라야마 정부는 7월 19일 위안부 피해자에 대한 사죄와 속죄의 사업을 실행하는 아시아 여성기금을 설립했다. 그리고 8월 15일에 5개 전국신문에 전면 의견광고를 내어 아시아 여성기금에 성금을 내도록 호소하는 글을 게재했다.

'종군위안부'를 만들어 낸 것은 과거의 일본 국가입니다. 그러나 일본이라는 국가는 결코 정부만의 것이 아닙니다. 국민 한 사람 한 사람이 과거를 이어받고, 현재를 살며, 미래를 만들어 나가는 것입니다. 전후 50년이라는 시기에 전 국민적 속죄를 시행하는 것이 현재를 살아가는 우리 자신이 희생당한 분들과 또 국제사회 그리고 미래세대에 대해 지고 있는 책임이라고 믿습니다.

이 호소문은 도쿄대학 교수인 오누마 야스아키大沼保昭가 기초했다. 일본의 공적 기관이 발표한 가장 인간적이고 진지한 선언이었다.

나아가 이날 오전 10시 각의결정을 통해 무라야마 총리담화가 발표되었다. 각의결정에 기초한 총리의 담화는 '총리담화'라 부른다. 각의결정에 기초하지 않은 것은 '총리의 담화'다.

우리 나라는 멀지 않은 과거의 한 시기, 국책을 그르쳐 전쟁으로 향하는 길을 가 국민을 존망의 위기에 빠뜨렸고, 식민지 지배와 침략으로 많은 국가, 특히 아시아 여러 나라 사람들에 대해 다대한 손해와 고통을 안겼습니다. 나는 미래에 잘못을 남기지 않기 위해 의심할 여지도 없는 이와 같은 역사의 사실을 겸허하게 받아들이고 여기서 다시 한번 통절한 반성의 뜻을 밝히며 진심으로 사죄의 마음을 표명합니다.

이 시점에서 전전 체제에 미련을 갖는 일본 보수 세력은 완전히 패배했다. 일본의 새로운 공적 역사 인식이 발표된 것이었다. 일본 국가·국민의 사죄는 전체 조선 민족을 향해 있었다. 한국과 북한 양쪽 국민을 향한 것이었다.

북한의 자연재해와 식량 위기

이때 이웃 나라인 북한은 심각한 자연재해로 인한 사회적 위기에 빠져 있었다. 7월 30일부터 8월 18일까지 평균 300밀리미터의 비가 북한 전역에 내려 하천이 범람했다. 그로 인해 농촌 지역의 전답, 관개용 수로, 주택, 저장 곡물에 손해를 끼쳤다. 9월 6일 《조선중앙통신》에 따르면, 침수된 농지는 40만 헥타르, 곡물 피해는 190만 톤, 피해 총액은 150억 달러에 이르렀다. '주체 농업'은 한계에 다다라 식량 부족이 발생했다. 게다가 경제위기가 진행되고 있는 상황에 닥친 자연재해였다. 곧바로 국가적 위기가 시작됐다.

북한은 국제사회에 수해 사실을 알리고, 쌀 지원을 요청했다. 유엔 식량농업기구FAO와 유엔 세계식량계획WFP의 조사 보고(1995년 12월 22일)에 따르면, 115만 톤의 국제원조가 긴급히 필요했다. 유엔 인도지원조정실OCHA은 이미 9월 12일부터 북한 수해지역에 대한 식량 지원을 호소하기 시작했다. 북일 국교 추진파가 움직여 일본 정부는 9월 14일 북일 교섭 개재를 위한 예비 교섭을 시작하는 것과 동시에 2차 쌀 지원에 대해 협의하게 되었다. 제2차 북일 쌀 협의는 10월 3일 베이징에서 이뤄져, 일본은 20만 톤의 쌀을 10년 유예 기간을 거쳐 30년 동안 갚는 조건으로 공여한다는 합의문서에 서명했다. 그렇지만 같은 시기 이뤄진 남북 협의에선 합의가 이뤄지지 못했다. 한국 김영삼 정권은 일본의 적극적 대북 지원에 불쾌감을 품고 반발했다.

무라야마는 10월 5일 참의원 본회의에서 요시오카 요시노리름

岡吉典 공산당 의원으로부터 "조선합병은…일본이 강제해 조선을 식민지 지배 아래 놓이게 했다…는 것을 인정하는가"라는 질문을 받고 "한일 병합조약은 법적으로 유효하게 체결되었다"라고 답변했다. 정부 견해가 모순되는 지점에 대한 공격을 받고 바람직하지 않은 답변을 한 셈이었다. 곧바로 이를 비판한 것은 쌀 지원을 요구하던 북한이었다. 그 뒤를 따라 일본의 쌀 지원을 불쾌하게 생각하던 한국 정부와 김영삼의 비판이 이어졌다.

10월 25일에 나온 《현대 코리아》 11월호는 '쌀 지원을 둘러싸고 교환된 팩스 서한 コメ支援をめぐり交換されたFAX書簡'을 폭로했다. 가토가 쌀을 지원하는 데 "이례적 저자세"를 보였다고 지적했다. 이어 사토·니시오카는 11월에 나온 《분게이슌주》 12월호에 공동논문 〈가토 고이치 간사장은 북한의 꼭두각시인가 加藤紘一幹事長は北の操り人形か〉를 발표했다. 여기서도 가장 큰 공격 포인트는 전 정조회장이자 현재 당의 간사장인 가토가 재일 조선인 요시다 다케시와 결탁해 북한과 교섭을 추진했다는 것이었다. 이 글과 함께 《현대 코리아》의 필진으로 전 간토 공안조사국 제2조사부장이었던 구니 아키라久仁昌의 〈내가 사랑한 '북한 스파이' 私が愛した〈北朝鮮スパイ〉가 게재됐다. 북한 기관의 요청을 받아 자신이 접촉해 왔던 요시다 다쓰오吉田龍雄라는 인물과의 교섭과 인간적 교류를 그린 글이었다.

요시다 다쓰오는 요시다 다케시의 아버지다. 전전에 일본에 건너와 군인 마쓰이 이와네松井石根(대장으로 난징 점령군사령관. 전범으로 처형)의 비호를 받아가며 상업에 종사하면서 일본인 여성과 결혼해 그의 호적에 들어갔다. 전후에는 일본 국적을 유지하며, 무역회사 사업에서 성공해 북한과 왕래도 했던 사람이었다. 요시다 다케시는 태어날 때부터 일본인이었으며 아버지 회사에서 일하며 맺게 된 인간관계를 이용해 북일 간 파이프 역할을 하게 됐던 것이다. 그뿐만이 아니었다. 이 인물은 김대중의 방북을 실현하기 위한 남북 간 파이프 역할도 하게 된다.[8]

사토는 이 요시다 다케시를 그동안엔 '북한의 간첩'이라고 불러왔다. 하지만 이 단계에 이르러서는 구니의 글을 통해 아버지 요시다 다쓰오 역시 '북한의 스파이'로 보이게 하려는 교묘한 속임수를 만들어 내 가토가 '북한의 스파이'와 결탁이나 한 것처럼 주장한 것이다. 이즈음부터는 가토 개인에 대해 갖가지 지독한 공격이 주간지나 황색 저널리즘에 퍼지게 되었다. 가토라는 정치가가 사회적으로 매장되었다고 할 수 있을 정도였다.

무라야마는 11월 14일 심영삼 앞으로 친서를 보내, 식민 지배에 대해 사죄하며 동시에 북일 관계에 있어서는 한국과 "긴밀히 연대하면서 남북 관계의 진전과 조화를 이룬다는 원칙에 따르겠다"라고 약속했다. 이에 따라 북일 교섭을 재개하는 움직임은 멈추게 되었다.[9]

1995년 역사 반성과 관련해 일본 정부와 국민 사이에 새로운 공적 여론이 형성되는 것에 반대하며 떨쳐 일어선, 전전 체제에 미련을 가진 보수 세력은 패배했다. 하지만 그 와중에서 사토와 《현대 코리아》 그룹은 예외적으로 무라야마 내각이 추진하는 방향에 타격을 가해, 북일 교섭을 재개하려는 움직임을 저지했다. 사토 그룹이 일본 보수 세력 가운데에서 주목해야 할 존재가 되었다고 말할 수 있게 됐다.

1996년의 움직임

1995년에 패배한 보수 세력은 오랫동안 때를 기다리진 않았다. 1996년에 이미 후지오카 노부카쓰藤岡信勝 도쿄대 교수, 니시오 간지西尾幹二 도쿄전기대학 교수 등이 중심이 돼 '새로운 역사 교과서를 만드는 모임新しい歴史教科書をつくる会'을 만들어 활동을 개시했다.

북한은 1996년 여름에도 다시 수해를 입어 심각한 흉작이 발생했다. 북한 쪽 발표를 보면, 7월 24일부터 28일까지 황해남북도, 강원도, 개성시에 630밀리미터에서 910밀리미터의 비가 내려 수해가 발생했다. 수재민은 327만 명, 잃어버린 농지는 28만 8900헥타르에 달했고, 피해 총액은 17억 달러로 늘어났다. 유엔 식량농업기구와 세계식량계획은 특별보고(1996년 12월 6일)를 통해 1997년의 식량 부족이 1996년보다 "실질적으로는 더 크다"라고 밝혔다.

결국, 굶어 죽는 사람이 생겨나기 시작했다. 사망자의 규모에 대해서는 여러 추정이 있지만, 미국 연구자인 마커스 놀런드Marcus Noland 등은 분석을 통해 60만 명에서 100만 명 사이일 것이라고 결론내고 있다.[10] 너무나 심각한 사태였다. 피해가 많은 지역에서 탈북자들이 강을 건너 중국 영내로 도망쳤다.

일본의 북일 교섭파는 일본의 보수 반동파를 억누르고, 중국 침략전쟁과 조선 식민지 지배에 대한 반성·사죄를 공식적 인식으로 만드는 것엔 성공했다. 하지만 북한과 국교 교섭을 재개하고 위기를 맞은 북한에 인도적 지원을 이어 가는 것까진 이뤄내지 못했다.

《현대 코리아》 그룹

쌀 지원을 견제하고 북일 교섭이 재개되는 것을 저지한 사토 등《현대 코리아》그룹은 이 중간기에 납치 문제로 눈을 돌려 새로운 운동을 시도했다.

이 얘기는 한 해 전인 1995년으로 거슬러 오른다. 1995년 6월 대한항공기 폭파 사건의 실행범인 김현희의 책《잊을 수 없는 여성: 이은혜 선생과의 20개월忘れられない女-李恩惠先生との二十ヵ月》(분게이슌주)이 출판돼 서점에 깔렸다. 이 책의 띠지에는 "이은혜 선생의 구출을 위해 일본은 전력을 다해야 합니다!"라는 이례적인 직접 호소문이 적혀 있다. 서문에는 신광수辛光洙 사건*의 하라 다다아키原敕晁나 다구치 야에코가 "일반 대중에게 사랑받은 인기인이나 유명인"이 아니어서 큰 관심을 끌진 못하고 있지만, "다구치가 돌아올 수 있도록 일본의 여러분 모두가 마음을 하나로 모은다면" 북한도 그를 일본에 되돌려 보내지 않을 수 없을 것이라는 내용이 쓰여 있었다. 한국 안전기획부의 비호·감독 아래 사는 대한항공기 폭파 사건의 범인이라면, 그녀가 쓰는 문장이나 발신하는 얘기들은 모두 한국 정보기

---

* 북한 공작원 신광수가 1980년 6월 오사카에 사는 하라 다다아키(당시 43세)를 미야자키현 아오시마靑島 해변으로 끌고 가 북한 공작선으로 납치한 사건. 이후 신광수는 하라의 신분을 이용해 일본 여권을 취득한 뒤 해외로 나가 공작 활동을 벌였다. 이후 1985년 7월 서울로 잠입한 뒤 하루 만에 체포됐다. 14년 5개월을 복역한 뒤 서울 관악구 봉천동 '만남의 집'에서 다른 장기수들과 생활하다 2000년 6월 남북공동선언에 따라 석달 뒤인 9월 2일 비전향 장기수로 북한에 송환됐다.

관, 나아가 김영삼 정권의 뜻을 반영하는 것이라 생각할 수 있다. 이는 납치 문제와 관련해 일본에서 국민적 운동을 일으키겠다는 한국 정부의 일본 사회에 대한 이례적 개입이었다.

분명 그 무렵엔 일본 저널리스트 가운데에서도 납치 문제를 열심히 취재하던 이는 많지 않았다. TV아사히 계열의 디렉터인 이시다카 겐지石高健次가 그중 하나였다. 이시다카는 1995년 5월 14일 방송 〈어둠의 파도에서: 북한발 대남 공작闇の波濤から: 北朝鮮発·対南工作〉을 제작해 방영했다. 그는 납치 문제와 관련된 취재 결과를 모아 가을에는 《김정일의 납치지령金正日の拉致指令》이라는 난폭한 제목의 책을 아사히신문사에서 출판하려 하고 있었다. 그의 취재의 백미(가장 눈에 띄는 지점)는 한국 안전기획부의 허가를 받아, 망명한 북한 기관원 안명진安明進과 1995년 6월과 11월 두 차례에 걸쳐 진행한 인터뷰였다. 안명진은 한국 안전기획부가 내세운 스타로 1993년 한국으로 탈출해 나온 사람이었다. 1994년부터 《월간조선》이 연재한 〈우리가 체험한 '종합범죄 주식회사' 북한, 그 전율의 실상〉이라는 기사의 주인공으로 데뷔했다. 이 기사에서 '황금실'이라는 이름을 쓰던 일본인 납치 피해자에 대해 얘기하며 그 밖에도 여러 일본인 남성을 목격했다고 말했다. 1994년 10월엔 《아에라AERA》(10월 10일호)에도 나와 황금실에 대해서 증언했다. 이 스타 망명자는 납치 피해자의 사진을 늘어놓고 보여 주며 취재하는 이시다카에게 이번엔 평양의 공작원 교육기관에서 이치카와 슈이치市川修一를 봤다고 분명히 말했고, 나아가 하스이케 가오루蓮池薫를 본 것 같다고 증언했다. 이시다카는 이 취재 결과에 크게 만족했다. 《김정일의 납치지령》은 1996년

10월 5일 간행됐다.

납치 문제의 부상

사토 가쓰미는 북한과 국교 교섭·국교 수립에 반대해 온 대표적 논객이었다. 하지만 그때까지는 특별히 중점을 두고 납치 문제를 주시하고 있진 않았다. 1991년 《붕괴하는 북한崩壊する北朝鮮》, 1993년 《북한 '한'의 핵전략》, 1996년의 공저 《북한 붕괴와 일본北朝鮮崩壊と日本》에서도 납치 문제에 대해 다루지 않았다. 사토는 납치는 테러 국가가 저지르는 당연한 범죄 행위 중 하나라는 견해를 갖고 있었을 것이다.*

그렇지만 니가타 출신인 사토는 20년 전에 이 지역에서 행방불명된 중학생 소녀의 사건을 기억하고 있었다. 1977년 11월 22일 《니가타일보》에 "여자 중학생 귀가하지 않아/ 하교 도중/ 벌써 일주일"이라는 제목 아래 큰 기사가 실렸다. 시내 중학교에 다니던 열세 살 요코타 메구미横田めぐみ가 1월 15일 방과 후, 클럽 활동인 배드민턴 연습에 참여한 뒤인 오후 6시 30분쯤에 친구와 함께 학교를 나섰고, 집 근처 네거리에서 친구와 헤어진 뒤 소식이 끊겼다는 보도였다. 21일에 공개수사로 전환한 결과 나온 보도였다.

사토는 1996년 어느 시점에 이 실종 소녀가 북한 공작원에 의해 납치된 게 아닐까 생각하게 됐다고 추측한다.

* 북한이 실제 일본인을 납치했더라도 전혀 놀랄 문제가 아니라는 의미다.

그리하여 소녀 납치에 대한 특별한 정보가 1996년 9월 25일 발행된 사토의 잡지 《현대 코리아》 10월호를 통해 처음 실리게 된다. 다음과 같은 내용이었다.

일본의 해안에서 아베크족이 연달아 납치되던 1년인가 2년 전, 아마도 1976년 무렵이었다고 한다. 13세 소녀가 역시 일본 해안에서 납치됐다. …소녀는 학교의 클럽 활동이었던 배드민턴 연습을 끝내고 귀가하던 중이었다. 해안에서 이제 막 탈출하려는 공작원이 이 소녀에게 목격되어서 잡아 데려갔다고 한다. 소녀는 똑똑한 아이로 열심히 공부했다. '조선어를 습득하면, 엄마 있는 데로 돌려보내 준다'는 말을 들었기 때문이었다. 그리고 18세가 되었을 무렵, 그것이 이뤄질 수 없는 일임을 알고, 소녀는 정신적으로 파탄에 이르고 말았다. 병원에 수용되었을 때 이 문제와 관련된 공작원이 이 사실을 알게 되었다.

그것은 놀라울 정도로 상세한 정보였으며, 이후 경과를 통해 볼 때 정확한 정보였다.

이 정보는 이시다카 겐지가 사토의 잡지에 기고한 〈내가 '김정일의 납치지령'을 쓴 이유私が '金正日の拉致指令'を書いた理由〉라는 글의 뒷부분에 살짝 포함된 내용이었다. 이시다카는 "정보량이 적고, 성명까지 특정할 수 없었기 때문에" 아사히신문사에서 낸 책에는 "다루지 못했던 사례"의 하나라며 이 정보를 소개했다. 하지만 정보의 입수처에 대해서는 일절 설명하지 않았다. 다만 1994년 한국으로 망명한 북한 공작원이 알려 준 것으로 "이 정보가 한국 정부로부터 일본

경찰에도 전해졌다"라고 썼다.

이 정보에는 ① 니가타의 실종 소녀 신변정보와 완전히 일치된 부분과 ② 좀 다른 부분(쌍둥이 여동생이 아니라 쌍둥이 남동생*이 있다) 나아가 ③ 북한에서 생활한 뒤에 벌어진 일인 정신병원 입원이라는 내용까지 포함돼 있었다. 나중에 알려진 바에 따르면 ③의 정보는 매우 정확했다. ②도 반 정도는 맞았기 때문에 매우 미묘했다. 어찌 됐든 이 정보는 북한에서 나와 한국을 경유해 도쿄에 도달했다고 볼 수밖에 없다. 이 정보에 이시다카뿐 아니라 사토와 그와 가까운 사람들도 접근할 수 있었을 것이다.[11]

중요한 것은 사토가 이 정보를 접한 뒤 곧바로 니가타의 실종 소녀(요코타 메구미)와 연결 지었다는 사실이다. 니시오카도 사토 자신도 그렇게 쓰고 있다.[12] 이는 납치 문제를 중시하는 이들에게 결정적으로 중대한 발견이었을 것이다. 그런데 신기한 것은 《현대 코리아》 관계자들이 이 사실을 아무에게도 말하지 않고, 거의 3개월 동안 아무것도 하지 않았다는 점이다. 당연히 사토나 니시오카는 이시다카와 얘기했을 것이다. 그런데 이시다카도 전혀 움직이지 않았다. 마치 자신들이 발견한 것을 숨기고 10월호에 실린 정보를 누군가 제3자, 예를 들어 니가타 사람들이 주목해 세간에 알리지 않는지 기다려 보자고 사토, 니시오카, 이시다카 세 명이 말을 맞춘 듯한 모습이었다.

---

* 요코타 메구미에겐 네 살 터울의 쌍둥이 남동생이 있다. 이름은 다쿠야拓也와 데쓰야哲也다.

요코타 메구미 납치

3개월이 지난 12월 15일 사토는 니가타에서 예전에 함께 조선인 귀국 운동을 지원하던 고지마 하루노리小島晴則의 부탁을 받고 강연했다. 이 역시 매우 신기한 일이지만, 사토는 이 강연에서 요코타 메구미 사건에 관해 새롭게 발견한 사실을 말하지 않았다. 강연이 끝난 뒤 사토는 드디어 간담회의 뒷풀이 술자리에서 아무 일도 아닌 듯 얘기를 꺼냈다.

> "분명 니가타 해안에서 행방불명된 소녀가 있었죠."
> "아, 메구미짱입니다."
> "그 애가 북한에 있는 것 같습니다."
> 가까이 있던 사람들이 일제히 "에~" 하며 소리를 높였다.

그렇지만 그 이후에도 아무 움직임도 일어나지 않았다. 사토는 그대로 도쿄로 돌아간 뒤 고지마에게 부탁해《니가타일보》기사를 전달받아 보았다고 한다.[13] 이런 얘기를 들은 고지마도 15일 간담회 이후 반달 이상 어떤 행동도 하지 않았다. 뉴스의 원천이 자신들임을 감추려는 듯한 모습이었다. 또다시 모두가 사전에 짠 것처럼 움직이지 않고 기다리는 중에 해가 바뀌었다. 1997년 1월 8일, 현대코리아연구소 누리집에 '요코타 메구미 북한 납치'라는 소식이 발표됐다. 그의 실종을 보도했던《니가타일보》(1977년 11월 22일) 기사도 여기에 함께 공개됐다.

이리하여《현대 코리아》가 정보를 공개하고 신원을 확인해 낸 요코타 메구미 사건이 세상 밖으로 나오게 됐다. 이는 사토 가쓰미의 커다란 성공이었다. 이후로는 천천히 **다른 사람들이** 이 뉴스를 퍼뜨려 나가기 시작한다.

《현대 코리아》그룹의 구로사카 마코토黑坂眞가 1월 21일 하시모토 아쓰시 공산당 의원의 비서인 효모토 다쓰키치兵本達吉에게 이시다카의 논문과《니가타일보》의 기사를 전달한다. 효모토는 당장 긴장하고 흥분된 마음을 안고 일본은행에서 근무하고 있던 요코타 메구미의 아버지 요코타 시게루를 찾아 나섰다. 바로 당일 그를 발견해 낸 뒤 의원회관으로 불렀다. 요코타는 그곳에서 효모토로부터 딸이 북한에 납치되었다는 얘기를 듣게 된다. 그에 앞서 민사당民社党* 청년조직에서 근무했던《현대 코리아》의 아라키 가즈히로荒木和博의 연락을 받은 니시무라 신고西村眞悟 의원은 1월 23일 '북한공작조직에 의한 일본인 유괴·납치에 관한 질문주의서'를 정부에 제출했다. 질문주의서에서《현대 코리아》에 게재된 새 정보와《니가타일보》에 실린 요코타 메구미의 실종 기사를 소개하고, 이 소녀가 북한 공작원에게 납치되었다고 단정할 수 있다며 정부의 견해를 캐물었다. 오랫동안 움직이지 않던 이시다카 겐지도 이날 요코타의 집을 방문했다.

1월 25일《아에라》기자 하세가와 히로시長谷川熙가 요코타의 집을 방문했다. 그날 나온《현대 코리아》1·2월호에 사토 가쓰미의 글

---

* 1960~1994년에 있었던 일본의 정당. 일본의 사회당에서 갈라져 나온 우파 사회민주주의 정당이었다. 니시무라 신고는 한때 민사당에 몸담고 있었다.

〈신원이 확인된 납치 소녀身元の確認された拉致少女〉가 실렸다. 사토는 이때 드디어 자신이 요코타 메구미가 납치됐다는 사실을 발견해 냈다고 밝혔다. 2월 3일 《산케이신문》과 《아에라》가 요코타의 납치 사실을 보도하고, 니시무라가 중의원 예산위원회에서 이에 대해 질문했다.

여기서 또 하나 중요한 움직임이 시작된다. 2월 4일 전파뉴스사*의 다카세 히토시高世仁가 한국으로 망명한 북한 기관원 안명진을 취재했다. 다카세는 이날 일본에서 나온 요코타 메구미 관련 보도 기사를 안명진에게 보여 줬다. 그러자 그는 평양에서 요코타를 봤다는 얘기를 꺼냈다. 지난해 이시다카가 두 번이나 취재했을 땐 그런 얘기를 하지 않았는데도 말이다. 다카세의 이 인터뷰는 2월 8일 TV아사히에서 방영됐지만 안명진은 익명으로 등장했다. 그는 지금까지 몇 번이나 대중 앞에서 증언했지만, 그때엔 요코타에 관해 얘기하지 않았다. 그런데 요코타가 납치됐다는 사실이 보도된 뒤, 돌연 그 아이를 봤다는 얘기를 꺼낸 것이다. 그 때문에 다카세는 이 말을 신뢰할 수 없다고 생각했을 것이다. 하지만 결과적으로는 북한에서 도망쳐 온 새 망명자가 평양에서 요코타를 봤다고 증언한 것이기 때문에 일본 사회는 이 증언을 통해 요코타 메구미가 납치됐다는 사실이 결정적으로 확인됐다고 받아들였다. 안명진의 증언이 바뀌었다는 사실 등을 유의해서 보는 사람은 없었다.[14]

---

* 방송용 영상을 방송사에 제공하는 통신사. 1960년 창립됐다.

사토 가쓰미, 운동의 중심으로

사토는 자신감을 키웠다. 요코타를 비롯한 납치 피해자를 구하는 운동을 시작하자고 독려하면서 천천히 운동의 선두·중추로 올라서게 된다. 마침 1997년 2월 자민당의 젊은 보수파들이 행동에 나섰다. 나카가와 쇼이치가 대표, 아베 신조가 사무국장이 되어 '일본의 전도와 역사교육을 생각하는 젊은 의원의 모임日本の前途と歴史教育を考える若手議員の会'을 발족했다. 이들은 고노 담화에 비판의 창끝을 들이대며 위안부 문제에 대한 한국의 압력을 떨쳐 내자는 운동을 시작했다. 납치에 대한 사토의 움직임과 위안부 문제를 다루는 아베의 움직임은 급속히 하나로 만나게 된다.

먼저 효모토 다쓰키치, 이시다카 겐지가 중심이 되어 움직인 결과 1997년 3월 25일 '북한에 의한 납치 피해자 가족 연락회'가 결성되었다. 대표는 요코타 시게루, 사무국은 하스이케 도루蓮池透, 마스모토 데루아키增元照明가 맡게 됐다. 이어 4월 15일에는 '북한 납치 의혹 일본인 구원 의원연맹' 즉 납치의원연맹이 발족했다. 나카야마 마사아키中山正暉 회장, 니시무라 신고 사무국장 대리, 아베 신조 사무국 차장 등이 임원진이었다. 요코타 부부는 4월 23일 외국인기자클럽에서 첫 기자회견에 나섰다. 동석한 이는 사토 가쓰미 현대코리아연구소장, 니시오카 쓰토무《현대 코리아》편집장, 니가타의 고지마 하루노리 등 3명이었다. 이는 요코타 부부의 진짜 후견인이《현대 코리아》그룹이라는 것을 세상에 알리는 기회가 됐다. 5월 1일 국회 답변에서, 다테 오키하루伊達興治 경찰청 경비국장이 납치 의혹이 있는 일본인은 요코타 메구미를 합쳐 6건 9명에서 7건 10명이 되었다고 인정했다.

　바로 이 순간, 1995년에 패배했던 전전 체제에 미련을 두는 세력의 핵심 그룹도 부활했다. 일본회의*가 5월 30일 결성된 것이다. 의장 가세 슌이치, 운영위원장 마유즈미 도시로, 사무총장 소에지마 히로유키(메이지신궁 권궁사) 등의 인사가 발표되었다. 사무총장은 나중에 가바시마 유조가 맡게 된다.

북일 예비 교섭이 시작되다

한편, '고난의 행군'을 이어가고 있는 북한의 새로운 지도자 김정일은 북일 교섭의 재개를 원하고 있었다. 회담 재개를 위해 일본인 부인**들의 고향 방문 문제를 진전시키고 싶다는 북한의 희망이 조선총련을 통해 노나카 히로무에게 전해졌다. 노나카는 북일 교섭의 재개를 위해 정부를 움직이게 된다. 이를 통해 5년 만에 북일 예비 교섭이

---

*　일본 우익들이 관심을 갖는 개헌 등 다양한 이슈를 실현하기 위해 왕성하게 활동하면서 한때 일본을 움직이는 '배후 세력'으로 큰 주목을 받았다. 일본 내 우익 종교단체 관계자들이 중심이 돼 1974년 6월 결성된 '일본을 지키는 모임'과 쇼와·헤이세이 등 일본의 연호를 부활하자는 운동을 주도했던 이들이 1981년 10월 모여 만든 '일본을 지키는 국민회의'가 결합해 1997년 5월 정식으로 출범했다.

**　1959년부터 주로 1960년대 초까지 약 7만 5000명 정도(1980년대 초까지 최종적으로 9만여 명)의 재일 조선인이 북한으로 이주했다. 이 과정에서 재일 조선인 남편과 결혼해 함께 북한으로 이주한 일본인 여성들을 뜻한다.

8월 21일부터 베이징에서 열렸다. 마키타 구니히코橫田邦彦 외무성 아시아국 심의관과 김연길金煉吉 북한 14국 연구원(전 국장)이 출석했다. 둘은 대사급 본교섭을 재개하는 것과 일본인 부인의 고향 방문을 1개월 안에 실현하는 것을 목표로 하자는 데 합의했다.

초조해진 사토는 8월 25일《현대 코리아》9월호에〈북일 교섭, 문제는 일본 안에日朝交涉, 問題は日本國內に〉를 썼다. 이 글에서 요시다 다케시를 노동당 통일전선부 재일 공작원이라고 부르고 그가 다시 공작을 시작했다는 주장을 내세우며 노나카 히로무를 공격했다. 그와 함께 자국민이 납치를 당했는데도 텔레비전 방송에서 식량 지원 요청에 응하지 않는 것은 "국가의 품격을 떨어뜨린다" 등의 믿기 어려운 주장을 하고 있다며 오코노기 마사오小此木政夫, 고마키 데루오 등 대표적인 북한 연구자들을 비난했다. 이 둘은 예전《현대 코리아》가 출범할 때는 참가했었지만, 사토의 방침에 찬성할 수 없어 이탈한 사람들이었다.

고지마 하루노리가 회장이 되어 9월 15일 '요코타 메구미 등 납치 일본인을 구출하는 모임橫田めぐみさん等拉致日本人救出の会'이 니가타에서 발족했다. 10월 4일엔 사토가 회장이 되어 '북한에 납치된 일본인을 구출하는 모임北朝鮮に拉致された日本人を救出する会'이 도쿄에서 결성됐다.

김정일이 10월 8일 노동당 총서기로 취임했다. 이튿날인 9일 일본은 각의(한국의 국무회의)를 열어 6만여 톤의 쌀을 무상으로 지원하는 안을 승인했다. 그 뒤 자민당의 외교부회·대외경제협력위원회·외교조사회의의 합동회의가 10월 16일 열렸다. 납치가족회 회원 12

명은 이 자리에서 의원들에게 납치 문제의 경위를 설명했다. 이 모임에 사토, 니시오카, 아라키가 동석했다. 나아가 사토는 10월 23일 자민당 외교조사회 조선 문제 소위원회에서 강연했다. 이 행사에 120명이 출석했다. 사토가 이 기회를 통해 주장한 얘기는 1997년 10월 25일에 나온《현대 코리아》11월호에 쓴 그의 글〈'속죄의식'은 매국의 길'贖罪意識'は売国の道〉을 떠올리게 한다. 그는 이 글에서 "북한의 주장을 요약하면 납치 문제를 미루고, 일본에서 쌀 100만 톤을 얻겠다는 것이다. 북일 교섭을 즉시 재개해 일본이 '사죄'를 하게 만들어 '배상금' 1조 엔을 취한다는 계획이다." 그렇게 하지 않으면 "김정일 정권의 명맥은 다하고 만다." 이러한 정세 평가 위에 서서 사토는 노나카 히로무를 비판했다. 노나카 같은 사람이 가진 "속죄의식에 따라 생각한다면 납치 문제가 있더라도 '과거 청산을 하는 것이 먼저'* 라는 결론이 나오고 만다." 그래서 "'속죄의식'은 매국의 길"이라는 것이다. 사토는 끝으로 "국익을 위해 노나카 간사장 대리를 북일 교섭에서 제외해야 한다"라고 주장했다. 하지만 자민당 모임에선 역시나 당내 실력자인 노나카를 대놓고 비난하는 이런 얘기까지는 입에 담지 못했을 것이다.

---

* 　식민지 청산 문제를 먼저 다루고 납치 문제는 뒤로 밀리게 된다는 의미.

북일 국교 교섭
제2라운드로,
1997~2001

북일 교섭 재개되다

제1차 일본인 배우자의 고향 방문이 1997년 11월 8일 실현됐다. 11일엔 자민당의 모리 요시로森喜朗를 단장으로 하는 연립3당 대표단이 북한을 방문했다. 자민당의 나카야마 데루아키中山正暉가 부단장, 노나카 히로무가 간사장이 됐다. 사회당에선 이토 시게루伊藤茂, 신당사키가케에선 도모토 아키코堂本曉子가 각각 자기 당의 대표단 단장을 맡게 됐다. 일본 정부는 경제위기 속에서 비상국가체제를 가동 중인 북한에 쌀을 지원하는 것으로 식민 지배 청산을 목표로 하는 국교 교섭을 재개하려 하고 있었다. 평양에서 모리 3당 대표단은 김용순·김양건金養建·송호경宋浩京·이종혁李鍾革 등과 회담했다. 쌍방은 이른 시일 안에 제9차 북일 교섭 회담이 열리도록 노력한다는 데 합의했다. 납치 문제에 대해서는 처음으로 납치 피해자들을 행방불명자로서 조사한다는 것에도 합의했다. 또 북한은 모리 단장의 고향인 이시카와현의 어민으로 행방불명된 뒤 북한에 생존해 있다는 사실이 알려진 데라코시 다케시寺越武志의 일시 귀국을 보증했다.

일본회의는 같은 달 첫 중앙대회를 도쿄 지요다구 구단회관에서 개최했다. 활동의 목표로 삼은 것은 헌법조사회*의 조기 설치, 방위성 설치** 등과 함께 북한에 의한 일본인 납치 의혹의 해명과 구제였다. 이로부터 납치 문제와 관련한 일본회의의 움직임이 시작됐다. 그러나 12월 18일 도쿄의 긴자 가스홀銀座ガスホール에서 열린 '북한에 납치된 일본인을 구출하고, 침해된 주권을 회복하는 긴급 국민대회'에 참가한 이들의 수는 약 250명 정도였다. 대회는 일본인 납치가 "명백해져도, 일본의 주권이 침해되는데도 일본의 일부 대신문大新聞, 여당 간부, 전문가 등은 납치보다 북한에 대한 쌀 지원이 먼저라고 주장한다", "이런 주장을 절대 용인할 수 없다"라면서 납치 피해자의 "구출과 국가주권의 회복"을 목표로 하겠다고 결의했다.

해가 바뀌어 1998년 2월, 한국에선 김대중 대통령이 취임해 새로운 바람이 불어오기 시작했다. 일본에선 3월 나카야마 마사아키를 단장으로 하는 자민당 대표단이 평양을 방문했다. 수행한 외무성 북동아시아과 직원인 야마모토 에이지에 따르면, 단원 가운데 납치 피해자 가족들이 고통스러워하고 있어 북한에 인도적 지원을 하는 것에 반발하는 의견이 있다면서 북한에 납치 문제 해결을 요구하는 이가 있었다. 김용순은 납치 문제를 인정하지 않았지만, 행방불명자 문

---

* 일본국헌법의 개정을 목표로 한다는 의미다.

** 당시는 방위청(한국의 국방부) 시절이었다. 방위청은 2007년 정식 부처인 방위성으로 승격됐다.

제를 해결해 가고 싶다고 답했다. 나카야마는 요도호 납치 사건*의 범인들과 면회했다. 야마모토는 북한이 이런 문제부터 해결을 시도해 납치 문제에도 긍정적 영향을 끼치고 싶어 하는 것 같다고 생각했다. 그 밖에 데라코시 다케시의 어머니가 방문단과 동행해 평양에 들어가 아들과 재회한 것도 중요했다.¹

납치 문제 운동의 본격화

일본 국내에선 납치 문제의 해결을 요구하는 운동이 본격적으로 시작됐다. 4월에는 '북한에 납치된 일본인을 구하기 위한 전국협의회'(구원회 전국협의회)가 결성되어 사토 가쓰미가 회장, 아라키 가즈히로가 사무국장에 취임했다. 그리고 4월 2일에는 구원회 전국협의회와 가족회, 특히 사토 가쓰미의 이름으로《뉴욕 타임스》에 납치 피해자의 구출을 호소하는 의견광고를 게재했다. 전년 봄부터 시작된 납치 피해자 구출을 위한 서명은 4월까지 102만 개가 모여 정부에 제출됐다.

북한 적십자회는 6월 5일 행방불명자에 관해 조사해 본 결과 아무것도 나오지 않았다고 발표했다. 이에 대해 도쿄의 구원회는 15일

---

* 세계 동시혁명을 노리던 일본 적군과 요도호 그룹 9명이 1970년 3월 31일 일본 하네다 공항에서 이타즈케 공항板付空港(현 후쿠오카 공항)으로 향하던 일본항공(JAL) 351편 여객기(승객 122명, 승무원 7명)를 납치한 사건. 이타즈케 공항, 서울 김포공항에서 승객들을 풀어 주고, 실행범들은 비행기를 타고 북한으로 향했다. 실행범 일부는 여전히 북한에 생존 중이다.

항의 성명을 내고, 일본 정부에 북한에 대한 제재를 취해 줄 것을 요구했다. 7월 말에 전국협의회는 한국에서 탈북기관원인 안명진을 초대해 전국종단강연회를 조직했다. 이는 8월 8일까지 이어졌다. 이런 선전 활동의 효과도 있고 일본회의 계열 단체들도 참가하게 되며, 구원회 집회에 많은 이가 모이게 되었다.

한편, 오부치 게이조小渕恵三 총리는 김대중을 맞이해 1998년 10월 8일 '한일 파트너십 선언'을 발표했다. 이 문서에 무라야마 총리담화가 양국 정상의 공동의지로 확인되었다.

> 오부치 총리대신은 금세기의 한일 양국 관계를 돌이켜 보고 일본이 과거 한때 식민 지배로 인하여 한국 국민에게 다대한 손해와 고통을 안겨 주었다는 역사적 사실을 겸허히 받아들이면서 이에 대하여 통절하게 반성하고 진심으로 사죄했다. 김대중 대통령은 오부치 총리대신이 이러한 역사 인식을 표명한 것을 진지하게 받아들이고 이를 높이 평가하는 동시에 양국이 과거의 불행한 역사를 극복하고 화해와 선린우호협력에 입각한 미래지향적 관계로 발전하기 위해 서로 노력하는 것이 시대적 요청이라는 뜻을 표명했다.[2]

이 한일 파트너십 선언에 대해 북한 정부도 일본 정부가 적극적인 자세를 보인 것으로 받아들였다. 북한의 일본 비판은 이 무렵 점점 더 높아져 갔지만, 이듬해인 1999년 8월 10일 정부 성명 '일본은 대조선압살 정책을 포기하고, 과거의 죄에 대해 사죄하고 보상해야 한다'를 발표하기에 이른다. 이 주장을 기조로 해 다시금 북일 교섭을 요구하는 자세를 명확히 한 것이다.

한일 파트너십 선언은 북일 관계 개선에 분명히 긍정적 영향을 끼쳤기 때문에, 오부치는 북한과 교섭에 적극적 의욕을 보였다. 미국에서는 대북정책 조정관으로 임명된 윌리엄 페리가 한국·일본과 의견을 조정한 뒤에 1999년 5월 북한을 방문해 협의했다. 이를 거쳐 정리한 미국의 대북정책을 재고하기 위한 보고서(페리 프로세스)를 9월에 의회에 제출하고, 다음 달 요약판을 공표했다. 북한과 관계 정상화를 통해 핵무기와 장거리 미사일을 생산·보유하려는 북한의 뜻을 바꾸겠다는 새롭고 건설적인 제안이었다. 그로 인해 동북아시아엔 낙관적 분위기가 퍼지게 된다.

오부치 내각도 더한층 의욕을 보였다. 하지만 북한이 8월 31일 인공위성 '광명성 1호'를 쏘았다고 발표하면서 역풍이 일기 시작했다. 미국은 이를 중거리 미사일 '대포동'을 발사한 것이라고 보고, 약속했던 원조 계획을 취소했다. 일본 정부도 9월 1일 북일 교섭과 식량 지원을 동결한다는 내용 등이 포함된 제재를 발표했다. 그러나 다행히 역풍은 단기간에 그쳤다. 일본 정부는 북일 교섭을 추구하고 있었다. 10월 싱가포르에서 우메모토 가즈요시梅本和義 북동아시아과장과 송일호 사이의 비공식 접촉이 이뤄졌다.

무라야마 초당파 국회의원 방북단

이 시점에서 준비·실현된 것이 무라야마와 노나카 히로무가 참석한 국회전당방북단国会全党訪朝団의 북한 방문이었다. 노나카는 관방장관 자리에서 물러난 뒤 간사장 대리가 되어 있었다. 무라야마와 노나카의 집념으로 공산당도 포함된 전체 정당의 의원이 이 방북단에 참가했다. 그 직전인 10월 내가 개편을 통해 고노 요헤이가 외무상이 되었다. 1999년 12월 1일 무라야마·노나카 방북단은 평양으로 향했다. 무라야마 방북단은 김영남·김용순과 회담해 북일 교섭을 재개하기로 의견을 모았다. 또 그 전제 위에서 적십자 회담을 통해 납치 문제를 협의한다는 방침에 합의를 이뤄 냈다.

노나카와 고노는 쌀 지원을 지렛대 삼아 북일 교섭을 추진하려 했다. 외무성 아시아국장이 아나미 고레시게阿南惟茂*에서 마키타 구니히코로 바뀌는 무렵이었다. 1999년 12월 19일이란 이른 시점에 북일 적십자 회담이 열리고 20일에는 국교 정상화 예비 교섭이 이뤄졌다. 2000년 3월 7일엔 일본 정부가 세계식량계획을 통해 10만 톤의 쌀을 지원하기로 결정했다. 이에 대해 가족회·구원회는 맹렬한 항의 활동을 펼쳤다. 6일에는 외무성 앞에서 연좌 농성을 하고 외무상과 만나 요구사항을 전달했다. 쌀 지원에 동의를 얻어 내기 위한 자민당 외교 관계 부회가 열린 7일엔 자민당 본부 앞에서 항의 집회도 진행했다.

미국 감독 패티 킴Patty Kim과 크리스 셰리든Chris Sheridan의 영화 〈메구미: 갈가리 찢긴 가족의 30년めぐみ: 引き裂かれた家族の三〇年〉

---

* 1945년 8월 일본이 항복을 결정했을 때 육군대신을 맡고 있던 아나미 고레치카 阿南惟幾가 아버지다. 그는 항복의 책임을 지고 1945년 8월 15일 새벽 할복 자살 했다.

은 이들이 항의하는 장면을 전하고 있다. 사람들은 "노나카 히로무는 납치 가족의 마음을 이해하라!", "쌀 지원을 규탄한다 '바보들', '바보들'"이라고 외치고 있다. 외교 관계 부회 내에서도 논란이 이어졌지만, 하라다 요시아키原田義昭 부회장이 "납치 의혹 등의 문제까지 감안하면서 정부는 교섭에 임해 주기를 바란다"라고 결론짓고 동의를 끌어냈다. 별도로 외교·국방부회 쪽에선 쌀 지원 반대가 15명, 부회장에게 일임이 6명, 쌀 지원 찬성은 2명밖에 되지 않았다. 오후 열린 여당 정책 책임자 회의에서 쌀 지원이 승인되었지만, 당내 반대론이 강하다는 사실도 분명해졌다.[3]

일본인 부인들의 제3차 일시 귀국도 4월 혹은 5월에 실시하기로 합의했다는 발표가 나왔다. 오부치는 드디어 북일 교섭 제2라운드를 개시하기로 결단했다.

북일 교섭 제2라운드가 시작되다

드디어 북일회담(제9차)이 7년 반 만인 2000년 4월 5일 평양에서 재개된다는 발표가 나왔다. 그러나 그 전날인 4월 4일 오부치가 뇌경색으로 쓰러져 재기가 불가능해졌다는 판단이 나왔고, 결국 5일 내각 총사직이 이뤄졌다. 바로 그날 자민당 실력자들이 모리 요시로를 후계총재·후계총리로 추천하면서 모리 내각이 탄생했다. 모리는 자신의 선거구에 속한 어민 데라코시 다케시 문제로 인해 그 어머니의 호소를 들은 바가 있어서 납치 문제 해결을 위해 무엇인가 할 수 있는 게 없을까 생각하는 등 북일 관계에 관심을 기울이고 있었다. 그렇기에 막 시작된 북일 교섭 제2라운드를 환영했다.

5일 평양에서 열린 북일 교섭에 참여한 일본 대표는 다카노 고지로高野幸二郎 대사, 북한 쪽은 정태화鄭泰和 대사였다. 이때 이뤄진 교섭 제2라운드는 북일 양쪽이 자신의 아슬아슬한 주장을 쏟아 내며 맞부딪히는 치열한 대결이 되었다. 북한은 과거 청산을 위한 배상·보상을 요구했다. 일본 쪽은 무라야마 담화에 따라 반성과 사죄의 뜻은 표명하겠지만 배상·보상은 하지 않는다며, 경제협력이라는 형식으로 시행하겠다고 주장했다. 한편, 일본 쪽은 납치 문제를 적십자 회담에서만이 아니라, 본교섭에서도 협의하고 싶다는 입장을 밝혔다. 국내에서 납치 문제 운동이 강하게 대두한 이상, 이에 대한 교섭은 꼭 필요했다. 그러나, 4월 열린 제9차 회담은 북일 양쪽이 각각의 요구를 내놓는 수준에서 마무리됐다.

그해 북한은 1월 4일 이탈리아와 막 국교를 맺었고, 5월 8일 오스트리아와 국교를 맺으려 하고 있었다. 북한은 이 무렵 일본과도 국교를 정상화하길 바라고 있었지만, 일본으로부터 식민 지배에 대한 보상·배상을 얻어 내는 게 꼭 필요하다고 생각하고 있었다. 이에 맞서고 있는 것은 납치 문제로 인해 고양되고 있는 일본 국내의 반북 감정이었다. 4월 30일 '요코타 메구미를 구출하겠다! 제2회 국민대집회'가 2000명이 모인 가운데 도쿄 히비야 공회당에서 거행됐다.

하지만 놀라운 일이 6월에 일어났다. 2000년 6월 13일 한국의 김대중이 평양을 방문해 김정일과 회담한 것이다.

북일국교촉진국민협회 발족

애초 일본에서 북일 국교 정상화를 바라며 운동을 이어 왔던 사람들도 긴장하며 앞으로 나아갔다. 전년도인 1999년 8월 29일, 성명 〈이번 세기 안에 북일 국교 교섭을 궤도 위에 올리고, 긴장 완화로의 전환을 꾀하자〉를 발표한 이는 기미야 다다시木宮正史, 스미야 미키오, 다카사키 소지, 쓰루미 슌스케, 히다 유이치飛田雄一, 후지타 쇼조藤田省三, 호소야 지히로細谷千博, 미도리카와 도루綠川亨, 미야자키 이사무宮崎勇, 미즈노 나오키水野直樹, 와다 하루키 등 83명이었다. 1996년에 지주막하 출혈로 쓰러진 야스에 료스케는 이 명단에 들어 있지 않다. 이 성명은 미사일 발사실험을 둘러싼 북한과 주변국과의 대립이 지역의 긴장감을 높이고 있다며, 긴장 완화를 위해선 북일 국교 정상화를 다시금 추구해야 한다고 주장했다. 이를 위해 좋은 조건을 만들어 준 것은 한일 파트너십 선언이었다. 이들은 또 식민 지배라는 과거를 청산한다는 자세에 선다면, 8월 10일 북한 정부가 내놓은 선언('일본은 대조선압살 정책을 포기하고, 과거의 죄에 대해 사죄하고 보상해야 한다')에 응답하는 것도 가능하다고 주장했다. "이번 세기 안인 2000년까지 북일 국교 교섭을 궤도 위에 올리고, 합의를 이루어 내간다면, 동북아시아의 긴장 완화와 평화 공존의 분위기를 만드는 데 크게 공헌할 수 있습니다. 그런 노력을 하면서 새로운 세기를 맞이합시다. 그 밖의 길은 없습니다."[4]

이 성명을 준비한 것은 스미야 미키오와 와다 하루키였다. 둘은 이 성명을 중심으로 이와나미 부클릿(소책자)《북일 국교 교섭과 긴장 완화日朝国交交渉と緊張緩和》를 출판했다. 이 소책자에 오코노기 마사오, 아카시 야스시明石康의 글을 받은 게 성공적*이었다. 스미야와 와다는 무라야마가 2000년에 선거에 출마하지 않는다고 결심했다는 것을 알고, 그를 회장으로 삼아 북일 국교 수립을 위한 민간 운동 단체를 만들자는 계획을 짜 승낙을 얻었다. 이 둘은 무라야마와 함께 미키 다케오三木武夫 총리의 부인인 미키 무쓰코에게 부회장 취임을 요청했다. 세 번째 부회장은 전 유엔의 사무차장이었던 아카시 야스시가 맡겠다고 승낙했다. 기본적으로 이 조직은 무라야마의 자·사·사 3당 연합정권의 민간판을 만든다는 생각으로 이사와 운영심의회 위원의 면면을 고려했다.

북일국교촉진국민협회의 설립 집회가 2000년 7월 3일 도쿄 지요다구 세료회관星陵会館에서 열렸다. 폭풍우 치는 밤이었다. 세료회관 밖에서 항의 집회에 나선 '행동우익'들의 선전 차량이 몰려들었던 기억이 떠오른다. 회장은 무라야마, 부회장은 아카시 야스시, 스미야 미키오, 미키 무쓰코였다. 와다 하루키는 사무국장이 되었다. 무라야마 내각의 각료였던 미야자키 이사무, 국제관계사의 권위자인 호소야 지히로, NHK의 해설위원장이었던 야마무로 히데오山室英男, 환일본해경제연구소ERINA 소장 요시다 스스무吉田進, 이와나미서점 사장이었던 미도리카와 도루, 평화안보연구소 이사장 와타나베 아키오渡辺昭夫, 일중태극권연맹 전무이사 무라오카 규헤이村岡久平, 동

---

* 오코노기 마사오는 중립적 입장을 가진 일본 내 북한 연구의 1인자이고, 아카시 야스시도 유엔 사무차장을 지낸 권위 있는 인사였다.

아시아무역연구회 회장 혼마 데쓰지本間徹治, 북일무역경제협회 전 대표 나가세 히로미長瀬价美, 여기에 한국·북한 연구를 대표하는 학자 오코노기 마사오, 고마키 데루오, 전 베헤이렌ベ平連(베트남에 평화를! 시민연합 ベトナムに平和を! 市民連合)의 고나카 요타로小中陽太郎, 전 기자인 이시카와 마스미石川真澄, 단도 요시노리丹藤佳紀, 여기에 전일본자치단체노동조합自治労, 일본교직원조합日教組, 전일본해원조합海員組合의 위원장·노동조합장을 이사, 이토 아비토伊藤亜人, 기미야 다다시, 미즈노 나오키, 다나카 히로시, 다카사키 소지 등을 자문위원으로 받아들였다. 고문으로는 우에다 마사아키上田正昭(사학자), 가나모리 히사오金森久雄(경제학자), 미즈타니 고쇼(불교학), 교토 기요미즈데라의 주지 모리 세한森清範 4명이 취임했다. 말 그대로 국민협회라는 이름에 적합한 인물들의 면면이었다.

집회에선 노나카 히로무, 마키타 구니히코 외무성 아시아국장, 서만술徐萬述 총련 의장 등의 인사말이 있었다. 창립 기념 강연은 이사인 오코노기 마사오가 했다. 창립 선언문은 이사 스즈키 레이코鈴木伶子 일본기독교협의회NCC 의장이 낭독했다.

남북 최고정상회담은…남북 간의 얼음을 깨는 봄의 바람을 불러일으켰고, 화해를 위한 문을 열었습니다. 조선 분단에 마음 속 아픔을 느끼지 않을 수 없는 일본으로서도 이 전환을 확실한 것으로 만들기 위해 최대한 공헌해야 할 것입니다. 우리는 다시금 북일 국교 교섭을 2001년 안에 늦더라도 2002년 월드컵을 개최할 때까지는 타결하고 국교를 수립해야 할 필요가 있고, 또한 이것이 가능할 것이라고 생각합니다.[5]

관계자들은 매우 낙관적이었다. 이 선언을 읽고 "외교에는 기한을 둬선 안 된다고 하는 것이 자신이 신념이기에"라고 말하며, 전 중국 대사인 나카에 요스케中江要介는 고문 취임을 거절했다.

북일 교섭 제10차 회담은 2000년 8월 22일 도쿄에서 시작돼, 24일에는 지바현 기사라즈木更津시에서 진행됐다. 정태화 이하 북한대표단 10여 명은 21일 밤에 도착했다. 정태화는 22일 먼저 무라야마·노나카·나카야마 세 명과 만났다. 노나카는 "한시라도 빨리 양국 간의 국교 정상화가 가능하도록 노력해 주길 바란다"라고 요청했다.

이어서, 외무성 이쿠라 공관에서 고노 외무상과 만났다. 고노는 '과거 청산 문제'를 해결해 선린 관계를 구축해 나가야 한다고 했지만, 북일 간의 여러 문제 해결에도 노력해야 한다고 언급하는 것을 잊지 않았다. 이어 이쿠라 공관 정문 앞에는 "납치 피해자 가족분들이 있다. 우리는 그 마음을 생각해 가며 교섭해야 한다. 행방불명자 문제를 확실히 조사해 주길 바란다"라고 요청했다. 정태화는 "납치는 존재하지 않는다"라고 부정했지만, "정문의 상황은 봤다. 그런 문제가 일어나지 않도록 우호 관계를 구축해 나가야 한다"라고 말했다.[6] 일본에서 진행된 두 번째 교섭*이었던 만큼 북한 대표단은 일본 국내의 반북 분위기나 납치 문제와 관련된 운동에 강한 인상을 받은 것 같았다.

22일 본교섭에선 북일 쌍방의 주장이 부딪혀 정면에서 대립했다. 그런 가운데 양쪽 모두 "남북 정상회담에 대해 언급하며 지난번

---

*　1991년 3월 11일부터 이틀 동안 진행된 2차 회담이 도쿄에서 열렸었다.

본회의*보다는 환경을 호전시켜야 한다는 점을 지적하면서 연내에 교섭을 마무리 지었으면 한다는 의향을 강하게 드러냈다"라고《아사히신문》이 보도했다. 24일 이틀째 회담에서는 다음 일정이 정해졌다.

　결과는 나오지 않았지만, 북한 신문《민주조선》은 "관계 개선을 위해 앞으로 나아가는 방향으로 이뤄진 실천적 회담이었다"라고 평가했다. 그러나 북일 교섭 반대파, 납치 문제 운동파는 계속 강경한 입장이었다. 사토 가쓰미는 10월 3일 하세가와 게이타로長谷川慶太郎와 대담집《조선 통일의 전율朝鮮統一の戦慄》(고분사)을 출판했다. 구원회 전국협의회 회장인 사토는 "그렇다면 일본은 외교 전략의 궁극의 목표로서 김정일 정권을 쓰러뜨린다는 각오를 다져야 한다"라고 단언했다.[7] 구원회 부회장인 니시오카 쓰토무는 2000년 10월《현대코리아》11월호부터〈김정일 정권 타도를 향한 길金正日政権打倒への道〉의 연재를 시작했다. 구원회 사무국장인 아라키 가즈히로는 이 잡지의 다음 달 호에〈납치된 사람들을 실력으로 구출하자拉致された人々の実力による救出を〉를 발표하는 데까지 나아갔다. 북한이 국내적으로 혼란에 빠지게 되면, 구출 부대를 파견해야 하며 그 대원을 뽑아 훈련을 개시하자는 제안이었다.

일본 정부의 자세

일본 정부는 북일 국교 교섭을 향해 곧바로 앞으로 나가려는 자세였

---

* 2000년 4월 5일부터 사흘 동안 평양에서 열린 9차 회담.

다. 사실 모리는 총리가 된 뒤인 5월에 한 '신의 나라' 발언*으로 야당의 퇴진 요구를 받기 시작하며 지지율이 떨어지고 있었다. 이런 상황에서 모리는 외교면에서 성과 내기를 바라고 있었다. 첫 번째로 외무성 구아국(유럽국)의 도고 가즈히코東郷和彦 국장이 부하 사토 마사루佐藤優와 자민당 총무국장 스즈키 무네오鈴木宗男와 함께 추진하던 러시아와 영토 교섭에서 새롭게 '2개 도서 반환+α'**라는 타개책을 취하는 데 지지를 보내고 있었다. 여기서 한발 더 나아가 북한 정책면에서도 노나카·가토 등의 움직임과 별도로 스스로 길을 열어 떨어진 지지율을 만회해 보려는 의욕을 가졌던 것이다. 10월이 되어, 《아사히신문》이 총리 주변에서 나온 얘기라며 〈모리 총리, 김 총서기에게 친서, 정상회담을 제안〉이라는 기사를 게재했다. 8월 하순에 "노동당과 연줄이 있는 인물을 통해" 친서를 보냈다는 것이었다.[8] 모리

---

*   모리는 2000년 5월 15일 신도정치연맹 국회의원 간담회에서 인사말로 "일본이 신의 나라이고, 진실로 천황을 중심으로 하는 신의 국가라는 것을 국민들이 모두 분명히 알 수 있도록 우리는 열심히 노력해 왔다"라고 말했다. 국민주권이나 정교분리의 원칙에 어긋나는 발언이라는 맹렬한 비판이 쏟아졌다. 이명박 전 대통령이 서울시장 시절에 남긴 "서울을 하나님께 봉헌한다"와 비슷한 수준의 발언이라할 수 있다.

** 일본과 러시아 사이의 영토 문제인 쿠릴열도 남단 4개 섬(일본에선 북방 영토라고 부름) 문제를 일컫는다. 러시아의 전신인 소련은 1956년 2차 세계대전 이후 중단됐던 일본과 국교를 정상화하는 '소일 공동선언'을 발표하면서, 양국 간 영토 분쟁이 있는 북방 영토 4개 섬 가운데 "하보마이 군도와 시코탄은 향후 평화조약 체결 뒤 일본에 넘겨주겠다"라고 약속한 바 있다. 일본은 이후 꾸준히 '4개 섬 일괄 반환'을 추진해 왔다. 하지만 큰 진전이 없자 일단 이 2개 섬을 반환받고 추가적 양보(+α)를 얻어 가자는 타협책을 내놓게 된다.

는 재미 한국인 저널리스트 문명자文明子*에게 김정일과 연락을 취해 달라고 몇 번인가 부탁했다는 사실을 인정한 바 있다. 그러나 친서에 대해선 직접 언급한 적이 없다.

일본 정부는 10월 새로 50만 톤의 쌀을 지원하기로 하고, 4월에 당 외교관계합동회의의 동의를 얻어 이 사실을 발표했다.[9] 국비 1000억 엔을 투입하는 계획이었다. 납치의원연맹 관계자들로부터 반대론도 나왔지만, 집행부가 밀어붙였다.

나카가와 히데나오中川秀直 관방장관이 10월 27일 여성 스캔들로 사임하게 되어 후임으로 후쿠다 야스오福田康夫가 임명됐다. 아베 신조 관방부장관은 후쿠다 관방장관 밑으로 들어가게 됐다. 모리는 여전히 교섭이 진전되길 바라는 적극적인 자세였다. 모리는 아시아유럽회의ASEM에서 열린 영일 정상회담에서 납치 피해자가 "행방불명자로 제3국에서 발견되는 모양새로라도 돌려받기를 원한다"**라고 발언하는 일도 있었다.

---

* 재미 언론인이며 1961년《조선일보》초대 워싱턴 특파원으로 미국에서 생활하며 백악관 출입을 시작했다. 이후《동아일보》·《경향신문》·MBC 워싱턴 특파원을 지냈고, 1973년 김대중 납치 사건을 보도한 뒤 미국에 망명했다. 이후 미국인 동료 언론인들과 '유에스 아시안 뉴스 서비스US Asian News Service'를 설립해 활동했다. 동양 여성으로 백악관을 무려 40년간 출입하는 등의 전설을 남겼다. 1992년과 1994년 김일성을 두 차례 인터뷰하는 등 북한과 파이프를 갖고 있었다.《내가 본 박정희와 김대중》(말, 1999)이라는 회고록이 있다.

** 북한이 납치 피해자를 제3국에서 석방하면 이를 행방불명자를 찾았다는 식으로 받아들여 책임을 묻지 않겠다는 의미다. 모리가 북일 국교 정상화에 적극적이었음을 알 수 있다.

북일 국교 교섭 제11차 회담은 10월 30일부터 이틀 동안 베이징에서 열렸다. 이전에 두 번에 걸친 회담이 있었기 때문에 이 회담에선 실질적 협의에 들어간 것이라는 얘기들이 나왔다. 하지만 어디까지 얘기가 진전된 것인지 분명히 밝혀지지 않았다. 다카노 고지로 대표는 "드디어 본격적으로 교섭이 시작됐다. …이후에도 끈질기게 교섭해 가겠다"라고 말했을 뿐, 회담 내용은 북한의 요구 때문에 발표할 수 없다고 했다.[10] 다음 일정도 정하지 않은 채 회담이 종료됐기 때문에 비관적이라는 인상이 생겨나게 됐다. 야마모토 에이지의 회고록에는 "북한 쪽의 대응이 경직됐다"라고 적혀 있다.[11]

하지만 이는 오해를 불러일으키는 기술이었다. 분명, 그 후의 전개에 비춰 보면, 북한 쪽은 일본 국내에 강경한 비판 세력이 활동하고 있는 상황에서 공개된 모양새로 국교 교섭을 하는 것이 합목적적이지 않다고 생각하게 되어, 교섭 방식을 바꿔야 한다고 판단하기 시작한 것으로 보인다. 나아가 배상·보상의 형식을 고집하기보다 내용을 취하는 쪽이 좋겠다고 견해를 바꾸기 시작하게 된 듯하다. 특히 납치 문제에 대해선 지금까지 해 온 대로 거부하는 회답만을 해서는 교섭이 진전될 수 없다는 것을 느끼게 된 게 아닌가 한다.

'가토의 난'

그러던 와중에 일본에선 국내 정치가 혼란스러워졌다. 11월 17일 이른바 '가토의 난'이라고 불리는 정권 타도 미수 사건이 발생했다. 야당이 낸 모리 총리 불신임 결의안에 가토파와 야마사키파가 동조하려는 태도를 보였지만, 결석하는 선에서 그쳤다. 결국 불신임 결의는 채택되지 않은 채 끝났다. 가토 고이치는 이 미수에 끝난 반란극의 결과 정치가로서의 생명이 끝나게 된다.

그 뒤에 북일국교촉진국민협회는 11월 30일 무라야마를 단장으로 하는 방북단을 평양으로 보냈다. 스미야, 미키 두 부회장도 동행하고 와다가 비서장을 맡는, 총 9명으로 구성된 대규모 대표단이었다. 방북에 임하며 협회는 '기본적 방침'을 정했다. 식민 지배를 통해 손해와 고통을 끼친 것에 대해서는 문서로써 사죄한다고 명기했다. 하지만 보상에 대해선 경제협력으로 대응한다는 의견이 나와 합의에 이르지 못했다. 적대 관계를 멈추는 것과 관련해선 내정간섭과 주권 침해를 행하지 않고 테러리즘에 반대하며 유엔의 원칙을 존중해 자국 내의 상대 국민의 인권을 침해하지 않는다는 내용으로 정리했다. 납치 의혹 문제에 있어서는 "사례를 구체적으로 검토해 논거의 성격에 따라 교섭 방식을 생각한다"라고 정했다. 평양에서는 김영남 최고인민회의 상임위원장과 대외문화연락협회위원장, 부위원장과 문답을 주고받았다. 김 위원장이 경제협력 방식에 강하게 반대했다는 게 인상적이었다. 납치 문제에 관해서는 얘기할 수 없었다. 귀국한 것은 12월 5일이었다.

이달에 나카니시 데루마사中西輝政가 편집한 책《북한과 국교를 맺으면 안 된다北朝鮮と国交を結んではいけない》(쇼각칸문고小学館文庫)가 나왔다. 나카니시는 '일본은 합법적으로 조선을 식민지화했다. 합법적 식민 지배에 배상금을 지불한 국가의 예가 없다. 국가로서 자긍심을 갖는 게 중요하다'는 사토의 주장을 되풀이했다. 사쿠라이 요시코櫻井よしこ도 "납치를 인정하지 않는 국가와 우호 관계를 맺을 것인가"라며 "민주주의를 존중하지 않고 인도주의와 기본적 인권은 안중에도 없는 현재의 북한 정부"에 국교 정상화를 통해 고액의 경제협력(자금)으로 힘을 주는 것에는 "신중해야 한다"라고 주장했다.[12]

북일국교촉진국민협회는 일본이 납치 문제를 제기하더라도 북일 교섭이 중단되지 않게 하면서, 두 나라 간에 납치 문제를 교섭할 수 있는 방식을 생각했다. 국민협회 사무국장 와다 하루키는 12월과 이듬해 1월 월간《세카이》(2001년 1월호, 2월호)에 〈'일본인 납치 의혹'을 검증한다'日本人拉致疑惑'を検証する〉를 발표했다. 이 글에서 "납치 피해 의혹이 있는 10명 가운데 하라 다다아키 사건만이 명확한 납치"라고 지적하며, 그에 따라 "이 건은 납치로 교섭해야 하지만, 그 외 요코타 메구미를 포함한 9명은 납치되었다는 분명한 증거가 없기 때문에 행방불명자로서 북일 교섭에 포함해 협의해야 하지 않겠는가"라고 주장했다. 이 논문은 또 요코타 메구미에 대한 안명진의 증언을 상세하게 분석해 그의 말이 시간이 지남에 따라 부풀려졌다는 것을 지적하면서 신뢰성이 없다고 주장했다.[13]

북일 교섭 반대파 사람들은 와다의 이 논문을 집중적으로 공격했다. 사토 가쓰미는 2001년 3월《쇼쿤!》4월호에 글 〈적당히 좀 하세요 와다 하루키 선생!いい加減にしなさい和田春樹センセイ!〉을, 아라키 가즈히로는《소시草思》4월호에 〈납치 문제에 끼어드는, 와다 교수의 속사정拉致問題に横槍を入れる'和田教授の裏事情〉을 썼다. 아라키는 와다에게 만남을 요청해 질문을 던지고 갔지만, 글에선 와다가 아시아 여성기금에 들어가 이권을 찾아 기웃거린다는 둥 비난했다. 또

104

납치 피해자 구출에 나서고 있는 자신들은 "전쟁을 하고 있다"면서 방해하는 이들은 책임을 져야 할 것이라고 위협했다. 비슷한 시기 러시아 사상사 연구자인 전 가나자와대학 교수인 후지이 가즈유키藤井一行도 인터넷에 장문의 와다 비판 논문을 발표했다. 이들은 모두 극구 최선을 다해 안명진을 옹호했다.

북한을 둘러싼 국제 정세의 격변

2000년에는 북한을 둘러싼 국제 정세가 격변했다. 그 가운데서도 2000년 6월 김대중의 방북은 특필할 만한 일대 사건이었다. 10월엔 매들린 올브라이트Madeleine Albright 미 국무장관이 방북해 김정일과 만났다. 그전에는 북한의 '넘버2'인 조명록 국방위원회 부위원장이 미국을 방문해 클린턴에게 방북 초대장을 전달했다. 예전엔 볼 수 없었던 해빙 분위기가 생겨났다.

2000년 7월엔 아시아유럽회의가 서울에서 열린 기회를 활용해 김대중이 유럽 각국 정상들에게 북한과 국교 수립을 할 것을 촉구하는 일도 있었다. 11월에는 영국·독일·스페인·벨기에 등이 국교 수립을 희망한다는 서한을 북한에 보냈다.[14] 북한도 적극적으로 대응해 2000년 12월에는 먼저 영국과 국교가 수립됐다. 2001년 1월에는 네덜란드·튀르키예·벨기에, 2월에는 스페인, 3월에는 독일·룩셈부르크·그리스와 국교를 수립했다. 이로써 북한은 프랑스를 뺀 모든 유럽연합EU 가맹국과 국교를 정상화하게 되었다. 나아가 같은 시기인 2월엔 캐나다, 3월엔 뉴질랜드와 국교를 수립했기 때문에 이제 유엔군에 참가한 16개국 가운데에서도 미국·프랑스를 제외한 14개국이 북한과 국교를 수립하게 되었다.

연말에 치러진 미국 대통령 선거에서 민주당의 앨 고어Al Gore 후보가 근소한 차이로 공화당의 조지 부시George W. Bush 후보에게 패배했다. 그로 인해 바람의 방향이 변하게 됐지만, 북한은 이 국교 정상화 러시에 자신감을 더 가지고 일본과 국교 정상화를 강하게 바라게 되었을 것임에 틀림없다.

2001년 1월 모리에게 북한의 밀사가 연락해 왔다. 모리는 관방장관을 이제 막 그만둔 측근인 나카가와 히데나오를 싱가포르에 보내 북 외무성 제1차관인 강석주姜錫柱와 회담하게 했다. 모리에 따르면 북한에선 정상회담을 제안해 왔다. 납치에 대해서는 정상회담에서 회답을 내놓겠으며, 지금까지의 배상·보상 요구를 거둬들이고 경제협력을 받아들이겠다는 내용이었다고 알려져 있다.[15] 모리는 블라디미르 푸틴Vladimir Putin 러시아 대통령과 이르쿠츠크 회담을 앞두고 있었다. 여기서 4개 섬 반환에서 2개 섬 반환+α로 정책 전환이 예정돼 있었다. 이것(러시아)도 하고 저것(북한)도 한다는 것은 역시 쉽지 않았다. 모리는 이 얘기를 외무성에 전달하지 못한 듯하다. 마키타 국장 쪽에선 모리의 얘기를 듣고 흘려버리는 태도였다.[16]

북일 정상회담과 북일 평양선언, 2002

고이즈미 총리와 다나카 국장의 도전

고이즈미 준이치로 내각은 2001년 4월 26일 성립했다. 정권의 중추를 맡게 된 이들의 면면은 후쿠다 야스오 관방장관, 후루카와 데이지로古川貞二郎, 아베 신조 관방부장관, 다나카 마키코田中眞紀子 외무상이었다. 외무차관은 가와시마 유타카와 노가미 요시지野上義二 (2001년 8월부터)였고, 야마사키 다쿠가 당 간사장을 맡았다.

처음 이뤄진 변화는 다나카 외무상의 해임이었다. 다나카는 2001년 5월 1일 발생한 북한 지도자의 장남인 김정남의 불법입국 사건*을 국외추방 조치를 통해 일을 크게 키우지 않고 해결했다. 하지

---

* 2001년 5월 1일 김정일의 장남인 김정남은 "도쿄 디즈니랜드 관광을 위해" 일본에 불법 입국을 하려다 나리타 공항에서 체포됐다. 김정남은 당시 도미니카공화국 여권을 들고 부인으로 보이는 여성과 아이와 동행하고 있었다. 일본 정부는 이 사건이 외교 문제로 번지지 않도록 다음 날 베이징으로 퇴거 조치했다. 김정남은 이 사건을 계기로 김정일의 눈 밖에 나 후계자 경쟁에서 멀어진 것으로 전해진다.

만 그 뒤엔 대러시아 영토 교섭을 주도해 왔던 도고 가즈히코와 충돌해 혼란을 일으켰다. 도고는 스즈키 무네오 의원, 사토 마사루 분석관과 함께 보리스 옐친 대통령Boris Yeltsin에게 '가와나 제안[*]'을 제시했다. 이것이 받아들여지지 않자 2개 섬+α안을 추진했다. 2001년 이르쿠츠크 회담에서 돌아오는 길에 도고는 '4개 섬 일괄 반환파'인 고데라 지로小寺次郎 러시아과장에게 해임을 통고했다. 이것이 시행돼 고지마가 영국 공사로 부임하게 되자, 4개 섬 반환론을 지지하던 다나카가 개입했다. 영국 공항에서 고지마를 불러들여 러시아과장으로 복귀시키는 폭거를 저지른 것이다. 그 후에도 다나카는 폭주迷走를 거듭해 도쿄에서 개최된 아프가니스탄 부흥회의에 엔지오들을 초대하는 문제를 둘러싸고 노가미 차관과 충돌했다. 결국 고이즈미는 2002년 1월 외무상과 외무차관 둘 모두를 해임했다. 민간인 출신인 가와구치 요리코川口順子 환경상이 외무상으로 수평 이동했다.

이 사건 이후 총리 자신이 외교정책을 주도하는 '관저외교'에 대한 지향이 강해졌다고 생각된다. 고이즈미는 우정민영화에 대해 강

김정남은 2017년 2월 13일 말레이시아 쿠알라룸푸르 국제공항에서 암살당했다.

[*] 1998년 4월 시즈오카현 가와나川奈에서 이뤄진 옐친 대통령과 하시모토 류타로橋本龍太郎 총리의 비공식 회담이다. 이때 일본은 "러시아가 4개 섬에 대한 일본의 주권을 인정한다면 이들 섬의 반환 시기는 유연히 대처할 수 있다"라는 내용의 '가와나 제안'을 내놓는다. 4개 섬 일괄 반환이라는 원칙을 유지하면서 일본이 내놓을 수 있는 최대한의 타협안이었다. 당시 이 회담장에 배석했던 단바 미노루丹波實(사망) 전 외무성 외무심의관은 2016년 9월 19일《NHK》다큐멘터리 〈일소·일러 교섭 비화〉에서 4월 9일 아침 보리스 옐친에게 이 제안을 전했을 때 "옐친이 의자에서 반쯤 일어나 '베리 인터레스팅'이란 반응을 보였다"라고 증언했다.

한 의욕을 갖고 있었고, 현직 총리가 야스쿠니 신사 참배를 하지 않는다는 터부를 깨는 것에도 집념을 보였다. 고이즈미 총리에게 야스쿠니 참배*와 무라야마 담화에 대한 지지는 모순되지 않았다. 중국·한국에 대한 침략전쟁과 식민 지배를 반성하는 마음을 표명하는 것에 대해 혐오厭惡하는 마음을 갖지 않았다. 고이즈미는 파벌을 넘어 동 세대 자민당 정치가인 가토 고이치나 야마사키 다쿠와 YKK라는 동지 그룹을 만들고 있었다. 다만 그 셋 가운데 대북정책에 관한 관심은 가장 낮은 사람이었다.

고이즈미 내각으로 바뀐 뒤 외무성 아시아대양주국장인 마키타 구니히코는 북한 쪽의 연락선과 접촉을 이어 가고 있었다. 8월 상순 마키타는 쿠알라룸푸르에서 북한 아시아태평양평화위원회 상무위원인 황철黃哲과 만나 협의했다. 연초에 모리의 사자였던 나카가와 히데나오에게 전해졌던 강석주의 제안은 화제에 오르지 않았다. 그렇지만 9월 초 협의에서 새로운 교섭자가 나타났다.[1] 그달에 있었던 외무성 인사에서 마키타는 아시아대양주국장직을 다나카 히토시에게

---

* 일본 현직 총리의 야스쿠니 신사 참배는 주변국들을 자극하는 민감한 문제였다. 나카소네 야스히로가 1985년 8월 15일 신사를 참배한 뒤 중일 관계가 크게 악화됐다. 나카소네는 이후 다시 신사를 찾지 않았다. 후임 총리들도 자제하는 모습을 보였다. 하지만 고이즈미는 국가를 위해 목숨을 바친 이들을 위해 참배하는 게 뭐가 나쁘냐며 임기 중 무려 여섯 번이나 신사를 참배했다. 그러면서도 "지난 대전(2차 세계대전)에서 일본은 세계의 많은 이들에게 큰 참화를 불러왔다. 특히 과거의 한 시기 잘못된 국책에 의해 아시아 근린 제국들에 식민지 지배와 침략을 자행해 측량할 수 없는 참화와 고통을 강요했다"라고 말했다. 1990년 이후 현직 총리로 야스쿠니 신사를 참배한 이는 하시모토 류타로, 고이즈미, 아베 신조 셋뿐이다.

물려주게 됐다. 마키타는 다나카에게 이 새로운 북한의 연락선을 인계했다. 모리에게 했던 강석주의 제안도 전달했다.

　새 국장 다나카 히토시는 북동아시아과장이던 때 대한항공기 폭파 사건의 범인인 김현희를 서울에서 만나 조사한 적이 있었다. 차이나 스쿨에 속해 있진 않았지만, 침략전쟁·식민 지배를 반성·사죄하는 마음이 강했다. 미국에서 근무한 뒤 북일 국교 교섭을 담당하고 싶어 손을 들고 국장이 된 사람이었다. 다나카는 마키타로부터 인계받은 연락선과 여러 차례 만나는 가운데, 이 사람과 북일 비밀 교섭을 개시해야겠다고 생각하게 됐다. 그에 따라 먼저 노가미 외무차관, 나아가 후쿠다 관방장관, 후루카와 관방부장관과 논의한 뒤, 마침내 고이즈미 총리에게 북일 비밀 교섭을 제안하기에 이른다. 2000년에 이뤄졌던 3차에 걸친 제2라운드 회담을 총괄(종합평가)한 뒤 비밀 교섭을 통해 국교 교섭을 추진하고, 이와 함께 납치 문제에 대한 교섭을 진행해 최종적으로 정상회담에서 성과를 얻겠다는 생각이었을 것이다. 고이즈미가 이 생각을 받아들여 '고 사인'을 내보냈다. 2001년 11월부터 다나카는 북일 비밀 교섭을 개시하게 됐다. 동행자는 북동아시아과장 히라마쓰 겐지平松賢司였다.

　당연히 다나카는 샌프란시스코강화조약 체결 이후 공산 국가들과 국교 수립을 했던 전례를 다시금 염두에 놓고 있었을 것이다. 1956년의 소일 국교 회복, 1972년의 중일 국교 정상화, 1973년의 일본·베트남민주공화국의 국교 수립 등 세 가지 전례가 있었다. 앞선 두 가지 예는 모두 국내외에서 반대의견이 있었고, 교섭 내용도 어려웠다(영토 문제나 타이완과의 단교). 당시 각 총리는 고노 이치로河野一郎

나 오히라 마사요시大平正芳라는 거물급 각료를 동행하도록 해 소일 공동선언, 중일 공동성명에 조인하면서 국교 수립을 단행했다. 베트남과는 베트남에서 미군 철수에 대한 합의가 이뤄진 1973년 1월 파리평화협정 체결 이후 미군 철수가 이뤄진 다음이라는 혼잡한 틈을 타 파리에서 고작 2개월에 걸친 교섭을 거쳐 주프랑스 일본 대사가 국교 수립에 대한 교환문서에 서명했다. 남베트남과는 배상 협정까지 맺고 있었기 때문에 북베트남과도 최소한 경제협력을 하는 게 필요할 것으로 여겨졌지만, 이에 대한 교섭은 상당히 늦어졌다.[*] 어려운 국교 정상화는 정상의 결의와 즉결즉단(빠른 결정과 빠른 결단)에 의해 이뤄져야 하는 게 명백했다.

비밀 교섭

그렇지만 다나카가 생각한 것은 미국과 관계였다. 2001년 1월 부시가 연두교서에서 북한을 '악의 축'이라고 언급하며, '대북적시정책'으로 전환을 표면화했다. 9월에는 9·11테러가 발생해 부시가 10월 아프가니스탄에 대한 공격을 개시했다. 다나카는 이런 정세 속에서 북한이 미국에 겁을 먹고 일본에 기대를 거는 자세를 갖게 된다면, 미국의 대북 압력을 국교 교섭을 위해 활용할 수 있겠다고 판단했

---

[*] 일본과 북베트남은 1973년 9월 국교 수립에 합의했다. 하지만 북베트남이 일본에 '경제협력'을 위해 거액의 배상금을 요구했기 때문에 후속 협상이 늦어졌다. 결국 일본은 배상금을 지급하고 1975년 10월 하노이에 대사관을 설치했다.

다.[2] 다른 한편으로 미국의 억제 압력과 교섭 반대론을 떨쳐 내기 위해선 비밀 교섭을 추진하는 게 필요하다고 생각했다. 고이즈미와 다나카는 그렇더라도 교섭에서 성과를 낸다면, 미국을 설득할 수 있을 것이라 확신했을 것이다. 나아가 국내에서는 납치 문제 운동이 점점 강해지고 있었기 때문에 그 점에서 보더라도 더욱더 비밀 교섭이 필요한 상황이었다. 하지만 이런 납치 문제 운동을 억눌러야 한다는 필요성은 그다지 느끼지 않았던 것 같다.

고이즈미의 의지로 인해 비밀 교섭은 관저 내에선 후쿠다 관방장관, 후루카와 관방부장관, 벳쇼 고로別所浩郎 총리 비서관까지 셋, 외무성 내에선 다나카 국장, 히라마쓰 과장 외에는 가와구치 외무상, 노가미 차관, 2002년 2월부터 다케우치 유키오 차관만이 아는 채로 진행됐다. 애초부터 미국에는 알리지 않았고, 관저 내에서도 대북 강경파인 아베에게는 알리지 않는 비상 수단을 취했다.

다나카가 교섭 상대로 삼은 것은 나중에 유명해진 미스터-X였다. 국방위원회의 인물이라는 것은 밝혀졌지만, 다나카는 그 이상은 설명하지 않았다. 그러나 2011~2012년의 한국 보도에 따르면, 이 인물은 국가안전보위부 부부장까지 승진하고 나중에 처형된 류경柳京이라는 인물이라고 한다. 그에 대한 공식적 확인은 지금까지 이뤄지지 않고 있다.

비밀 교섭이 어떻게 진행되었는지는 다나카가 지금까지 여러 차례 언급했기 때문에 잘 알려져 있다. 다나카는 이 인물이 김정일과 직접 연결된 인물이라는 사실을 몇 번이나 확인하며 교섭을 진행해 갔다. 교섭하는 중에 여러 가지 일이 발생했고 사건도 있었다. 비밀 교섭이 개시된 직후인 12월 동중국해에서 불심선不審船*을 상대로 한 총격전 끝에 북한 공작선이 침몰하는 사건**이 있었다. 이듬해인 2002년 3월에는 요도호 관계자에 의한 아리모토 게이코有本恵子 사건***이 부상하게 됐고 4월에는 아베가 팀장을 맡은 납치의혹해결부 대신 프로젝트팀이 설치됐다. 그렇지만 다나카는 조금의 동요도 없이 비밀 교섭을 이어 갔다.

그사이 고이즈미는 부시와 정상회담을 거듭하고 있었다. 9·11 직후인 9월 25일 회담에서 고이즈미는 대테러 전쟁에서 미국을 강하게 지지한다고 표명했다. 다음 2012년 2월에 도쿄 3차 회담, 그리고 6월 캐나다에서 제4차 회담을 여는 모양새였다. 그사이 고이즈미는 북일 비밀 교섭에 대해선 한마디도 하지 않고, 오로지 미일 동맹 강화에 대한 의지만 거듭 밝혔다. 북한과 비밀 교섭이 공개되었을 때 미국이 반대하지 못하게 포석을 깔아 둔 것으로 생각할 수 있다.

다나카의 비밀 교섭은 눈부신 성과를 만들어 냈다. 첫째 북일 국교 교섭의 기본 원칙에 대해 명확한 합의에 이르러 북일 평양선언문

---

* 수상한 배라는 뜻으로 일본 주변 해역에서 활동하는 북한 공작선을 이른다.
** 2001년 12월 22일 해상보안청 순시선이 동중국해에서 북한 공작선인 수상한 배를 추적한 뒤 교전 끝에 침몰시킨 사건.
*** 요도호 납치범인 시바타 야스히로柴田泰弘의 부인인 야오 메구미八尾惠는 2002년 3월 12일 도쿄지방재판소에서 "내가 런던에 있는 아리모토 씨를 속여서 북한으로 끌고 갔다"라고 증언했다. 고베시 외국어대학을 졸업하고 런던에 1년 어학연수로 나와 있던 아리모토에게 "시장조사를 할 수 있는 일이 있다. 여러 나라에 가 볼 수 있다"라며 북한으로 끌고 갔다는 것이다.

을 만들 수 있었다. 구체적으로 말하자면, 식민 지배에 대한 반성·사죄를 표명한 뒤에 보상·배상을 하는 게 아니라 경제협력을 시행하도록 한 것이다. 공작선의 영해 침범과 납치 공작에 대해서는 북한이 이를 되풀이하지 않겠다고 서약하고, 납치 피해자에 대해서 정상회담을 통해 회답하겠다고 약속했다. 다나카는 《국가와 외교国家と外交》에서 총리가 방북할 때 김정일이 "납치를 인정하고 사죄"하고 "정보를 제공하고 살아 있는 사람들을 돌려보낸다고 약속"할 것이라고 생각했다고 했지만,[3] 약속된 것은 정상회담 때 회답한다는 것뿐이었다. 마지막으로 핵·미사일 문제에 대해서는 지역의 관계국과 협의한다는 것에 합의했다. 교섭 과정에서는 6자협의라는 용어를 합의문에 넣는 것도 검토되었다.[4]

그 무렵 구원회

이 무렵엔 북일 교섭이 비밀리에 이뤄지고 있었기 때문에, 구원회 쪽의 운동은 비교적 잠잠했다. 2002년 연두에 나온 부시의 '악의 축' 발언은 사토 등에게 큰 용기를 주었던 것 같다. 제3차 북인권난민문제국제회의가 2월 9일부터 도쿄에서 개최되었다. 이는 구원회가 직접 관여한 게 아니고, 한국의 북한인권시민연합(이사장 윤현尹玄)과 도쿄대 교수 오가와 하루히사小川晴久가 위원장으로 있는 일본실행위원회가 공동 개최한 것이었다. 참가자 중에는 마커스 놀런드와 같은 괜찮은 학자들도 포함돼 있었지만, 많은 이들이 독일인 의사 노르베르트 폴러첸Norbert Vollertsen* 같이 북한을 공격하기만 하는 이들이었

다. 사토는 3월엔《일본 외교는 왜 한반도에 약한 것인가日本外交はなぜ朝鮮半島に弱いのか》(소시사)를 출판했다. 이 책에서 사토가 가장 강하게 비판한 외무성 관료는 다나카 히토시였다. 문제로 삼았던 것은 북동아시아과장 시절의 발언이었다. 사토가 북한을 비판한 것을 들은 다나카가 화난 듯한 표정으로 "우리는 과거에 잘못을 저질렀기 때문에 그렇게 말할 수 없다"라고 명확하게 반대한 것이다. 외무성 건물 안에서 그런 발언을 "현직 북동아시아과장의 입에서 듣게 될 줄은 꿈에서도 생각하지 못했다"라고 사토는 적고 있다. 다나카를 주목하는 것은 아나미 고레시게, 다니노 사쿠타로 등 역대 아시아 국장과 같은 '식민 지배 사죄파'였기 때문이라고 했다. 그런 사람들이 협력해 무라야마 담화와 같은 잘못된 정부 문서가 만들어지고 만 것이라고 적었다. 이 책에서 사토가 강하게 비판한 또 하나의 인물은 와다 하루키였다. "와다 하루키 등의 생각을 단적으로 말한다면, 과거나 현재나 일본 정부와 같은 지배계급이 하는 일은 모두가 '악'이고, 그에 따라 과거 일본 제국주의 피해자인 중국·북한·한국 등에 '사죄'하라고 정부에 요구하는 것이다. 이것이 결국 무라야마 도미이치 내각에서 실현됐다."[5]

4월에는 새로운 납치의원연맹[**]이 설립됐다. 회장으로 이시바 시

---

[*] 독일인 의사. 1999년 7월부터 북한에서 인도적 의료 활동을 한 뒤 북한의 실상을 알고 북한 인권운동에 뛰어들었다. 그와 동시에 북한 체제에 대한 맹렬한 비판자가 되었다.

[**] 1997년 4월 만들어진 '북한납치의혹일본인구원의원연맹'을 해체하고 '북한에 납치된 일본인을 조기에 구출하기 위해 행동하는 의원연맹北朝鮮に拉致された日本人

게루石破茂*가 취임했기 때문에 구원회와 미묘한 차이를 보일 수 있었다. 다만 부회장에는 고이케 유리코小池百合子, 간사장에는 니시무라 신고, 사무국장에는 히라사와 가쓰에이平沢勝栄 등 변하지 않는 면면이었다. 이 파의 사람들도 정부가 추진하던 비밀 교섭에 대해 전혀 모르고 있었다.

북일국교촉진국민협회 활동

아무것도 모르고 있었던 것은 북일국교촉진국민협회도 마찬가지였다. 협회는 2002년 6월 15일에 국민협회 심포지엄 '북한 문제와 일본北朝鮮問題と日本'을 개최했다. 발제자는 이종원李鍾元, 와다 하루키, 그에 더해 한국에서 초청되어 온 상지대학 교수 서동만徐東晩이었다. 20일부터 25일까지 국민협회 제2차 방북단이 방북했다. 와다, 다카사키에, 야마무로 히데오, 미즈노 나오키가 가세했다. 개인적으로 와다 하루키는 3월에 《한국전쟁 전사朝鮮戦争全史》(이와나미서점)를 출판했다. 이 책은 소련 체제가 붕괴된 뒤 공개된 비밀문서를 전면적으로 분석해 한국전쟁사를 새로 쓴 책이었다. 한국전쟁은 두 개의 분단국

을 早期に救出するために行動する議員連盟'이라는 이름으로 재출범했다.

* 자민당 내의 소수파로 총릿감이라는 평가를 받았지만, 번번이 아베에게 발목이 잡혔다. 안보정책 등에선 보수적 면모를 보이지만, 역사 문제에 대해선 한국과 중국에 반성적 자세를 가져야 한다는 분명한 입장을 유지해 왔다. 2012년 9월 자민당 총재 선거 때 1차 투표에선 이기고도 결선 투표에서 아베에게 아깝게 역전패 당했다. 2018년 9월에도 다시 총재 선거에 도전했지만 거듭 패하고 만다.

가가 처음에는 북, 다음에는 남에서 무력통일을 목표로 수행된 전쟁이었다. 하지만 북의 통일은 미군·유엔군에 막히고 남의 통일은 중국 인민지원군에 의해 저지돼 실패로 끝났다. 전쟁은 한반도를 배경으로 한 미중 전쟁으로 변했다. 그것이 이 책이 제시한 한국전쟁의 실상이었다. 이 책에 대해 하기와라 료荻原遼가《쇼쿤!》9월호에서 공격했지만, 설득력이 없었다. 와다는 7월에는《한반도의 유사 사태를 바라는 것인가: 불심선·납치 의혹·유사 입법을 생각한다朝鮮有事を望むのか: 不審船·拉致疑惑·有事立法を考える》(사이류사彩流社)를 간행했다. 전년 말에 발생한 불심선 침몰 사건을 분석한 것 외에 납치 문제에 대해 그 사이 쓴 글이나 받았던 비판에 대한 반론을 모은 책이었다.

나아가 2002년 상반기에는 모리와 함께 러시아 영토 문제 교섭에서 결정적 전환을 시도했던 3인조인 도고 가즈히코, 스즈키 무네오, 사토 마사루가 '국적国賊'이라고 공격받고 배임죄를 뒤집어쓰고 체포되기에 이르렀다. 와다는 이 사람들을 변호하기 위해 움직이지 않을 수 없었다. 덧붙여 말하자면, 도고는 네덜란드 대사에서 해임된 뒤 귀국하지 않은 채 미국으로 사실상 망명했다. 이 사람들을 지지하던 사람으로서 가만히 있을 수 없다고 생각한 와다는《세카이》5월호에 〈스캔들과 외교スキャンダルと外交〉를 써 도고와 사토를 옹호했다.

비밀 교섭이 드러나다

비밀 교섭이 합의에 이르자 다나카는 고이즈미와 후쿠다에게 보고하고 이에 대한 승인을 얻었다. 2002년 8월 25~26일 다나카는 평양으로 향했다. 이번엔 마철수馬哲洙 북한 외무성 아시아국장과 북일 국장급 회담이 이뤄졌다. 강석주와 회담도 이뤄졌다. 첫 방북이자 처음으로 이뤄진 공식 회담이었다. 공동발표문도 나왔다. "국교 정상화 교섭을 조기에 재개하는 것의 가능성에 대해 검토한다", "이후 1개월을 목표로 의견의 일치가 이뤄지도록 노력한다"라는 내용이 명기됐다. 회담 후 기자회견에서 다나카는 "포괄성, 시한성, 정치적 의사가 이번 회담에 임하는 3개의 키워드"라고 잘라 말했다. 포괄성이라는 것은 "납치, 핵미사일 문제를 미뤄 두고 국교 정상화를 할 순 없다"라는 것, 시한성이라는 것은 정상화 교섭이 지금까지 10년이나 더 걸렸지만 "짧은 기간에 성의를 갖고 해결한다"라는 뜻이었다. '정치적 의사'라는 것은 "북한 쪽에서도 정상의 정치적 의사를 통해 문제 해결을 시도하는 게 중요하다"라는 것이었다. 이 발언은 다음 달 북일 정상회담이 개최된다는 것을 시사한 것이었지만, 누구도 이 말의 의미를 이해하지 못했다.

이 보고를 받고 고이즈미는 정상회담을 위해 방북하기로 최종 결단하고 준비를 시작했다. 먼저, 정상회담을 한다는 사실을 미국 정부에 통고할 필요가 있었다. 8월 21일 외무성 안에서 야치 쇼타로谷內正太郎 종합외교정책국장, 후지사키 이치로藤崎一郎 북미국장, 에비하라 신海老原紳 조약국장에게 알렸다. 그다음 27일에는 일본을 방문 중이던 미국의 리처드 아미티지Richard Armitage 국무부 부장관과 제임스 켈리James Kelly 국무부 동아태 차관보에게 이 소식을 전했다. 이 얘기를 들은 외무성 간부와 미국 고위 당국자들은 충격을 받았을 것이다. 다나카는 《요미우리신문》 독자들에게 말하고 있다. "아미티지

국무부 부장관이 대사관에 돌아와 직접 콜린 파월Colin Powell 국무장관에게 전화했다. 그리하여 고이즈미 총리가 이튿날 부시 대통령에게 전화하게 됐다."고이즈미가 전화하니, 부시는 당신이 하는 일이다. 미국이 어떤 불만을 말할 것은 없다고 했다.[6] 그래서 8월 30일 전 국민에게 총리의 방북을 발표하게 됐다. 관저 내 반대파인 아베에게 이 소식을 알린 것은 이날 아침이었다. 이 사실이 아베의 자존심에 깊은 상처를 주었음이 틀림없다. 하지만 고이즈미는 그대로 아베에게 평양에 동행할 것을 요구했다. 총리의 외유에 동행하는 게 관방부장관의 직무이기 때문이었다.

납치 피해자 가족회는 이 발표를 듣고 기뻐했다. 구원회와 가족회는 기자회견을 열어 〈납치 피해자 전원을 돌려받을 수 있도록 의연히 교섭해 주기를 바란다〉라는 성명을 발표했다. 다만 이 소식을 접한 구원회의 사토 등이 어떤 기분이었을지는 알 수 없다.

북일국교촉진국민협회도 마찬가지로 기뻐했다. 그러나 이들 중에 사무국장 와다의 모습이 없었다. 와다는 모스크바대학에서 출장 강의를 해 달라는 요청을 받고 8월 29일 모스크바를 향해 출발한 상태였다. 총리의 방북 뉴스는 모스크바에서 알게 됐다. 사무국장이 부재한 상황이 한 달 동안 이어졌기 때문에 국민협회는 고이즈미 방북에 마땅히 해야 할 대처를 할 수 없었다.

발표 그 후

고이즈미는 발표 이후 곧바로 아프리카에서 열리는 국제회의 참가를 위한 외유에 나섰다. 이때부터 미국에서 맹렬한 압력을 가해 오기 시작했다. 미국 입장에선 역시 일본과 같은 가장 가까운 동맹국의 정상이 북한이라는 아의 축에 속한 나라에 가는 것을 받아들일 수 없다는 마음이 있었을 것이다. 미국은 북한이 우라늄 농축 계획을 갖고 있고, 핵무기 제조를 준비하고 있다고 의심하고 있었기 때문에 이 사실을 일본이 확인해 보도록 요구했던 듯하다.[7] 서울에서 9월 7일 열린 북한에 대한 한·미·일 3국조정그룹(티콕)에서 켈리와 다나카가 언쟁하게 됐다. 켈리는 우라늄 농축 문제를 염두에 두고 교섭할 것을 요구했다. 다나카는 미국이 직접 평양에 가서 확인해야 하지 않느냐고 말한 것으로 전해진다. 아프리카에서 돌아온 고이즈미는 9월 12일 뉴욕에 가서 부시와 만났다. 이때 부시는 고이즈미의 방북에 지지를 표명하며 "북한의 대량파괴무기, 미사일, 통상 병기 문제에 관심이 있다"라고 말했을 뿐이었다. 부시는 농축 우라늄 문제에 관해선 언급하지 않았다.

이런 상황 속에서 고이즈미와 다나카가 정상회담 후에 취해야 할 다음 스텝을 어떻게 생각하고 어떤 준비를 하고 있었는지가 중요한 문제가 된다. 즉, 국교 정상화로 가는 공정표를 어떻게 만들고 있었는지에 대한 얘기다. 후나바시 요이치船橋洋一는《더 페닌슐라 퀘스천ザ・ペニンシュラ・クエスチョン》*에서 "고이즈미와 다나카는 모든 게 잘 이뤄질 경우, 1~2년 내에 정상화를 마무리하고 싶다"라고 생

---

* 한국에선《김정일 최후의 도박: 북한 핵실험 막전막후 풀 스토리》(중앙일보시사미디어, 2007)라는 이름으로 번역돼 있다.

각하고 있었고, "후쿠다는 조금 더 신중했다"라고 적고 있다.[8] 정말일까.

물론 납치 문제에 대해 북한이 어떤 답변을 해 올지 모르는 단계에서 나온 얘기기 때문에 방침을 세우기 어려웠을 것이란 점은 이해할 수 있다. 국교를 정상화한다는 점에서 기본 문제가 해결된다고 한다면, 남는 문제인 경제협력의 내용·규모·방식 등에 관해 교섭하고 합의가 이뤄지면 국교 정상화를 실행할 것인지, 또는 정상회담에서 납치 문제에 대한 회답을 얻은 뒤 납치 문제 해결을 위한 교섭을 진행해 일본이 납득할 만한 답변이 나오면 국교 정상화를 단행하고, 경제협력에 대한 교섭은 국교 수립 후에 계속할 것인지 등의 선택지가 있을 수 있다. 그렇지만 어느 쪽이든 고심했다는 흔적이 없다. 그게 (이 두 가지 경우가) 아니라면, 미국이 신경 쓰고 있는 우라늄 농축 계획까지 포함한 북한의 핵 개발 문제에 대한 교섭을 북일 정상회담을 통해 나오게 되는 6자회담(남·북·미·일·중·러)에서 실현한 다음에 이것이 안정적으로 개시되면, 미국의 지지를 얻어 북일 국교 정상화를 단행한다고 생각하고 있었던 것일까. 그렇다고 한다면, 북핵 문제 해결에는 시간이 오래 걸리기 때문에 국교 정상화가 언제 실현될 수 있을지 알 수 없게 되고 만다. 그렇다고 해도 역시 다나카는 다음과 같이 생각하고 있었던 것은 아닐까.

일본 국내의 여론이나 의견, 미국 국내의 문제, 한국의 문제 등 여러 가지를 생각해 볼 때, 핵 문제를 움직이는 것 외에 다른 방법이 있을 리 없다고 본다. 핵을 가진 채 북한과 국교 정상화 교섭을 할 순 없다. 가장 빠른 길은 핵 문제에 관한 교섭의 길을 만들어 가는 것인데, 이는 일본 혼자만으로는 할 수 없다. 미국을 움직여서 할 수밖에 없다. 다나카는 2005년 9월의 6자협의* 때 나온 합의**에 있는 것처럼 여러 워킹그룹을 동시에 병행해서 가동하는 것을 생각하고 있었을지도 모른다.

그렇다고 한다면, 북일 정상회담 뒤에는 미국을 움직여 6자회담이라는 체제를 만들어 내고, 이를 통해 협의가 진전되면 미국과 한국의 지지를 얻어 북일 국교 정상화를 위해 전진한다는 게 다나카의 구상이었다는 게 된다.[9]

북일 정상회담

2002년 9월 17일 이른 아침, 고이즈미는 당일치기 평양 방문 일정을 시작했다. 북일 정상회담을 위한 여행이었다. 방북단에는 총리, 아베, 벳쇼, 다카노 도시유키高野紀元 외무심의관, 다나카, 히라마쓰 겐지 등이 포함됐다. 총리 이외 유력 정치가는 포함되지 않았고, 거꾸로 관저 내 반대파였던 아베가 포함됐다. 이렇게 해선 총리가 강력한 정치적 퍼포먼스를 결단하기 어려워진다. 일행은 9시 23분 평양 순안공항에 도착했다.

---

*   한국에선 6자회담이라 부르지만, 일본에선 6자협의라 한다. 이후 6자회담이라 표기한다.

**   2005년 9월 19일에 나온 6자회담의 9·19 공동성명을 의미한다. 북한이 핵무기를 포기하는 대신 미국은 북한에 안전을 보장하고 관계를 정상화하며 관계국들은 북한에 경수로 제공 문제를 논의한다는 내용이 담겨 있다.

곧바로 다나카 등이 정상회담 준비를 위한 사전 모임에 임했다. 그러나 이 자리에서 북한은 납치 문제에 대한 설명을 구두로 진행해 사전 모임을 끝낼 때 13명 납치, 5명 생존, 8명 사망이라고 적힌 종이를 내밀었다. 거기에는 사망자의 이름만 적혀 있었고, 사망 연월일도 적혀 있지 않았다고 한다.[10]

정상회담이 시작됐다. 오전 회담에는 고이즈미만 계속 발언을 이어 갔다. 김정일은 주로 듣는 역할에만 머물렀다. 넘겨받은 납치 피해자 13명 명단에 대한 설명은 없었다. 점심 휴식 시간이 되어 일본 쪽에선 자국에서 가져온 도시락을 먹으며 오전 회의에 대해 의견을 교환했다. 북한 쪽이 납치에 대해 아무 얘기도 하지 않는다면, 회담을 계속할 수 없다는 쪽으로 의견이 모였다. 오후 회담이 시작되니, 김정일이 납치 문제에 관해 설명하며 사죄했다. 오후 회담 중에 고이즈미는 미국의 요청에 따라 우라늄 농축 계획에 대해 김정일에게 질문했다. 하지만 당연하게도 김정일은 아무 답변도 하지 않았을 것이다.

북일 평양선언

정상회담에선 북일 평양선언을 확인하고 양 정상이 서명했다. 이 선언의 전문에는 이런 내용이 명기되어 있다. "양 정상은 북일 사이의 불행한 과거를 청산하고 현안 사항을 해결하며 알맹이 있는 정치, 경제, 문화적 관계를 수립하는 것이 양쪽의 기본 이익에 부합하며 지역의 평화와 안정에 크게 기여한다는 공통의 인식을 확인했다."

제1항은 다음 같은 내용이었다. "쌍방은 이 선언에 제시된 정신

과 기본 원칙에 따라 국교 정상화를 조기에 실현하기 위해 모든 노력을 기울이기로 했으며 이를 위해 2002년 10월 중에 북일 국교 정상화 교섭을 재개키로 했다. 양쪽은 상호 신뢰 관계에 기초해 국교 정상화를 실현하는 과정에서도 북일 사이에 존재하는 제반 문제에 성의 있게 임하려는 강한 결의를 표명했다."

제2항이 핵심 부분이다. 먼저, "일본 쪽은 과거 식민지 지배로 인하여 조선인들에게 다대한 손해와 고통을 준 역사적 사실을 겸허하게 받아들여, 통절한 반성과 진심으로 사죄한다는 뜻을 표명했다"며 무라야마 총리담화의 내용을 북한 사람들을 향해 표명했다. 이어, 과거의 반성과 사죄 위에 서서 이뤄지는 경제협력에 대한 설명이 이뤄졌다. "양쪽은 일본 쪽이 조선민주주의인민공화국 쪽에 대하여 국교 정상화 후 양쪽이 적절하다고 간주하는 기간에 걸쳐 무상 자금 협력, 저이자 장기차관 제공 및 국제기구를 통한 인도주의적 지원 등의 경제협력을 실시하며 또한 민간경제 활동을 지원한다는 견지에서 국제협력은행 등에 의한 융자, 신용 공여 등이 실시되는 것이 이 선언의 정신에 합치한다는 기본 인식 아래 국교 정상화 교섭에서 경제협력의 구체적 규모와 내용을 성실히 협의하기로 했다."

이어 청구권의 상호 포기 원칙을 확인하고, 재일 조선인의 지위와 문화재 문제에 대해 협의하기로 약속했다. "양쪽은 국교 정상화를 실현하는 데 있어 1945년 8월 15일 이전에 발생한 사유에 기초한 양국과 그 국민 모두의 재산 및 청구권은 서로 포기한다는 기본 원칙에 따라 국교 정상화 교섭 때 이를 구체적으로 협의하기로 했다. 양쪽은 재일 조선인의 지위에 관한 문제 및 문화재 문제에 대해선 국교 정상화를 교섭하며 성실히 협의하기로 했다."

제3항은 전후 북일 관계에 존재했던 비정상적 상태를 끝내는 조치가 규정돼 있다. "양쪽은 국제법을 준수하며 서로의 안전을 위협하는 행동을 하지 않겠다는 것을 확인했다. 또 일본 국민의 생명, 안전과 관련된 현안 문제에 대하여 조선민주주의인민공화국 쪽은 북일 두 나라의 비정상적 관계 속에서 발생한 이러한 유감스러운 문제가 앞으로 다시 발생하지 않도록 적절한 조치를 취할 것을 확인했다." 북한 쪽은 공작선의 파견, 일본 영해 침범, 공작원의 불법 상륙, 불법 활동을 이후 하지 않겠다고 약속했다.

제4항은 '동북아시아'(조선어), '북동아시아'(일본어) 지역의 협력, 안전보장에 관한 대화와 문제 해결, 협의를 규정하고 있다. "양쪽은 북동아시아 지역의 평화와 안정을 유지·강화하기 위하여 서로 협력해 나갈 것을 확인했다. 양쪽은 이 지역의 관계 각국 간에 상호 신뢰에 기초한 협력 관계가 구축되는 것의 중요성을 확인하는 것과 동시에 이 지역의 관계국 간 관계가 정상화되는 데 따라 지역의 신뢰 양성을 도모하기 위한 틀을 정비해 나가는 게 중요하다는 인식을 같이 했다. 양쪽은 한반도 핵 문제의 포괄적 해결을 위하여 관련된 모든 국제적 합의를 준수할 것을 확인했다. 또 양쪽은 핵 문제 및 미사일 문제를 포함한 안전보장상 여러 문제와 관련해 관계 여러 국가 간의 대화를 촉진하고, 문제 해결을 도모해야 할 필요성을 확인했다. 조선민주주의인민공화국 쪽은 이 선언의 정신에 따라 미사일 발사의 모라토리엄을 2003년 이후에도 더 연장해 가겠다는 의향을 표명했다. 양쪽은 안전보장과 관련된 문제에 대해 협의해 나가기로 했다." 이것

은 6자회담의 실현을 목표로 하겠다는 규정이다. 미사일 발사의 모라토리엄 연장이 약속된 것은 큰 의의가 있었다.

이렇게 하여 북일 국교 정상회의 원칙이 확정됐다. 남은 문제는 경제협력의 내용·규모·형태뿐이었다. 북일 양국은 국교 수립의 한 발 앞까지 나아간 것이다.

회담이 끝나고 헤어질 때 김정일은 방송 카메라 앞에서 "국교 정상화가 이뤄지면, 또 만납시다"라고 고이즈미에게 말했다. 이는 당연한 기대였다.

기자회견

그렇지만 고이즈미에겐 북의 고백·사죄로 인해 분명해진 납치 문제라는 현실이 앞을 가로막고 있었다. 정부는 지금까지 공식적으로 8건, 11명의 납치 의심자를 등록해 두고 있었다. 그렇지만 북한은 13명 납치라는 놀라운 답변을 내놨다. 구메 유타카久米裕의 입국은 부정했지만, 유럽에서 실종된 이시오카 도루石岡亨와 마쓰키 가오루松木薫도 납치로 인정했고, 전혀 알려지지 않았던 소가 히토미曽我ひとみ를 생존 피해자에 넣어 발표했다. 생존자 5명, 사망자 8명이라는 통고는 잔혹하다는 인상을 만들어 냈다. 게다가 북에서 내놓은 데이터는 불완전한 것으로 혼란을 머금고 있었다.

회담 뒤 평양에서 고이즈미의 기자회견이 열렸다. 총리는 먼저 평양에 와 무엇을 달성했는지 말했어야 했지만, 납치 문제부터 얘기를 시작했다. 북한의 답변을 얻어, 피해자들의 안부를 확인할 수 있었으며, 숨진 이들을 "생각하니 통한의 극치"라고 말했다. 그리고 이어 국교 정상화에 진지하게 임하겠지만, 이를 위해서는 북한이 납치와 안전보장 문제에서 성의를 보일 필요가 있다고 했다. 그리고 납치문제로 돌아가, 김정일로부터 사죄가 있었다고, 가족과 재회나 본인의사에 의한 귀국을 실현하고 싶다고 말했다. 이것으로 "여러 문제를 포괄적으로 촉진할 수 있는 전망이 서게 됐다", "문제 해결을 확실히 하기 위해 정상화 교섭을 재개하겠다"라고 선언했다.

이 주문은 애매하고 박력 없는 것이었다. 무엇보다 이 기자회견에서 평양선언의 내용을 전혀 설명하지 않았다는 점이 좋지 않았다. 특히 선언의 모두에서 식민 지배 때문에 조선인들에게 다대한 손해와 고통을 주었다는 것을 인정하고, 반성·사죄한다고 하는 것, 그에 따라 일본은 북한에 대해 국교 정상화를 한 후에는 경제협력을 한다는 점을 명확히 하지 않은 것이 치명적 침묵이었다. 고이즈미는 그다음엔 공작선 문제와 지역의 안전보장에 대한 협의체를 발족하려 한다며, 평양선언의 원칙과 정신이 지켜진다면 북일 관계는 적대로부터 협조를 향해 크게 나아갈 것이라고 말을 맺었다.[11] 공작선 문제는 북한이 두 번 다시 보내지 않겠다고 평양선언에서 약속한 사안이었다. 이 이상 협의할 필요가 없는 것이었다.

평양선언의 원칙으로 북일 관계가 개선되어 간다는 것은 뭘 의미하는 것일까. 국교 정상화가 실현될 것이라고 분명히 말하지 않은 것은 왜였을까. 질의응답 중에 "북일 관계의 정상화를 꾀하기 위해서도 먼저 교섭이 필요하다"라고 말했지만, 이것만으로는 10년 동안 간헐적斷続的으로 교섭이 이어져 왔던 과거의 실패가 되풀이되고 만다. 평양선언에 서명한 것을 통해 무엇을 달성한 것인지, 알 수 없게 되고 말았다. 이 자리에선 분명히 평양선언에 서명해 국교 정상화를 향해 나아갈 준비가 끝났다, 납치 문제의 해결을 시도해 그 뒤엔 국교 수립으로 나아가려 한다고 말했어야 했다.

납치 문제와 관련해선 김정일이 납치를 인정하고 사죄했으니 앞으로는 배상금 지급을 요구하고, 생존 피해자는 전원 해방하고 귀국시키도록 하며, 사망했다는 피해자에 대해서는 상황을 정확히 설명하고 필요한 조치를 취하도록 하는 문제가 남아 있었다. 이런 점들에 대해 다음번에 교섭하겠다고 분명히 말해야 했다. 핵과 미사일에 관해선, 이 문제가 해결되지 않으면 일본이 국교 정상화를 향해 나아가는 것은 미국이 용납하지 않으리라 생각했을 수 있다. 그렇더라도 그런 얘기를 국민에게 할 순 없었을 것이다. 그렇기 때문이라도 핵 문제 해결을 위해 더 노력해야 했다.

나아가 고이즈미가 국교 수립을 향해 전진할 생각이었다면, 귀국 비행기 안에서 아베에게 사임해 줬으면 한다는 의향을 전하고 이를 실행했어야 했다. 정부가 내부 단속을 통해 체제를 단단히 해 두지 않으면, 이런 상황에서 반대 의견을 뚫고 돌격할 수 없다. 그러나 국내에서 벌어질 수 있는 강력한 역류를 경계하지 않았던 고이즈미는 정권의 결속을 강화해야 한다고 생각하고 있지 않았다.

미국에 대한 보고

귀국하자마자 고이즈미가 한 일은 부시에게 전화로 회담 내용을 보고한 것이었다.

농축 우라늄 문제를 정상회담 과정에서 언급하기도 했기 때문에 부시에게 이를 전했다. 이 통화에서 고이즈미는 "일본은 우리 문제를 해결하기 위해 다녀왔다. 부시 대통령도 대표단을 보내 핵 문제에 대해 앞으로 나아가기 위한 노력을 해 달라"라고 말했다고 전해진다.[12]

국민들에 대한 보고는 어떻게 할 생각이었을까. 하네다 공항으로 돌아온 고이즈미는 대국민 기자회견을 하지 않았다. 납치 피해자 가족과도 만나지 않았다. 이튿날 아침 가족들을 방문한 이는 아베뿐이었다. 다나카도 이날 납치 가족들을 방문해 하스이케 도루 등에게 욕설을 들었다고 한다. 어찌 됐든 총리대신이 곧바로 가족회와 면담하지 않은 것은 치명적 실패였다.

그렇지만 고이즈미는 당연히 자민당 간부들에게는 설명하고, 나아가 야당 대표와도 만나 설명했다. 야마사키 다쿠 자민당 간사장은 "총리는 의연한 자세로 임해 훌륭했다"라고 말하며 "정상화 교섭을 통해 납치 문제의 완전한 해결을 목표로 삼고 싶다"라며 지지를 표명했다. 간자키 다케노리神崎武法 공명당 대표도 "현안 사항을 해결"하고 "정상화를 향한 합의가 이뤄진", "역사의 한 페이지를" 연 "의미 있는 방북"이었다고 평가했다. 다만 하토야마 유키오 민주당 대표는 "국가적 범죄를 엄혹히 추궁하지 못한 채", "국교 정상화 교섭 재개에 들어간 것은 너무 서두른 것으로 국익을 훼손했다"라고 부정적 자세를 보였다. 도이 다카코 사회당 대표는 "진지한 교섭"을 바란다고 지지하면서도 납치 사실에는 "강한 충격을 받았다"라며 동요하는 모습을 드러냈다. 시이 가즈오志位和夫 공산당 위원장은 국교 정상화를 위한 "포괄적 길이 열렸다", 교섭의 "재개는 타당한 일이다"라며 지지를 표명했다.

각 신문의 다음 날 아침 사설을 보면, 평가는 제각각이었다. 《아사히신문》은 〈너무 슬픈 납치의 결말/ 변화를 촉진하는 정상화 교섭을〉이라는 제목을 달았지만, 본문에서는 총리의 결단, 식민 지배 사죄 표명을 지지한다는 내용을 담았다. 《마이니치신문》은 〈용서하기 힘든 잔혹한 국가의 테러다/ 납치 규명 없는 정상화는 없다〉라는 제목을 붙여 소극적 모습이었다. 《요미우리신문》은 〈북은 평양선언을 성실히 지킬 것인가〉라는 제목을 달아, "원칙적 입장"을 견지하며 "안이한 타협"을 하지 마라, "북일 관계가 돌출해 앞서서 가는 것"에 반대한다며 한층 더 소극적 태도였다.

한편 여론조사 결과는 분명 고이즈미 외교에 대한 국민적 지지를 보여 주고 있었다. 9월 20일 자 《아사히신문》을 보면, "회담을 좋게 평가한다"라는 응답이 81퍼센트였다. 북한의 납치 설명에 납득했다는 사람은 15퍼센트밖에 없었지만, 국교 찬성은 59퍼센트에 달했다. 같은 날 《요미우리신문》에선 회담을 좋게 평가한다는 응답이 81.2퍼센트였다. 국교 정상화에 대해서는 "가능한 한 서두르라"가 20.5퍼센트, "정상화는 해야 하지만, 서두를 필요는 없다"가 68.4퍼센트, "정상화를 해선 안 된다"가 5.5퍼센트였다.

가족회와 구원회의 반응

그렇지만 구원회 전국협의회의 태도는 부정적·반발적이었다. 9월

17일 당일 저녁, 우에타케 시게오植竹繁雄 외무부대신과 후쿠다 관방 장관이 납치 문제에 관해 평양이 공개한 결과를 가족에게 전달했다. 애초 평양이 납치를 인정하고 사죄한다는 것 자체가 구원회에는 놀라움이었다. 구원회 전국협의회 사무국장이었던 아라키 가즈히로는 이때 자신의 기분을 "모든 게 끝났다万事休す"라는 말로 표현하고 있다.[13] 국교 정상화로 나아가는 큰 발걸음에 허둥대는 기분이었을 것이다. 가족들은 북한이 납치 사실을 인정해 이 일이 사실로 굳어졌다는 것에 충격을 받았다. 나아가 생존·사망 통고로 인해 그 이상의 충격·슬픔·분노의 감정이 폭발했다. 가족들의 일반적 의견은 마스모토 데루아키가 말한 "증거인멸을 위해 살해됐을 가능성이 크다"와 아리모토 가요코有本嘉代子가 말한 "어떻게 죽었는지 그것만이라도 제대로 듣고 싶다"로 대표된다. 납치돼 죽었다고 한다면, 북한이 죽인 게 아니냐고 생각하는 게 당연했다.

기자회견에서 요코타 시게루는 눈물을 흘리며, 좋은 결과를 기다리고 있었지만 "결과는 사망이라는 유감스러운 것이었다"라고 했다. 다만 결혼해 딸이 있다는 얘기를 들었다고 말했다. 그러나 요코타 메구미의 어머니 요코타 사키에는 눈물을 보이지 않고 다음과 같이 말했다. "일본이란 나라를 위해서, 이렇게 희생돼 고통받고 또 죽었을지 모르는 젊은이들의 마음을 생각해 주십시오. …우리가 열심히 구원회 여러분들과 힘을 합쳐 싸워 온 이 일(납치 문제 관련 활동)이 커다란 정치 안에서 엄청난 문제를 폭로했습니다. 이런 일을 위해 메구미가 희생되고 또 사명을 다한 게 아닐까 나는 믿고 있습니다. 정말 분명한 발자취를 남긴 게 아닌가 나는 그렇게 생각하면서 앞으로도 열심히 해 나겠습니다. 아직 메구미가 살아 있다고 믿으면서 계속해서 싸워 가겠습니다"

이는 놀라울 만큼 결연한 정치적 입장 표명이었다. 9월 17일에 나온 모든 말 가운데 가장 빛을 내뿜은 결의의 말이었다. 즉, 요코타 메구미는 커다란 악에 대항해 싸우다 희생돼 쓰러졌다. 그런 행위로 인해 악을 폭로한다는 사명과 의미 있는 역할을 다했다. 나는 그런 딸의 싸움을 이어받아 악을 용서하지 않고 싸워 가겠다. 딸은 숨졌을지 모르지만, 나는 앞으로 투쟁해 가는 데 있어 딸이 아직 살아 있다고 생각하며 싸워 가겠다. 요코타 사키에가 그렇게 생각한 마음은 이해할 수 있다. 그런 마음으로 이후 20년간 북한을 용서하지 않고 계속해 싸워 온 것이다. 이는 피해자 가족의 투쟁 선언으로서는 이해할 수 있지만, 일본 국민으로서 그런 투쟁 선언을 내놓는 것은 있을 수 없는 일이다.

가족회 대표인 요코타 시게루와 구원회 전국협의회 회장인 사토 가쓰미는 9월 17일 밤 함께 이름을 걸고 성명을 내놨다. 생존자 4명의 원상회복을 요구한다, 사망했다고 발표된 6명의 상황을 분명히 밝혀라. 이 두 가지를 요구한 뒤에 다음과 같이 주장했다. 납치는 "용서할 수 없는 국가 테러"이며 "절대 용서할 수 없다." 이런 사실을 "전해 들으면서도 국교 정상화 교섭을 시작"했다는 것은 "국민에 대한 중대한 배신"이며 "절대 용서할 수 없다." 방침을 철회하라. 이런 "이상한 행동은 무릇 국가가 할 행동이 아니다." 이런 일본의 상황과 철저히 투쟁할 것이다.[14] 이것은 참으로 정상 범위를 벗어난 성명으로, 정부도 국민도 받아들이기 힘든 일이었다. 각 신문은 이 성명을 보도

하지 않았다.

하지만 18일이 되자 구원회의 사토 가쓰미는 단독으로 새로운 성명을 내놓았다. 앞부분에 북한이 제출한 '생사에 관한 정보'는 "완전히 근거가 없는 것이다. 일본 정부는 지금까지 그 정보가 사실인지 아닌지 확인하지 못했다. 즉 사망했다는 8명은 현재도 살아 있을 가능성이 높다. 그런데도 17일 일본 정부가 가족들에게 '사망했다'고 전달했기 때문에 지금도 살아 있는 피해자가 살해당할 위험이 커지고 있다"라는 내용을 담았다. 일본 정부가 사망 사실을 국민에게 전하면 살아 있는 사람이 살해되고 만다는 얘기는 완전한 유언비어였다. 핵심은, 북한이 사망했다고 말했다 하더라도 근거를 제시하지 않는 이상 살아 있을 가능성이 높다고 단언해 버린 부분이다. 이 성명은 나아가 요코타 메구미가 북한에서 낳았다고 하는 딸이 북한이 '준비'한 사람이라며 가짜일 것임을 시사하고 있다. 구원회는 요코타 메구미가 살아 있다는 정보 두 개를 갖고 있다고 밝혔다.[15]

북한이 거짓말하고 있다는 것을 전제로, 북한이 죽었다고 하는 피해자는 살아 있을 가능성이 높다, 아니 살아 있다, 당장 전원을 돌려보내라고 주장하는 이 성명은 이후 구원회 활동의 토대를 이루게 된다. 죽었다고 하는 말을 받아들인다면, 남는 것은 사죄와 배상에 대한 요구뿐이고, 운동은 머지않아 종료된다. 하지만 죽었다는 말은 거짓이고, 살아 있으니까 귀국시키라고 말한다면 영원히 투쟁을 이어갈 수 있게 된다. 당연히 가족회가 이 주장에 달라붙으며 이 요구사항은 터무니없이 큰 힘을 갖게 된다.

외무성과 가족회·구원회의 응수

곧바로 외무성과 가족회·구원회의 응수가 시작됐다. 고이즈미는 9월 19일 오전 호텔에서 열린 내외정세조사회에서 강연하고 오후에는 내각기자회의 인터뷰에 응했다. 질문은 납치 피해자 명단 문제에 집중됐지만, 고이즈미는 사실을 해명하는 데 전력을 다하겠다고 말할 뿐이었다. 고이즈미는 그대로 21일에 아시아유럽정상회의ASEM 제4차 정상회의에 출석하기 위해 덴마크 코펜하겐으로 출발해 버린다. 가족들이 눈앞에서 볼 수 있는 것은 다나카, 아베, 그리고 평양에 가지 못했던 가와구치뿐이었다.

이 국면에서 정부가 가족들의 방북을 국교 정상화 교섭을 재개하기 전에 실현하는 쪽으로 의견을 조정하고 있다고 《아사히신문》이 19일 석간으로 보도했다. 이는 북이 가족 면회에 편의를 봐주겠다고 말한 것을 받아들인 제안이었겠지만, 이를 수용한다는 것은 이치에 닿지 않았다. 이 구상은 사토가 25일에 낸 의견서를 통해 간단히 거부된다.

9월 20일 열린 중의원 외무위원회에선 가와구치와 다나카가 나서서 답변했다. 의원들의 질문은 대부분 납치 문제에 집중됐다. 이시바 의원이 10월 회담 전에도 납치 피해자 가족이 방북할 수 있게 되기를 바란다고 요구하자 다나카는 "가능한 한 빠른 기회에 가족들의 북한 방문을 실현"하는 문제에 대해 북한 쪽과 절충에 나서고 있다고 답변했다. 가와구치는 외무성에 피해자 가족지원실을 만드는 작업을 하고 있다고 진술했다. 다나카는 생사 확인 명단 문제에 대해 집요한 질문을 받고 사과하게 된다. 구원회 전국협의회와 가족회는 이에 대해 다나카에게 공개질문장을 내놓는다.

이때 다나카는 평양과의 채널을 활용해 한층 더 나아간 타개책을 요구했던 것 같다. 그렇게 보는 것은 9월 25일 다나카가 공개된 공개질문장에 대한 회답서를 내놓으며 28일 사실조사팀을 만들 것이라고 밝히고 있기 때문이다.

이 회답서에 대해 사토는 〈현시점에 있어서 우리의 입장現時点における私たちの立場〉이라는 문서를 내어, 가족 방북 제안에 반대하면서 생존자들을 1개월 이내에 귀국시키라고 요구한다. 또 가족회는 외무성에 대한 불신이 강하기 때문에 아베를 중심으로 한 프로젝트팀이 일괄적으로 대응해 주기를 바란다고 말했다.[16] 노골적으로 다나카는 믿을 수 없으니, 아베가 개입해 주길 바란다고 밝힌 것이다.

가와구치와 다나카는 9월 26일 열린 참의원 결산위원회에서 답변했다. 이때 다나카는 운노 도루海野徹 자민당 의원의 질문에 답하며 이후 교섭 방침을 다음과 같이 설명했다. "결코 이번 정상회담에서 국교 정상화에 합의한 것이 아닙니다. 평양의 정상선언에 적혀 있는 정신과 원칙에 따라 정상화를 하고, 정상화에 이르기 전에도 여러 문제에 성의를 갖고 노력하며, 그런 합의 아래서 이후 사실관계에 대해 규명해 나가겠다는 것입니다." 분명 국내 여론과 국회 내의 질의 분위기 속에서 다나카는 상당히 뒷걸음질 치고 있었다. 다나카는 이날 답변 중에 외무성의 일 처리가 좋지 못하다는 질책을 받고 눈물을 쏟았다. 《아사히신문》은 이에 대해 "눈물의 답변"이라고 보도했다.[17] 이날 외무성에 가족지원실을 만든다는 구상이 철회되고 내각부에 참여(고문)실이 설치되어 나카야마 교코中山恭子가 참여로 취임했다.

상황이 이렇게 되고 난 뒤인 9월 27일 드디어 고이즈미가 가족회와 처음 얼굴을 마주했다. 고이즈미는 "납치 문제의 헤명 없이 북일 정상화는 없다"라고 말했다. 국교 정상화에 대한 방침을 말도 안 되게 수정한 것이었다. 가족회 대표인 요코타 시게루는, 생존자 5명이 1개월 이내에 귀국할 것을 요구한다, 역대 외무성 담당자에게 책임을 묻는다, 납치 인정 피해자 11인 외의 사람들을 어떻게 구해 낼 것인가, 아베 부장관을 창구로 해 주기를 바란다는 내용이 담긴 요구서를 읽어 내렸다. 이것은 구원회와 함께 작성한 문서일 것이다. 총리와 만남은 양쪽 모두에게 괴로운 것으로 끝났다.

이튿날인 28일 사이키 아키타카斉木昭隆 참사관 등 조사팀이 방북했다.

미국의 움직임

그사이 미국의 움직임이 시작됐다. 10월 3일부터 5일까지 켈리가 방북하게 됐다. 이 켈리 방문단은 "국방부, 백악관, 국무부, 재무부 등 그런 모든 부처를 망라하는 방문단은 처음 봅니다"(다나카 히토시)라는 평가를 받을 만한 대형 대표단이었다. 이 방문단이 도쿄에서 서울로 들어갈 때 응대한 임동원林東源 대통령 특별보좌역은, 북한이 고농축 우라늄 계획을 추진하고 있다는 '증거'가 있다며, 이를 폐기하라고 통보하기 위해 간다는 켈리의 말에 할 말을 잃었다. 네오콘 강경파의 주장을 듣는 것 같았기 때문이다. 켈리는 평양에서 강석주와

회담하며 언쟁하게 된다.[18]

　강석주가 "미국이 '악의 축'이라며 우리를 공격한다면, 핵무기는 물론 그보다 더 강력한 것도 가질 수밖에 없지 않은가"라고 말했다는 얘기를 듣고, 미국이 북한 쪽에서 우라늄 농축 계획을 인정한 것이라고 받아들였다는 견해도 있다. 하지만 미국은 강석주가 우라늄 농축 계획의 존재를 분명히 시인했다고 보고했다. 켈리 대표단은 10월 5일 평양을 벗어나 서울로 들어갔다. 켈리는 서울에서도 한국 정부에 이 사실을 전한 뒤 다음 날 도쿄로 와서 후쿠다와 가와구치에게 방북 결과를 통고했다. 이것은 분명 미국이 북일 교섭이 진전되지 못하도록 제동을 건 것이었다.

　미국의 움직임은 일본의 교섭을 멈추게 하는 것에서 끝나지 않았다. 켈리 대표단의 보고를 받고, 부시 정부 내부의 네오콘파, 즉 딕 체니Dick Cheney 부통령, 도널드 럼즈펠드Donald Rumsfeld 국방장관, 폴 울포위츠Paul Wolfowitz 국방차관, 존 볼턴John Bolton 국무차관은 일제히 북한에 대한 중유 공급을 중단하고, 1993~1994년의 1차 북핵 위기를 봉합한 북미 제네바 합의의 파기를 노리게 된다.

　결과적으로 북한에 우라늄 농축 계획이 있다는 이유로 북미 관계는 깨지고, 고이즈미의 방북도 망가질 상황에 놓이게 된다.

반대 세력의 역습

이 상황에서 고이즈미의 북일 국교 수립으로 향하는 움직임에 반대하는 국내 세력의 총반격이 시작됐다. 고이즈미 방북, 북일 정상회담,

다나카의 비밀 교섭에 대한 반감·반발·비난·공격은 9월 17일 이전부터 주요 주간지를 통해 이뤄지고 있었다.《슈칸신초週刊新潮》는 "지금부터라도 늦지 않다. 방북을 취소하라"라고 주장했고《슈칸분슌週刊文春》은 "어리석은 고이즈미 방북", "고이즈미 총리, 당신은 무법 국가와 손을 잡으려는가?"라고 썼다.

9월 17일 이후 이 주간지들은 일제히 고이즈미와 다나카를 공격했다. 9월 26일 발매된《슈칸분슌》10월 3일호는 권두 사진 기사로 〈거짓으로 정해진 고이즈미 방북嘘で固めた小泉訪朝〉을 올리면서 그 제일 위에 다나카의 사진을 실었다. 그리고 그 옆에 "외무성 다나카 히토시 국장님, 납치 가족의 눈을 보면서 진실을 말할 수 있습니까?"라고 썼다. 나아가 고이즈미의 사진을 싣고 "역시 눈을 피하고 있는 고이즈미 총리, 왜 더 빨리 사죄하지 않습니까"라고 적었다. 본문의 총력 특집에는 〈통한의 회담 A급 전범들痛恨会談のA級戦犯たち〉이란 제목으로 나카야마 마사아키와 고이즈미를 특필했다. 그 뒤의 기사인 〈8인의 죽음을 방관한 정치가·관료·언론인 한 번의 죽음으로 대죄를 사죄하라八人を見殺しにした政治家·官僚. 言論人, 一死以て大罪を謝せ〉에서는, 아나미 고레시게, 마키타 구니히코 등 외무성 간부, 가네마루 신, 이시이 하지메石井一, 하토야마 유키오 등의 정치가, 요시다 야스히코吉田康彦, 와다 하루키 등 대학교수 등을 비난했다.

9월 30일 고이즈미 개조 내각이 발족해 납치의원연맹회장인 이시바 시게루가 입각했다. 그로 인해 후임 회장에 아베의 맹우인 나카가와 쇼이치가 취임하며 반대 진영의 연대가 강화됐다.

10월 2일 나온《쇼쿤!》은 11월호 특집에 〈테러 국가에 무시당하

고도 멀쩡한가テロ国家に舐められてたまるか〉라는 기사를 실었다. 납치
의원연맹 사무국장인 히라사와 가쓰에이의 〈국적 외교관 다나카 히
토시의 폭주国賊外務官僚田中均の暴走〉, 이시하라 신타로石原慎太郎의
〈이런 매국노는 살해된다こんな売国奴は殺されているな〉 등의 글이 함
께 게재됐다. 3일 발매된 《슈칸신초》 10일호에는 〈김정일에게 바보
취급을 당한 고이즈미 방북의 쓰라린 뒤처리金正日に馬鹿にされた小泉
訪朝つらい後始末〉가 실렸다. 그리고 10일 발매된 《분게이슌주》 11월
호는 〈비도덕한 독재자非道なる独裁者〉라는 제목의 특집으로 〈이은혜
는 지하실에서 살해당했다李恩惠は地下室で殺された〉, 〈김왕조 54년의
죄업金王朝五十四年の罪業〉, 〈북이 입수한 고이즈미 신상조서北が入手
した小泉の身上調書〉, 하기와라 료의 〈김정일에게 또 속아 넘어갈 것
인가金正日にまた騙されるのか〉, 〈독단 외교관 다나카 히토시는 누구인
가独断外交官田中均とは何者か〉, 나카니시 데루마사·히라사와 가쓰에
이·후쿠다 가즈야福田和也의 〈고이즈미 총리는 호랑이의 꼬리를 밟
았다小泉総理は虎の尾を踏んだ〉, 니시오카 쓰토무의 〈사망 4인의 확실
한 생존 정보死亡四人に確実な生存情報〉 등을 실었다. 나아가 이시이
히데오石井英夫는 〈친북파 지식인, 무반성 망언록親朝派知識人, 無反省
妄言録〉을 실어 북일 교섭을 위해 노력했던 사람들을 닥치는 대로 비
판했다. 무라야마 도미이치도, 와다 하루키도 비난당했다.

북일국교촉진국민협회의 평가

총리의 방북, 정상회담, 북일 평양선언, 북한의 납치 실행 시인과 사

죄에 대한 적극적 평가는 먼저 9월 30일 도시샤대학의 이타가키 류타板垣竜太, 시가대학의 가와 가오루河かおる, 교토대학의 고마고메 다케시駒込武 등 간사이에서 이 문제에 관심을 두는 연구자들이 중심이 되어 내놓은 '북일 간의 진정한 화해와 평화를 촉구하는 긴급성명日朝間における真の和解と平和を求める緊急声明'을 통해 나왔다. 납치는 '범죄'이지만, 일본의 '강제 연행', '위안부' 문제를 잊어선 안 된다고 지적하면서 자국의 범죄적 행위를 묵인하면서 타국의 범죄적 행위를 일방적으로 지탄하는 것은 용납할 수 없다며 일본 국내의 풍조를 비판했다. 그 연장선에서 북일 간의 국교 정상화 교섭 재개를 환영한다고 말하며 "화해와 평화의 프로세스"가 시작되는 지금이야말로 역사를 성찰해야 할 때라고 주장했다. 최종적으로 이 성명에 서명한 이는 500명이 넘었다.

신문에선 10월 7일 와다 하루키가 《아사히신문》 석간 문화란에 〈북일 관계를 생각한다日朝関係を考える〉를 썼다. "납치 문제 해명과 국교 교섭은 불가분/ '적대의 40년 잃어버린 10년'을 넘어/ '정규 국가'가 되도록 촉구해야 할 계기/ 동아시아 안보의 토대를 만들자"라는 제목이 붙었다. 와다는 모스크바 대학 강연을 한 뒤, 인터넷에서 신문 기사를 검색해 보고 다음과 같이 썼다. "12명 납치, 8명 사망 보도에 충격을 받았다. 무참한 권력 범죄의 결과다", "요코타도 납치되었고 딸을 남긴 채 숨졌다고 한다. 실로 무참한 일이다." 또 테러도 납치도 인정한 적 없는 북한의 지도자가 "자기 나라가 저지른 범죄를 인정하고, 사죄했다는 것은 커다란 전환"이라고 인정했다. 이어, 북한이 "북일 국교 수립을 그 정도로 진심으로 바라고 있다"라고 이해한

다는 뜻을 밝히며 "일본 독자 외교의 막을 연 고이즈미 총리의 결단"에 감탄한다고 썼다. 항일무장투쟁을 국가 신화로 삼고 있는 '유격대 국가'가 납치를 인정하고 사죄했다고 한다면, 북일 국교 수립은 "북한의 확실한 변화를 가져올 것이다." 이로 인해 "북동아시아 평화의 토대를 구축하는 것은 일본만이 할 수 있는 자랑스러워야 할 국제 공헌"이라고 주장했다.

10월 10일에 나온 《주오고론》 11월호에는 기타오카 신이치北岡 伸一의 논문 〈전후 일본 외교사에 남을 성공이다戰後日本外交史に残る 成功である〉가 실렸다. 기타오카는 "북한 쪽 발표를 그대로 사실로서 가족들에게 전했다는(전한 것 같다는) 것, 사망 연월일에 대한 정보의 전달을 늦춘 것은 크게 잘못된 것이다. 그러나 양국 간 교섭만을 본다면, 이는 전후 일본 외교사에 남을 성공이다. 일본의 국익에 있어서 큰 성과일 뿐 아니라 동아시아 전후 국제관계사에서도 새로운 한 페이지를 여는 것으로 생각한다"라고 절찬했다.

하지만 이런 성명이나 논문은 여론에 영향을 끼치지 못했다.

5명 일시 귀국이라는 어리석은 방책

사이키 조사팀이 10월 1일 평양에서 돌아왔다. 이들의 보고는 여러 가지 파문·반발을 일으켰다. 가지고 돌아온 마쓰키 가오루 유골의 감정 결과, 본인의 것이 아니라는 결론이 나와서 혼란을 일으켰다. 3일에는 후쿠다가 국교 교섭을 10월 중에 재개할 것이라고 발표했다. 이 무렵 고이즈미, 후쿠다, 가와구치, 다나카 등이 논의해, 평양에 있는 납치 피해자 5명의 일시 귀국을 요청하기로 결정하고 실행했을 것이다. 다나카의 책《외교의 힘》에는 9월 17일 이후 5명의 귀국을 요구하는 교섭을 이어 가고 있었다는 내용이 나온다.[19] 일시 귀국이라 해도 빨리 귀국시키는 것을 중요하게 생각했다고 쓰고 있다. 후나바시 요이치는 미국이 북한의 우라늄 농축 얘기를 꺼내 들었기 때문에 다나카가 그 반동의 흐름을 우려해 5명의 '일시 귀국'을 미스터-X에게 받아들이게 했다고 적고 있다.[20] 어쨌든 5명의 '일시 귀국'은 고이즈미 정권의 안이었을 것이다. 그러나 이는 2002년 북일 교섭을 실패로 끝나게 한 치명적으로 어리석은 방책이었다.

생존자 5명의 귀국은 정상회담 이후 일본 정부가 내놓은 기본적 요구였을 것이다. 다섯 번째 생존자인 소가 히토미가 어머니와 행방불명이 됐던 니가타현 사도시*의 여성이라는 것은 9월 20일에 확인된다. 그녀가 북한으로 망명한 미군 탈주병인 찰스 젱킨스Charles Jenkins와 결혼했다는 것이 사이키 조사팀의 보고서를 통해 밝혀졌다. 그렇다고 한다면, 그녀와 또 다른 두 쌍의 부부인 하스이케 부부와 지무라地村 부부의 입장은 분명히 다를 것이다. 귀국 요구를 전달하는 방법도 신중하게 생각할 수밖에 없다. 이런 점이 고려되었다는 흔적이 없다. 가족회와 구원회는 생존자 5명의 일시 귀국 등을 한 번도 요구한 적이 없었고, 일시 귀국에 찬성할 리도 없었다. 한편, 생존자가 5명이라고 말한 이상, 북한이 이들과 그 자녀들을 귀국시키는 것 이상으로 일본에 해 줄 수 있는 것은 없다.

---

* 니가타현 사도섬.

북한 입장에서는 국교를 정상화하게 되면, 5명을 최종적으로 귀국시킨다고 생각했다고 보는 게 자연스럽다. 그렇기에 지금은 일시 귀국을 시켜도, 아이들을 인질로 잡고 있고 5명은 북한에 충성하고 있으니, 일시적으로 귀국시켜도 반드시 돌아올 것이다. 북한이 이렇게 생각하고 있었다면 순진한 생각이었다고 할 수 있다. 어찌 됐든 일시 귀국을 시킨 5명을 일본이 돌려보내지 않는다면, 북한은 약속 위반이라며 격노할 것이 틀림없었다. 이 국면에서 약속을 깨는 것은 치명적이었다.

북한은 10월 8일 돌연 5명이 15일에 '일시 귀국'한다고 통지해 왔다. 그리고 나니 이튿날인 9일 정부는 관계 각료회의를 열어 생존자들의 '일시 귀국'을 받아들여 10월 29~30일 국교 교섭을 재개하기로 결정했다고 발표했다. 교섭 기본방침도 결정되어, 납치를 최우선 사항으로 한다, 안전보장 협의를 출범한다, 신중하게 교섭한다, 한·미·일이 연대하며 추진한다는 방침이 발표되었다.

10월 10일 열린 중의원 외교위원회에서 아베가 정부위원으로서 처음 출석해 자민당 의원의 질문에 답하면서 고이즈미의 방북을 알게 된 것은 발표 당일 아침이었다고 답변했다. 야당 의원이 점점 격렬하게 정부의 방침을 추궁했고, 결국 아즈마 쇼조東祥三 의원은 납치 통고를 받았다면 단교해야 하는데 국교 교섭을 재개하기로 했다며, 북일 정상회담 자체를 비난했다. 아베의 존재가 점점 커져 가고 있다는 것, 또 그가 정부 내 반대파라는 것이 분명해진 순간이었다. 역류의 물결이 소리를 내며 흐르기 시작했다.

가족회는 10월 13일 5명이 돌아오면, 북한에 돌려보내지 않겠다

고 합의한다. 그리고 15일 납치 피해자 5명이 귀국했다. 국민협회는 첫 성명 〈국교 정상화 조기 실현을 향해, 교섭 재개를 밝힌 평양선언을 지지한다国交正常化早期実現に向け交渉の再開をうたった不壊宣言を支持する〉를 발표해 후쿠다에게 전달했다. 하지만 이미 정세에 완전히 뒤떨어진 무력한 성명이었다. 후쿠다의 방에서 성명을 전달한 순간, 텔레비전에서 5명이 하네다 공항에 도착했다는 사실을 보도하고 있던 것을 기억한다. 이 성명을 낸 것으로 인해 스즈키 레이코가 사표를 내고 협회를 떠났다. 기독교인인 이 사람은 평양선언이 한일조약과 같이 경제협력을 명기했다는 것을 받아들일 수 없었던 것이다.

10월 22일 아베, 나카가와, 히라사와, 사토, 아라키의 5인 회담이 진행됐다. 이 자리에서 5명을 돌려보내지 않겠다는 방침이 정해졌을 것이다. 23일 아베가 가족회와 만났다. 납치 피해자인 하스이케 가오루가 24일 나카야마 참여에게 전화해 자신들은 돌아가지 않겠다는 뜻을 전달한 것으로 알려져 있다. 오후에 납치의원연맹은 5명을 돌려보내지 말라는 요망서를 제출한다. 아베가 움직여 5명을 돌려보내지 않는다는 정부 방침이 결정됐다.[21] 그사이에 소가 히토미의 의사 확인은 어떻게 진행되었던 것일까.

북일 교섭 제12차 회담이 10월 29일 쿠알라룸푸르에서 시작되었을 때 북한과 일본은 이미 심각한 대립 상태에 빠져 있었다. 스즈키 가쓰야鈴木勝也 대사와 야부나카 미토지藪中三十二 국장은 5명을 돌려보내지 않겠다, 가족들도 돌려줘야 한다면서 사망한 8명에 대한 의문점을 캐묻기 시작했다. 북한 대표인 정태화와 박용연朴龍淵은 5명을 돌려 달라고 주장했다. 그 이상 협의를 이어 가는 것은 불가능한 상황이 됐다. 일본 쪽은 핵미사일 문제를 해결하지 않으면 과거 청산 협의에 응할 수 없다고 말해, 사실상 교섭이 어려워졌다. 다음 일정에 대한 북한의 제안에도 응하지 않았다.

요코타 메구미의 딸인 김혜경의 인터뷰는 10월 26일 《아사히신문》과 《마이니치신문》에 실렸고, 후지TV로 방영됐다. 이에 대해서도 구원회는 "북한의 모략에 넘어갔다"라며 비난했다.

국교 저지 세력, 승리의 개가

2002년 말인 12월 21일 북일국교촉진국민협회가 먼저 심포지엄을 열어 북일 국교 교섭을 검증했다. 제1부에선 〈북일 교섭과 현안문제 日朝交涉と懸案問題〉라는 제목으로 오코노기 마사오, 고마키 데루오, 와다 하루키가 발표했다. 오코노기는 11월 유엔 안전보장이사회가 이라크가 대량파괴무기를 제조하고 있다는 의혹을 제기하며 전면 사찰을 실행하기로 하는 등 미국이 주도하는 여러 나라의 이라크 공격이 가까워지고 있다고 말했다. 이런 위기적 세계정세 속에서 북한의 핵무기 문제도 앞으로 심각해질 것이기 때문에 일본이 북일 국교 정상화라는 눈깔사탕飴玉(당근이란 의미)을 내놓아야 한다고 했다. 즉 북한이 핵 개발을 멈추면 일본도 국교 정상화를 하는 외교를 해야 한다면서, 가능성은 거기에 있다고 밝혔다. 와다는 5명의 일본 잔류를 북한에 통고한 이상, 무조건 국교 교섭을 재개해서 아이들의 문제를 해결하기 위한 조건을 만들어 나갈 수밖에 없다고 말한 것에서 알 수 있듯 상당히 소극적 입장이었다.[22]

북일 국교 촉진파는 정상회담과 북일 평양선언이 납치 문제로 인해 분쇄되어 가는 것을 눈으로 지켜보며 충격받고 의기소침해진 것이다.

한편, 고이즈미 방북과 북일 평양선언에 기초한 북일 국교 정상화를 부수려는 세력은 2002년 말께엔 승리의 개가를 올리며 진정한 속내를 드러내고 있었다.

11월 24일 도쿄빅사이트에서 열린 구원회 전국협의회의 특별연수회 기조 강연에서 사토 가쓰미는 말했다. "5명이 돌아온 순간이 전후 50여 년간 이어진 우리 나라의 대북정책이 질적으로 변한 순간이었습니다. …단적으로 말씀드리면, 아베 신조 관방부장관에게 납치 문제의 주도권이 옮겨 간 순간이었습니다. 즉, 납치 문제가 외무성에서 사실상 떨어져 나간 순간이었습니다." 이어 그 의미를 계속해 설명했다. "테러 국가를 상대로 대화를 통해 납치라는 테러 행위로 발생한 일의 원상회복을 쟁취해 낸다는 것은 꿈같은 얘기와 다름없습니다. 교섭은 싸움의 수단에 지나지 않는 것입니다." 물론 북한과 무력으로 싸우라고 주장하고 있는 것은 아니었다. 정치 전쟁, 외교 전쟁으로 싸우자는 호소였다. "나는, …정치·외교에 의해 해결해 가는 길을 제안하고 싶습니다. 여기서 정치·외교라는 것은 북한의 저 군사독재정권을 내부에서 붕괴시키는 공작을 하는 것입니다. 정치적·외교적 압력을 가하고 나아가 내부 공작을 수행한다면, 내부에서 모순이 확대되어 김정일 정권이 붕괴하고, 그렇게 되면 납치 문제도 군사적 위협도 일거에 해결됩니다. 이것을 실행할 용기를 가졌는지 아닌지, 그 뒤의 문제는 그것뿐입니다. 이를 꼭 우리 나라 정부에 기대하고 싶습니다."

이어 이날 구원회 전국협의회의 부회장이 된 니시오카 쓰토무도 같은 얘기를 역설했다. "김정일이 납치한 것입니다. 납치의 책임자는 김정일이고, 그 목적은 김정일이 지금까지 수행한 테러리즘인 것입니다. 즉, 김정일 정권의 존속과 납치 문제 해결은 양립하지 않습니다", "납치의 명령자는 김정일입니다. 따라서 우리의 싸움은 그 정권 그 자체와의 싸움입니다."[23]

이것은 내부자들 간의 논의였던 것만은 아니다. 12월 10일 열린 중의원 안보위원회에서 사토 가쓰미, 폴러첸, 나카에 요스케, 와다 하루키가 불려 나와 참고인 진술을 했다. 자민당 추천으로 출석한 사토는 "나는 현재 김정일 정권을 개인 독재 파쇼 정권이라고 이해하고 있다"라는 말로 얘기를 시작해 "이 정권은 대화의 대상이 아니고, 다양한 방법으로 빨리 타도해야 할 정권이라고 생각하고 있다"라고 결론을 맺었다. 정권 타도의 방법을 묻는 말에는 "만경봉호* 입항 규제"라고 발언해 듣는 이들을 놀라게 했다. "이 배로 사람과 돈과 물건

---

* 일본의 대북 제재에서 만경봉호가 자주 오르내리는 것은 북일 교류사에서 이 배가 차지하는 상징적 위치 때문이다. 1971년 만경봉호가 처음 취항한 뒤 북일 간 인적·물적 교류는 대부분 이 배를 통해 이뤄졌다. 오랫동안 재일 조선인들의 북한 '귀국'을 위한 북송선이었을 뿐 아니라 재일본조선인총연합회 간부들이 북의 친척들에게 보내는 자금·물자의 운송수단이기도 했다. 재일 조선인 김찬정金賛汀이 쓴 《조선총련(신초신서)朝鮮総連(新潮新書)》(신초사新潮社, 2004)을 보면, 총련 간부들이 이 배 안에서 '선내 지령'이라는 형태로 북한의 비밀지령을 받는 과정도 묘사돼 있다. 이 배의 입항을 금지하면 북일 간 여러 인적·물적 교류가 끊기게 된다.

과 정보가 움직이고 있기에 이 배의 입항을 규제할 경우 총련 중앙간부의 표현을 빌려 말하면 북한 정권은 3개월도 견디지 못할 것"이라고 말한 것이다. 실로 순진한 전망이었다.

'해결'이란 무엇인가

'납치 문제의 해결이란 무엇인가'라는 질문에 대해선 "100명 가까운 사람들이 북한에 납치돼 있다. 이들이 모두 일본에 돌아오는 것이다. 그리고 실행범의 처벌과 손해배상이다. 김정일 정권에 이와 같은 해결을 기대할 수 없다. 기대하는 것은 환상이다"라고 말했다. 즉, 이 정도까지 해결의 기준을 높인다면, 김정일 정권은 쓰러지게 되고, 그렇게 되면 납치 문제는 해결된다는 얘기다. 이들이 목표로 하는 것은 실로 명확했다.

그렇지만 여기서 납치 문제의 해결을 위해 "김정일 정권이 붕괴되는 게 절대 필요 조건"이라는 사토의 입장은 "식민 지배 시대의 청산 문제도 포함해 포괄적 교섭을 해 나가는 가운데 해결을 시도해 간다는 고이즈미의 입장"과는 **차이**가 있는 게 아니냐고 사민당의 이마가와 마사미今川正美 의원이 지적했다. 그렇게 말하니, 사토는 침착한 태도를 유지한 채 "매우 좋은 질문을 받았다"라며 "고이즈미 총리와 입장이 다르지 않느냐는 얘기인데, 그렇다. 지적한 대로 다르다"라고 답했다.[24] 하지만 의사록을 다시 읽어 보면, 사토가 아베 신조를 신뢰하고 고이즈미 준이치로는 지지하지 않는다고 말하고 있었음을 이해할 수 있다. 사토는 머지않아 아베의 입장이 일본 정부의 입장이 될 것이라고 확신하고 있었던 것이다.

사토는 이달에 《납치 가족 '김정일과의 싸움' 전 궤적拉致家族 '金正日との戦い'全軌跡》(쇼각칸문고)이라는 책도 썼다. 사토는 납치 가족과 한 몸이 되어 썼다는 이 책에서 "김정일 체제의 타도를 목표로 하자"라고 호소했다. "지금 북한에 경제원조를 해서 어떻게든 눈앞의 안정을 꾀하자고 하는 것은 참 어리석은 일이다. 오히려 김정일 체제를 쓰러뜨리는 데 전력을 다해야 한다. 쓰러뜨린다면, …납치된 사람 모두를 무사히 구출할 수 있는 상황이 만들어진다. 나는 일본도 한국도 이런 메시지를 계속해 발신해야 한다고 생각한다. 저쪽은 돈을 얻어 내고 싶어 납치를 인정한 것이기 때문에 이쪽은 기준을 계속해 올려야 한다. 기준을 올려 가면 내부 모순이 발생한다. 그것이 김정일 체제 타도, 동아시아에서 테러 국가가 소멸되는 것으로 이어진다."[25]

기준을 높인다는 것은 무엇일까. 사토의 설명은 이렇다. "'납치 피해자의 일시 귀국이 실현되었기 때문에 다음은 가족 전원의 귀국을 바로 받아들이라고 요구해 간다'는 식으로 하는 것입니다. 내부 모순이 일어난다는 것은 계속 양보하지 않을 수 없게 몰리게 된 김정일에 대해 북한의 국민·군이 분노해 내전이나 암살이 발생한다는 것이고, 그렇게 되면 전쟁이 발생할 수도 있지만, 그때는 미국에 의존하면 됩니다."

사토는 마지막으로 '구원회'의 방침을 다음과 같이 재차 정리했다.

'구원회'는 이후에도 납치 피해자 전원의 귀국을 목표로 활동을 이어

가겠다. 북일 교섭이 정체되어 납치 사건의 해명도 늦어진다고 보일지도 모르겠지만, 김정일 정권이 존재하는 한, 납치 문제의 해결은 곤란하며, 김정일 정권의 붕괴가 이 문제를 풀기 위한 절대 필요 조건이다.[26]

사토는 자기 생각을 분명히 말했다. 그러나 언론은 사토의 이런 생각을 단 한 번도 보도하지 않았다. 그리고 그런 사토의 생각을 그대로 받아들이게 된 이가 아베였다. 그가 다나카를 대신해 고이즈미의 위임을 받아 납치 문제를 관리하게 된다.

구원회는 무엇보다 가족회를 지배했다. 이를 상징적으로 보여 주는 것이 요코타 시게루가 밝힌 방북하겠다는 희망, 즉 메구미의 딸인 김혜경과 만나고 싶다는 희망을 부정한 것이었다. 요코타는 2002년 말이 되어 니가타를 통해 귀국한 피해자 5명과 만났을 때 그동안 쌓아 온 방북에 대한 희망을 얘기했다. 5명은 그 자리에서 "가 보는 게 좋다"라고 권했다. 그래서 2003년 1월 26일 가족회 집회에서 그런 희망을 말한 뒤 맹렬한 반발을 받았다. 가족회 임원인 하스이케 도루와 마스모토 데루아키가 중심이 되어 반대했다고 전해지지만,[27] 구원회의 사토와 니시오카 2명의 의향이 크게 작용했다는 것은 의심의 여지도 없다. 요코타 시게루가 외손녀인 혜경과 만나 메구미의 죽음을 받아들이게 된다면, 사토의 전략이 와해되어 버릴 것을 우려했을 것이다.

이렇게 하여 북일 국교 정상화에 반대하고, 북한에 압력을 가해 붕괴시킨다는 것을 목표로 하는 이 세력이 일본의 정부·국민·언론·

여론을 제압한 것이 2002년의 결과였다. 가까스로 살아남은 것은 북일 평양선언뿐이었다. 이것은 북일국교촉진국민협회의 패배였을 뿐 아니라, 고이즈미, 일본 정부, 일본 외무성의 실패였다고 말하지 않을 수 없을 것이다.

2004년
고이즈미
재방북,
2003~2005

이라크 전쟁 중에

2003년 1월에 북한은 핵확산금지조약 탈퇴를 선언했다. 그러나 핵무기를 생산할 생각은 아니고, 현 단계의 핵 활동은 원자력발전에 한정된 것이라고 밝혔다. 한국에선 2월 25일 김대중의 뒤를 잇는 새 대통령 노무현盧武鉉이 취임했다. 노 대통령은 취임식 연설에서 "동북아시아의 중심에 위치하는 한반도는 중국과 일본, 대륙과 해양을 잇는 다리"라며, 유럽연합과 같은 '동북아시아 공동체' 창설을 목표로 한다는 구상을 천명했다.

그렇지만 부시가 3월 이라크 전쟁을 일으켰다. 이라크가 대량파괴무기를 감추고 있다는 이유를 들어 쳐들어간 것이었다. 고이즈미는 즉시 이 전쟁을 지지한다고 발언했다. 5월에는 고이즈미가 미국을 방문해 부시와 회담했다. 평양회담의 내용을 설명해 이에 대한 양해를 얻어 내고, 이라크 전쟁을 어떻게 지원할지에 대해서도 밝혀야 했다. 동행한 이는 아베 신조와 다나카 히토시였다.

이 둘은 비행기 안에서 북한에 대해 '압력'이라는 용어를 쓸지 말지를 두고 언쟁을 벌였다. 다나카는 '압력'이라는 말을 쓰지 말아야 한다고 주장했고, 아베는 단호히 '압력'이라는 말을 사용해야 한다고 맞섰다. 5월 23일 텍사스주에 있는 부시의 크로퍼드 목장에서 정상회담에 임했지만, 그때까지도 고이즈미는 어떤 얘기를 해야 할지 정하지 못하고 있었다고 한다. 아베와 다나카는 귀국 후 회담 결과를 어떻게 발표할지를 두고서도 격렬하게 논쟁한 것으로 전해졌다.[1]

그러나 북한을 완전히 방치할 수 없다는 게 미국과 일본이 공유하는 인식이 되어 있었다. 한·미·일 국장급 회담을 통해 일본의 6자회담 제안을 부시가 받아들였고, 미중 간 협의도 진행되어 2003년 8월에는 6자회담이 시작됐다. 이는 고이즈미와 다나카가 평양선언에서 제안한 것에 중국의 노력도 더해져 실현된 것이었다.

그렇지만 6자회담이 시작된 직후 자민당 야마사키 다쿠의 여성 스캔들 문제가 발각됐다. 그렇게 되니 고이즈미는 아베를 자민당 간사장으로 발탁하게 됐다. 이는 아베가 권력의 계단을 오르는 데 결정적 한 걸음이 됐다. 10월 7일 새 간사장 아베는 자민당 내에 '북한에 의한 납치문제대책본부'를 설치하고, 자신이 그 본부장이 됐다. 정부는 '대화와 압력'이라는 자세이니, 당에선 압력을 가하려면 어떤 선택지가 있는지 검토해 보고 싶다는 것이었다.[2] 11월 21일 아베는 요코타 시게루 가족회 회장과 만나 '외환 및 외국무역법外国為替·外国貿易法 개정안'을 다음 국회에 제출한다고 선언했다. 새로운 대북 제재안이었다. 나아가 만경봉호의 입항을 멈추기 위한 '특정선박입항금지법안'에 대한 검토도 시작하겠다고 발표했다.

이런 상황이 되어 버렸기 때문에 북한에서도 어떻게든 대처해야 했다. 수세적으로 당하기만 해서는 위험하다고 느끼게 돼 다시 한번 일본을 상대로 적극적인 움직임에 나섰다. 이런 뜻이 언론인 와카미야 기요시若宮清를 통해, 납치의원연맹 사무국장인 히라사와 가쓰에이에게 전달되었다. 히라사와는 아베 신조의 가정교사를 했던 인물로 납치 문제에 대해서는 강경한 의견을 가지고 있었다. 그러나 히라사와도 정치가였기에 북한에서 그런 메시지가 온다면, 이를 내쳐 버릴 순 없었다. 물론 보험을 걸어야 했다.

히라사와는 민주당의 납치 문제 전문가인 마쓰바라 진松原仁과 구원회 전국협의회 부회장 니시오카 쓰토무 2명을 데리고 베이징 비밀회담에 나섰다. 2003년 12월 20일, 그들은 북한 쪽 정부 대표인 정태화·송일호와 회담했다. 이날 회담은 결렬로 끝났다. 다음 날 히라사와와 송일호는 둘만의 회담을 했다. 《요미우리신문》에 따르면, 송일호는 "5명을 우선 평양에 돌려보내면, 그 뒤에 이들을 가족과 함께 일본으로 보내겠다"라는 안을 제시했지만, 히라사와는 이를 받아들이지 않았다.[3]

외무성과 북한의 접촉

한편, 외무성도 북한과 접촉했다. 2004년 2월 11일, 다나카 히토시와 야부나카 미토지가 평양으로 향했다. 그렇지만 그 직전인 2월 9일 '개정 외환 및 외국무역법'이 국회를 통과했다. 북한은 분노하며 2월 10일 6자회담 참가를 무기한 중단한다고 밝혔다. 그런 일이 있어 다나카 등이 평양에 도착해 보니 매우 험악한 상황이 되어 있었다고 야부나카는 회상하고 있다. 그러나 강석주와 회담은 예정 시간을 넘기며 이어져서 "알맹이가 있는 대화"가 되었다고 한다. 다나카는 "가족을 데려가기 위해 정부 고관을 평양에 보낼 용의가 있다"라는 뜻을 밝혔다. 관방부장관 정도의 인사를 검토했었던 듯하다. 당시 관방부장관은 호소다 히로유키細田博之와 야마자키 마사아키山崎正昭였다. 이에 대해선 북한이 긍정적으로 답하지 않았다.[4]

다나카 등이 귀국한 직후에 북한은 와카미야 기요시의 선을 통해 히라사와에게 다시 연락해 왔다. "이번에는 거물 정치가를 데려왔으면 좋겠다"라는 얘기였다. 거물 정치가라고 한다면, 역시 야마사키 다쿠가 좋으리라 생각해 히라사와는 그에게 얘기해 함께 북한 당국자들을 만나러 가게 되었다. 야마사키는 의석도 잃고 그저 민간인이 되어 있었지만, 북일 교섭에는 의욕을 가지고 있었다. 야마사키는 고이즈미, 다나카와도 만나 방북 사실에 대해 얘기하고 출발했다.[5]

4월 1일 야마사키와 히라사와는 다롄에서 정태화·송일호와 회담했다. 야마사키는 검증회의에서 증언했다.

4월 2일 히라사와와 다롄에 간 것은 분명 조선총련이 작업한 것입니다. 정태화·송일호와 만나 다롄회담을 했습니다. 우리는 가족들을 보내 달라는 얘기를 했고, 그쪽은 평양선언을 실행하는 것을 조건으로 삼았습니다. 나는 고이즈미에게 그 자리에서 전화를 걸어, 이런 얘기를 하고 있는데, 평양선언을 실행하겠다고 해도 좋겠느냐고 말했습니다. 정태화는 일본어를 이해할 수 있고, 일본군에 있었기 때문에 송일호보다 더 능숙했습니다. 여담이지만, 내가 자기소개를 할 때 유도 6단이라는 것을 듣고, 유도는 싫어한다고 했습니다. 군대에서 부대장이 유도 기술로 자기를 던져 버려 지금도 발이 불편하다고 했습니다. 그래서 당신도 경계해야 하는 인물이라고 했습니다. 농담이라고 생각했지만, 그런 말을 했습니다. 어쨌든 고이즈미 총리가 어떻게 생각하고 있는지가 가장 중요하기 때문에, …확인하기 위해서 그 자리에서 전화했습니다. 정태화와 고이즈미가 직접 얘기했고 정태화가 말하기를, 그렇다면 고이즈미가 다시 한번 방북해 달라고 했습니다. 그게 안 된다면 후쿠다 관방장관도 좋다고 말했습니다. 어느 쪽이든 좋으니 가족들을 데려가기 위해 와 달라고. 우리는 귀국 뒤에 바로 관방장관에게 보고했습니다. 총리에게도 보고했습니다. 총리는 전화를 했기 때문에, …잘 이해하고 있었습니다. 그래서 고이즈미 자신이 가겠다고 해서 나도 그 답변을 조선총련을 통해 정태화와 송일호에게 전했습니다.[6]

이 지점에서 히라사와가 벌인 일이 구원회에 알려지고 말았다. 이에 대해 격렬한 항의를 받게 돼 히라사와는 납치의원연맹의 사무국장을 그만두게 되었다.

4월 28일 총리는 후쿠다와 다나카를 불러 "내가 방북해 가족들을 데리고 올 수 있다는 얘기가 있다. 이 안을 검토하라"라고 명했다. 후쿠다는 "나를 신뢰하지 않는가"라며 크게 화를 냈고 5월 7일 관방장관을 사임하고 말았다.

다나카는 총리의 의사에 따라 5월 4일, 이번에는 단독으로 베이징에 가 정태화·송일호와 만나 사전 협의를 진행했다. 다나카는 "생사불명자安否不明者*에 대한 철저한 조사가 필요하다. 이게 이뤄지지 않으면 국교 정상화 교섭은 타결할 수 없다. 경제협력도 시행하지 않겠다"라고 주장한 것으로 전한다. 북한 쪽은 이때는 쌀 지원을 해 달라는 얘기를 꺼낼 뿐이었다고 한다.

이보다 앞선 4월 22일 평양과 신의주 사이에 있는 철도역 용천에서 기름을 실은 탱크차가 폭발해 150명이 숨지고 1300명이 다치는 큰 사고가 일어났다. 일본 정부는 유엔을 통해 의약품 1100만 엔 어치를 보냈다. 시민 단체도 연합해 민간 모금을 통해 637만 엔을 모았다. 와다 하루키가 단장이 되어, 후지사와 후사토시藤沢房俊 도쿄 경제대학 교수, '조선 여성과 연대하는 모임朝鮮女性と連帯する会'의 나카무라 데루코中村輝子와 함께 5월 말 평양을 방문했다. 북한 쪽은 매우 기뻐하며 일행이 평양에서 신의주까지 북한을 종단하는 여행과 용천과 신의주의 병원에 방문하는 것을 허락했다.

2004년 고이즈미 재방북

고이즈미 총리는 2004년 5월 22일 재방북했다. 동행한 이는 야마자키 마사아키 관방부장관과 이지마 이사오飯島勲 비서관이었다. 외무성에선 야부나카 등이 동행했다. 고이즈미는 변함없이 개인 외교**

---

* 일본은 납치 피해자 가운데 생존이 확인된 5명을 제외한 나머지 모든 이를 아직 생사가 확인되지 않은 이들로 보고 있다.

** 정상 자신의 결단을 중시하는 외교

를 했지만, 이번엔 지난번과 다르게 기합을 넣고 회담에 임했다. 구원회·가족회가 방북을 반대하고 있는 것을 분명히 의식하고 있었다. 그 세력에 대항하려는 각오가 있었다고 말할 수 있다. 총리는 각 부처에서 수행원 61명을 끌고 갔고, 동행 취재에 나선 기자단도 130명을 헤아릴 정도였다.

고이즈미는 출발에 앞서 하네다 공항에서 이번 방문을 통해 "현재 일본과 북한의 적대 관계를 우호 관계로 만들고, 대립 관계가 협력 관계로 변하도록 만드는 계기로 삼고 싶다"라고 말했다. 고이즈미는 중단된 북일 국교 교섭을 재개하겠다는 깃발을 내세우고 있었다. 그런 결의가 없다면 교섭이 진전되지 않으리라 생각한 것이다.[7]

이때 고이즈미·김정일의 회담 역시 당일치기였다. 이 회담의 기록은 지금까지 공표되지 않고 있다. 하지만 NHK 스페셜 〈비록 북일 교섭秘録日朝交渉〉(2009년 11월 8일 방영)이란 방송에 기록 일부가 공개돼 있다.[8]

회담 모두에서, 김정일은 다음과 같은 불만을 드러냈다.

내가 조금 우려하는 것을 말씀드리려 한다. 이번 회담에서 결정된 것이 이후에 뒤집어지는 일이 있게 되면 나는 총리의 상대역으로서 연극에 출연한 것이 되고, 나중에는 좋은 게 아무것도 남지 않게 되고 만다. 우리가 지난번에 용감하게 조치했기 때문에 납치 문제는 그것으로 끝날 것이라 생각했다. 그러나 총리가 귀국한 직후에 복잡한 문제들이 발생해 우리는 실망했다. 민주사회라 해도 수반의 권한이 있을 것이라 생각했지만, 정부 수반이라는 총리의 권한이 이렇게 간단히 무너질 수 있는가 생각하면, 실망하지 않을 수 없었다.

　김정일이 2002년 평양선언에 기대를 걸었지만 속았다는 사실을 누설하면서, 그를 욕보이는 내용을 담고 있다. 북한 쪽이 이 기록 누설에 대해 화내는 것은 당연한 일이다. 이 뒤에 고이즈미가 당연히 "걱정하지 말아 달라. 이번엔 확실히 국교 정상화를 향해 나아갈 생각이다. 그렇게 결의하고 있다"라고 말했음에 틀림없다. 하지만 고이즈미의 이 발언은 NHK에 유출되지 않았는지, 아니면 NHK가 알면서도 내보내지 않았는지 둘 중 하나일 것이지만, 방송에는 나오지 않았다.

　고이즈미가 요구한 것은 귀국한 5명의 가족이 일본에 오는 것과 북한이 사망했다고 회답한 8명과 입국하지 않았다고 회답한 2명에 대한 재조사와 진상규명이었다. 김정일은 이를 받아들여 "하스이케와 지무라 부부의 아이 5명을 곧바로 넘겨주겠다. 총리와 함께 귀국해도 좋다. 8명에 대해서는 백지상태로 되돌려 재조사하겠다"라고 했다. 그렇지만 소가 히토미의 남편 젱킨스는 탈주해 북한에 망명한 미군이기 때문에 당사자가 일본으로 가는 것에 불안을 느끼고 있다면서, 총리가 만나서 얘기를 해 보면 어떤가, 잘 된다면 좋고, 아니면 "소가의 남편과 아이 3명은 제3국에서 만나는 것도 하나의 방법이 아닌가"라고 말했다. 생사를 알 수 없는 이들에 대해선 "이번 회담에서 논의된 내용을 염두에 두고 다시 한번 이른 시기에 철저히 조사하겠다"라고 말했다. 이에 대해 고이즈미는 감사의 마음을 전하고, 식량 원조 25만 톤, 1000만 달러 상당의 의약품을 원조하겠다는 취지의 약속을 했다.

회담의 나머지 부분에서 고이즈미는 북한의 핵 개발에 대해 솔직하게 의견을 던지며, 핵 개발을 중단하도록 요구했다. 이에 대해 김정일은 북한이 핵무장을 하는 의도를 명확하게 말했다.

오늘 총리에게 말씀드리고 싶은 것은 우리가 핵을 갖고 있어도 어떤 이익도 없다는 것과 미국은 오만무례하게도 우리를 선제공격하기 위한 방법을 테이블 위에 올려 두었다고 말하고 있다는 점이다. 이는 우리의 기분을 나쁘게 할 뿐이다. 상대가 몽둥이로 때리겠다고 하는데, 가만히 있을 수는 없다. 우리는 생존권을 위해 핵을 갖게 된 것이다. 생존권이 보장된다면, 핵은 무용지물일 뿐이다.

김정일은 미국의 이라크 전쟁으로 사담 후세인Saddam Hussein 정권이 타도된 것에 공포감을 느끼고 있다는 것도 감추지 않았다.

미국은 자신들이 하고 있는 것은 한쪽에 치워 두고, 먼저 핵을 포기하라고 주장하고 있지만 이는 언어도단이다. 핵을 완전히 포기하라는 것은 패전국에 강요하는 것이다. 그러나 우리는 미국의 패전국이 아니다. 이는 이라크와 같이 무조건 무장해제를 시키려는 것으로, 받아들일 수 없다. …미국이 핵무기를 가지고 공격한다고 할 때 그저 팔짱을 끼고 가만히 있으면 결국 이라크처럼 되고 만다.

그러나 이때도 김정일은 미국과의 대화를 요구했다.

우리는 6자회담을 통해 미국과 2중창을 부르고 싶다. 우리는 목이 쉴
때까지 미국과 노래를 부르겠다는 생각이다. 그 성공을 위해 주변국들
에 오케스트라 반주를 부탁드리고 싶다. 반주가 훌륭하다면, 2중창은
한층 더 좋아진다.

이는 진지한 토론이라고 평가할 수 있다.

회담의 합의 사항

김정일과 회담의 합의 사항으로 보도된 것은 ① 평양선언을 이행하
겠다는 의사 확인 ② 가족 5명의 귀국 동의 ③ 생사불명자에 대한 진
상규명 조사 재개 ④ 식량 25만 톤과 1000만 달러 상당의 의약품에
대한 일본의 인도적 원조 ⑤ 제재 발동하지 않기 ⑥ 재일 조선인이
차별받지 않게 하는 우호적 대응 ⑦ 핵 문제의 평화적 해결, 6자회담
의 진전을 위한 노력 등이었다.

　회담 후 기자회견에서 고이즈미는 말했다. "정상화 타결의 시기
는 분명히 밝힐 순 없지만, 정상화를 위한 노력은 계속해야 한다. 이
번에 북일 평양선언의 중요성을 재인식하고, 상호 신뢰를 양성하기
위한 환경을 정비해 가기로 합의했다. 전체적으로 보아 방북은 의의
가 있는 것이었다."9 《아사히신문》은 23일 조간에 〈북일 정상화 교섭,
재개하기로/ 총리 '제재하지 않겠다'고 밝혀〉라는 제목을 달았다.

　고이즈미는 하스이케·지무라 부부의 아이 5명을 데리고 그날 귀
국했다. 하네다 공항에서 부모와 아이들을 만나게 하고, 그날 밤 바로

가족회·구원회와 면담·설명에 나섰다. 총리는 여기서도 "나는 일본과 북한의 비정상적 관계를 정상화하고, 적대 관계를 우호 관계로 바꾸고 싶다"라는 결의를 피력했다.

이에 대해 요코타 시게루는 "가장 나쁜 결과가 나왔다. 귀국의 대가로 쌀을 지원한 게 아니냐는 의혹을 품게 된다"라고 말했다. 마스모토 데루아키는 "당신에게 해결 능력이 없다면, 다음 정권의 수반이 해결할 수밖에 없다"라며 총리를 매도했다. 요코타 메구미의 동생 요코타 다쿠야는 "과거에 제출한 150개 질문에 대해 어떤 회답도 하지 않는 국가가 '재조사하겠다'고 말한 게 의미가 있는 것이냐. 왜 오전에 일찍 회담을 끝내고 귀국한 것이냐, 이해할 수 없다"라고 비난했다. 요코타 사키에마저 "좀 더 대결해 줬으면 했다. 그렇게 짧은 시간에 총리가 화난 목소리로 상대를 추궁했다고 생각하지 않는다"라고 비난했다.[10] 분명 피해자 가족들은 무시하는 태도로 고이즈미를 추궁했다. 이 면담은 텔레비전으로 중계됐다. 이를 본 국민들 역시 화가 날 수밖에 없었다. 가족회와 구원회에 비난의 목소리가 쏟아졌다고 한다.

이보다 앞서 납치 3개 단체도 기자회견을 통해 고이즈미를 공격했다. 니시오카 쓰토무는 5명의 아이가 돌아온 것은 좋은 일이지만, "아직 북한 땅에 구원을 기다리고 있는 사람들이 있다. 그 사람들을 구할 수 있는 것은 일본인 우리밖에 없다는 마음으로 김정일과 대결해 주기를 바랐다"라고 말했다. 또 총리는 왜 "나는 북한이 죽었다고 밝힌 이들이 생존해 있다고 믿고 있다"라고 말하지 않는가, "믿지 않는 것인지 질문하고 싶다"라고 추궁했다. "이제부터 사망이라든가

미확인이라고 말하는 것을 멈추고 '미귀환자'라는 말을 쓰려 한다. 미귀환자 전원을 돌려받는 게 일본 국민의 사명이다. 북일 우호라고 말하지만, 미귀환자가 있는 한 우호는 불가능하다."[11]

니시오카의 발언은 고이즈미 노선에 대한 중요한 공격이었다. 죽었다고 통고된 사람들이 살아 있다고 믿으면서 이들을 돌려받자고 하는 사상이 이후 일본 정부에 의해 채택된다.

고이즈미 재방북에 대한 여론

여론조사에선 총리의 방북을 '좋게 평가한다'는 응답이 67퍼센트에 달했다. '좋게 평가하지 않는다'는 31퍼센트였다. 내각 지지율도 54퍼센트로 올랐다. 즉, 총리가 각오하고 확실한 태도를 보였기 때문에 국민들이 이를 지지하고, 비난만 하는 구원회·가족회의 태도에 반감을 보이게 된 것이다. 고이즈미는 도쿄에 돌아온 뒤 조선총련을 방문했다.

고이즈미는 6월 8일 미국을 방문해 부시와 정상회담을 하고 평양 방문의 결과를 설명했다. 그리고 자위대가 이라크 다국적군에 사실상 참가하겠다는 뜻을 밝혔다. 아베는 자기 생각을 밀어붙여 6월 14일 '특정선박입항금지법안'을 국회에서 통과시켰다. 이로써 만경봉호의 일본 입항이 금지됐다.

이 무렵, 앞서(2002년 10월) 부부만 귀국한 뒤 고이즈미의 이번 재방북으로 드디어 아이들과 함께 지낼 수 있게 된 하스이케 가오루·유키코祐木子 부부가 요코타 시게루·사키에 부부와 자녀들을 방문

했다. 이 자리에서 하스이케 부부는 자신들과 함께 생활했던 요코타 메구미가 북에서 어떻게 지냈는지 얘기했다. 이 만남이 이뤄진 것은 6월 15일이었다. 이때 나눈 얘기는 나중에 니혼TV의 드라마 〈재회: 요코타 메구미 씨의 염원再会: 横田めぐみさんの願い〉을 통해 재현된다. 메구미가 평양의 생활을 받아들이지 못하고 저항을 계속하면서 정신적으로 병에 이르게 됐다는 얘기를 듣고 요코타 집안사람들은 충격을 받고 반발했다고 한다.

소가 히토미의 남편 젱킨스와 아이들이 7월 9일 인도네시아로 출국했다. 이들은 현지에서 기다리던 소가와 재회할 수 있었다. 나카야마 교코 특별참여도 동행했다. 젱킨스 일행은 7월 18일 일본으로 떠나 그대로 머물러 살게 됐다. 젱킨스는 9월 11일 미국 군법회의에 출두해 그쪽이 요구하는 진술을 한 뒤 재판을 받고 11월 27일에 석방됐다. 그는 기자회견을 열어 "망명 후 북한에서 보낸 생활은 개와 같았다"라고 말했다. 북한에서는 젱킨스 일가의 일본 영주를 승인하고, 젱킨스의 행동에 대해 그 어떤 말도 하지 않았다.

이때 고이즈미의 입장은 예전 그 어느 때보다 강력했다. 미국도 6자회담을 이어 가는 상황이었기 때문에 북일 국교 정상화가 진전되는 것을 방해하려는 태도가 아니었다. 문제는 고이즈미가 이 시점에서 어떻게 국교 정상화로 나아가야 할지에 대한 공정표를 갖지 못하고 있었다는 것이었다. 다나카 히토시가 내놓은 제언이 없었던 것처럼 보인다. 2004년 9월부터 총리 보좌관이 된 야마사키 다쿠로부터도 안이 나오지 않았던 것 같다. 김정일이 약속한 재조사에서 어떤 변화가 이뤄질 것인가, 그저 이를 기다리는 상황이었던 셈이다.

야부나카 국장의 평양 교섭

외무성의 야부나카 아시아대양주국장은 8월 실무 협의를 개시해 납치 피해자 문제를 백지에서부터 다시 조사하겠다는 약속 이행을 요구했다. 그리고 조사 결과가 나왔다는 연락을 받고 11월 9~14일에 평양으로 가 제3차 실무 협의를 하게 됐다. 야부나카의 회고록에 따르면, 대표단에는 야부나카 국장 이하 사이키 아키타카 아시아대양주국 심의관, 이토 나오키伊藤直樹 북동아시아과장이 포함됐고 경찰청에선 기타무라 시게루北村滋 외사과장이 참여했다.

북한 쪽에서는 진일옥陳日宝 인민보안성 국장이 7시간에 걸쳐 재조사 결과를 설명했다. 먼저, 북한 쪽은 모두에서부터 자신들이 재조사를 했지만 "8명 사망, 2명은 입국하지 않았다"라는 기본적 판단이 바뀌지 않았다면서, 결국 "8명은 사망했다. 2명의 입국은 인정할 수 없다"라고 답했다. 또 이런 내용을 자세히 조사하려 해도 자료가 남아 있지 않다고 했다. 1991년에 비밀기관이 극비문서를 파기하고 말았다는 얘기였다. 남은 자료라며 요코타 메구미의 병원 기록과 교통사고로 사망한 이들의 기록 등을 전달했다.

이와 별도로 야부나카는 요코타 메구미의 전 남편인 김철준과 만나 얘기를 들었다. 그리고 요코타의 유골이란 것을 가지고 귀국하게 됐다. 그 경위에 대해서 야부나카는 회고록에 다음과 같이 설명하고 있다.

저쪽에서 요코타의 남편이 얘기하고 싶어 한다는 연락이 왔다. 나는 이번 방북을 앞두고, …요코타 부부와 개별적으로 만나 생각을 물었었다. 그리고 '어떤 정보라도 좋으니까 모두 가져와 줬으면 한다'는 의뢰를 받았다. …이쪽에선 경찰청 사람을 포함해 소수의 인원만으로 만나기로 했다. 인사를 할 때는 …딸인 혜경이 동석하고 바로 퇴석했다. 김철준이라고 이름을 밝힌 남편이 말한 것은 '사랑했던 메구미는 죽었다. 그 유골을 갖고 있지만, 메구미의 부모님이 평양에 오신다면 전해 드리고 싶다'는 것이었다. 아마도 '부모님이 오셔서 손주와도 만난다면 메구미가 죽었다는 것을 납득할 것'이라는 북한이 원하는 시나리오가 뻔히 들여다보였다. 그러기에 나는 '요코타 부부의 대리로 이 자리에 온 것이다. 모든 위임을 받았으니 대신해 유골을 받고 싶다'고 말했다. 저쪽에선 '그건 곤란하다'며 자리를 떴다.

그런데 귀국하기 전날 밤, 김철준이 다시 숙사로 왔다. 그리고 '만약 직접 요코타 부부에게 전해 준다면, 유골을 넘겨주겠다. 다만 이를 언론엔 알리지 말아 줬으면 한다'면서 '그런 뜻을 종이에 적어 확인해 주길 바란다'고 말했다. 이상한 얘기라고 생각했지만, 우선 '어떤 정보라도 좋으니까 모두 가져와 줬으면 한다'고 했던 요코타 부부의 얘기도 있고 해서, 일본의 경찰이 이 유골을 조사할 것이라는 생각에 상대가 말한 대로 이를 적어 주기로 했다. 그리고 넘겨받은 유골이라는 것을 그날 밤 바로 호텔 방에서 경찰청에서 온 동행자에게 넘겼다. 경찰청이 이를 조사하게 되었다.[12]

김철준에 대해선 귀국한 납치 피해자들의 얘기를 듣고 비슷한 초상화를 만들어 가져가서 본인 여부를 확인한바, 요코타 메구미의 전남편이라는 사실이 확인되었다. 두 번 면담해 총 두 시간 얘기를 들었다는 것이지만, 기록은 일절 공표되지 않았다. 김철준은 "나는 비밀기관의 사람이니까 사진을 찍지 말아 달라, DNA 감정용 자료도 내놓지 않겠다. 요코타 메구미, 김혜경, 자신 등 3명이 함께 찍은 사진도 그 자리에서만 보여 주고 바로 회수한다"라면서 복사도 허용하지 않겠다는 태도를 보였다고 한다.

야부나카의 회고록에선 확인할 수 없지만, 전체적으로 생각해 볼 때 그는 김철준의 얘기에 진실성이 있다고 생각했던 것 같다. 애초부터 북한 정부가 내놓았던 요코타 메구미가 평양의 49호 예방원에 입원 중일 때 자살했다는 설명을 믿을 순 없는 일이었다. 의주의 병원으로 보내졌다는 하스이케 가오루 등의 증언을 제외하고, 일본 쪽은 요코타 메구미의 죽음에 대한 북한의 설명에 의문을 제기했던 것으로 알려져 있다. 김철준은 어느 묘지에 매장돼 있던 뼈를 수습해 온 것인가, 그 뼈를 화장한 것은 관계 기관의 허가를 받고 한 것일까, 그가 유골을 관리하고 있던 것은 어째서 가능한가, 유골을 전달하는 것은 김철준 개인의 호의에서 나온 것일까, 북한 정부가 승인한 것일까. 야부나카가 김철준에게 물어봐야 했던 내용이 많다. 유골을 받아서 가져온다는 것은 요코타 메구미가 죽었다는 사실을 인정하는 것과 같은 것이므로, 단순히 "유골을 받아 가져가고 싶다. 전해 주지 않겠는가"라고 김철준에게 부탁했다는 것은 납득하기 힘든 일이다. 그게 아니라면 야부나카는 요코타 메구미는 '역시 죽었다'고 생각해 유골이 있으니 이것을 보고 요코타 부부도 딸의 죽음을 납득할 것이라는 마음에 어떻게든 유골을 가지고 돌아가야겠다는 생각을 하게 됐던 것일까. 야부나카가 귀국 직후엔 방북 성과에 만족하고 있었다는 증언도 있다.[13] 특히 김철준이 유골을 요코타 가족들에게 전달하고 세상에는 공개하지 않는다는 각서를 써 달라고 해서 이를 썼음에도 버젓이 호텔에 돌아와 이를 동행했던 경찰청의 기타무라 시게루에게 전달했다는 것은 외교관으로서 부끄러워할 태도라고 말할 수밖에 없다.

요코타 메구미의 유골 감정 문제

받아 온 유골은 아주 고온에서 화장된 것이었다. 일반적으로 일본에서 화장된 유골은 DNA 감정이 불가능한 것으로 알려져 있다. 화장한 유골을 가져왔을 경우 DNA 감정이 가능하지 않다면, 본인 것이라고도 본인 것이 아니라고도 증명할 수 없게 될 가능성이 높다. 진짜가 아니라는 감정이 나오면 교섭은 완전히 결렬되고 만다. 진짜라는 감정이 나오지 않으면 메구미의 유골이라는 것을 증명할 수 없다. 어느 쪽으로든 결판이 나지 않게 되는 것이다. 이미 이전에 또 다른 납치 피해자인 마쓰기松木의 유골이라는 것을 전달받은 뒤 감정해 본 결과 본인의 것이 아니라는 결론이 나와 문제가 됐던 일이 있었다. 그런데도 본인의 것이라는 확증이 없는 유골을 가져와 결판을 내겠다고 야부나카가 생각했다면, 너무나 경솔한 일이었다고 말하지 않을 수 없다.

경찰에 전해진 유골은 과학경찰연구소와 데이쿄대학帝京大学팀이 DNA 감정을 시행했다.[14] 검사하면 DNA가 나올 것 같은 상태의 뼈를 10조각 골라 5조각은 과학경찰연구소에게 전달하고 다른 5조각은 데이쿄대학에 전달했다고 한다. 과학경찰연구소에 전달한 5조각에서는 DNA가 나오지 않았다. 데이쿄대학에 넘긴 뼈에선 DNA가 검출됐다고 한다. 데이쿄대학의 요시이 도미오吉井富夫 강사가 중첩중합효소연쇄반응Nested polymerase chain reaction법*에 의한 미토콘드리아 DNA 감정이라는 특별한 방법을 사용한 결과 감정에 성공했다고 한다. 다만 데이쿄대학의 감정서는 오늘에 이르기까지 공개되지 않고 있다. 감정서의 요지가 북한 정부에 전달된 것은 분명하지만, 이 역시 일본에서는 공표되지 않았다. 정부의 정밀 조사 보고에 4개 뼛조각에선 동일한 DNA가, 다른 하나의 뼛조각에선 다른 DNA가 검출되었지만, 양쪽 모두 요코타 메구미의 DNA와 다르다는 감정 결과가 나왔다는 얘기만 있을 뿐이다.

나아가 저널리스트 후쿠자와 마유미福澤真由美는 2022년 검증회의 증언에서 야부나카가 가져온 꾸러미 안에 화장된 뼈 외에 사람의 치아도 들어 있었다는 납치문제대책본부 관계자의 얘기가 있었다는 사실을 밝혀 파문이 커졌다. 이 치아는 어디로 간 것일까.

이런 상황에서 호소다 히로유키 관방장관은 2004년 12월 8일 기자회견을 열어 "대체로 데이쿄대학 법의학연구실이 내놓은 DNA 감정 결과를 통해 북한이 보내온 유골이 요코타 메구미의 것이 아니라는 결론이 나왔다. 어떤 식으로 샘플을 채취해도 요코타의 것이라고

---

* 코로나19 검사법으로 잘 알려진 중합효소연쇄반응(PCR·유전자증폭) 기술의 일종이다. 1차 PCR로 증폭한 유전자를 2차로 증폭해 원하는 목적을 얻는다.

보이는 것은 없었다. 다른 사람의 것이다"라고 발표했다. 같은 무렵 니가타현 경찰도 기자회견을 열어 검출된 DNA가 요코타 메구미의 DNA와 다르다고 밝혔다. 미키 구니히코三木邦彦 니가타현 경찰 경비국장은 "국내 최고 수준의 연구 기관이 내놓은 감정이기 때문에 메구미와 다른 사람임이 틀림없다"라고 말했다.[15] 이 발표는 극히 수상쩍은 발표였다고 말할 수밖에 없다. 데이쿄대학은 감정 결과 검출된 DNA가 요코타의 것이 아니라고 했을 뿐이기 때문이다. 이 감정 결과로부터 이 유골이 다른 사람의 것이라는 결론을 내린 것은 호소다와 니가타현 경찰국장이었던 것으로 보인다.

그렇지만 이날 관방장관의 발표는 사태를 결정적으로 바꾸어 놓았다. 신문은 일제히 "메구미 씨의 '유골'은 다른 사람"(《마이니치신문》), "'유골', 메구미 씨와 다른 사람"(《아사히신문》,《요미우리신문》)이라고 보도했다. 요코타 부부는 "북한이 앞뒤를 맞추기 위해 여러모로 내놓은 설명이 모두 거짓이었다고 판명됐다. 성의가 느껴지지 않는다. 생존해 있다고 믿고 운동을 계속하겠다"라고 말했다.

외무성은 이날 바로 베이징 대사관을 통해 북한에 엄중히 항의하고 설명을 요구했다고 한다. 식량 지원을 당분간 동결한다는 방침도 결정됐다. 북한은 12월 14일 외무성 대변인 담화를 통해 감정 결과를 받아들일 수 없다며, 감정서를 제시해 달라고 요구하고, 진상규명이 이뤄지기를 바란다고 반격했다. 즉, 일본 쪽은 감정서도 첨부하지 않고, 가짜 유골을 건네주었다고 항의했던 것이다.

생사불명 납치 피해자에 관한 재조사

일본 정부는 12월 24일 야부나카가 북한으로부터 받아 온 자료와 정보를 정밀히 조사하고, 그 결과를 담은 문서인 〈생사불명 납치 피해자에 관한 재조사安否不明の拉致被害者に関する再調査〉를 발표했다.* 먼저 요코타 메구미의 유골이라고 북한이 전해 준 것에 대해서는 데이쿄대학의 감정 결과 요코타의 것이 아닌 2명의 DNA가 검출되었다는 것, 마쓰키 가오루의 유골도 같은 데이쿄대학의 감정 결과 다른 사람의 DNA가 검출되었다는 것, 유골에서 엿볼 수 있는 신체적 특징이 마쓰키와 일치하지 않는다는 것을 지적했다. 요코타의 의료기록에 대해선 1979년 6월부터 1993년 9월까지 내용이 기재되어 있지만, 조선어로 쓰인 400쪽의 문서여서 정밀 조사를 계속하고 있다면서 이를 통해 무엇을 알아낼 수 있었는지는 일절 밝히지 않고 있다.

북한이 전해 준 납치 실행범들에 대한 형사사건 기록은 "납치 사안을 일으킨 책임자가 처벌되었다는 북한 쪽 주장을 뒷받침하는 것이라고는 도저히 인정할 수 없다"라고 판정했다. 납치 피해자들의 죽

---

* 일본 정부가 공식적으로 인정하고 있는 납치 피해자는 이하 17명이다. 구메 유타카(북한은 불인정), 마쓰모토 교코松本京子(북한은 불인정), 요코타 메구미(자살), 다나카 미노루田中実(북한은 불인정), 다구치 야에코(교통사고 사망), 지무라 야스시·후키에(귀국), 하스이케 도루·유키코(귀국), 이치카와 슈이치(해수욕 중 익사), 마스모토 루미코(심장마비 사망), 소가 히토미(귀국)·미요시曽我ミヨシ(북한은 불인정), 이시오카 도루(가스사고로 사망), 마쓰키 가오루(교통사고로 사망), 하라 다다아키(폐경색으로 사망), 아리모토 게이코(가스사고로 사망).

음을 증명할 교통사고 기록에 대해서도 다른 정보들을 가리기 위해 까맣게 가린 지점이 많고, 사망자의 이름도 없다면서 다구치 야에코, 마쓰키 가오루의 사망설을 "뒷받침할 만한 것이라고는 도저히 인정할 수 없다"라고 밝혔다.

나아가 이 〈생사불명 납치 피해자에 관한 재조사〉 보고는 사망했다는 피해자 8명에 관한 북한의 보고에 대한 의문점을 열거하고 있다. 요코타에 대해서는 "북한이 왜 다른 사람의 유골을 넘겨줬는지 너무 이해할 수 없다"라고 단정하면서 김철준이 유골을 얻게 된 경과를 설명하는 데 부자연스러운 점이 있고, 요코타가 평양의 병원이 아니라 의주의 병원에 입원했었다는 정보가 있으며, 자살했다는 설명도 부자연스럽고 사망한 날에 대해서도 "설득력 있는 설명"을 하지 못하고 있다고 적고 있다.

다구치 야에코에 대해서는 김현희의 교육 담당이었다는 것을 북한이 "여전히 전면 부정하고 있다", 하라 다다아키와 1984년 결혼했다고 하지만, 1983년 가을부터 1985년 가을까지 요코타 메구미와 공동생활을 했다는 정보가 있다고 밝히고 있다.

이치카와 슈이치, 마스모토 루미코增元るみ子에 대해서는 1979년 7월 결혼했다고 하지만, 마스모토는 1978년 9월부터 1979년 10월 하순까지 다른 납치 피해자(지무라 후키에)와 같이 살고 있었다는 정보가 있다. 이치카와와 결혼하지 않았다. 이치카와는 수영을 못하기 때문에 1979년 9월 수영 중에 익사했다는 것은 '부자연'스럽다, 마스모토가 1981년 8월에 심장마비로 죽었다는 것도 '부자연'스럽다, 그녀는 젊고(27세) 병력도 없다고 했다.

이시오카 도루와 아리모토 게이코에 대해선, 이 둘은 폴란드인의 도움을 받아 1988년 8월 마쓰키와 함께 살고 있다고 일본의 가족들에게 자신들의 사정을 전하는 편지를 쓴 적이 있다. 그런데 2개월 뒤에 조용한 곳으로 가고 싶다면서 자강도 희천熙川이라는 벽지의 초대소*로 가기를 희망했다는 설명은 '부자연'스럽다고 밝혔다. 마쓰키에 대해선 1996년 8월 교통사고로 죽었다고 하지만, 밤에 위험한 산길을 자동차로 갔다는 것은 '부자연'스럽다고 밝히고 있다.

입국하지 않았다고 하는 구메 유타카와 소가 미요시에 대해선 둘 다 북한에 끌려간 것은 '분명하다'고 반론했다. 이런 반론·의문점을 제시하는 것은 타당하다고 하더라도, 8명이 살아 있다는 주장의 근거가 되는 것은 아니다.

일본 정부의 보고서는 결론적으로 "8명 사망, 2명은 입국이 확인되지 않는다'는 북한 쪽의 설명을 뒷받침할 수 있는 것이 전혀 없다. 북한 쪽이 '결론'을 객관적으로 입증하지 못했기 때문에 우리 쪽에선 이를 결코 받아들일 수 없다"라고 단정하고 있다. "특히, …요코타 메구미의 '유골'이라 했던 뼈 일부에서 DNA 감정 결과 다른 사람의 DNA가 검출되었다는 것은 중대한 사태다. 북한 쪽은 이 감정 결과에 의문을 제시하고 있지만, 우리 쪽의 감정이 과학적·객관적으로

---

* 북한에는 다양한 용도의 초대소가 있다. 북한의 최고지도자만 이용하는 초대소도 있고, 남이나 다른 국가에서 온 방문객들을 위한 초대소도 있다. 남한의 정상이 북을 방문하면 평양에 있는 국빈용 영빈관인 백화원 초대소에 머문다. 희천 초대소는 북한 일반인들의 눈에 띄어서는 안 되는 납치 피해자들을 위해 북한의 특수기관이 운영하던 시설로 추정된다.

이뤄져 충분히 넘치는 신뢰성이 담보되어 있다는 것은 말할 것도 없으며, 북한 쪽의 비판에는 어떤 근거도 없다", "이번 재조사 결과는 매우 성의 없는 내용으로 강하게 항의하는 것과 동시에 일본 쪽의 정밀 조사 결과를 조속히 전달하도록 하겠다. 그리고…김정일 위원장 자신이 행한 약속을 스스로의 책임과 관여를 통해 성실히 이행해 생사불명인 납치 피해자의 진상규명을 한시라도 빨리 이뤄 낼 것을 엄중히 요구하는 바다."

"엄중히 대응하지 않을 수 없다"

호소다는 이 보고서를 발표하기에 앞서 연 기자회견의 모두에서 〈기본적 생각基本的な考え方〉이라는 제목이 달린 문서를 발표했다(문서명은 《마이니치신문》만 명확하게 보도). 그 내용은 "① '재조사 결과가 매우 성의 없다'고 북한에 강하게 항의한다. ② 하루라도 빨리 납치 피해자의 진상규명을 시행해 생존자들을 곧바로 귀국시키도록 요구한다. ③ 신속하고 성의 있는 회답이 없는 경우 정부로선 엄중히 대응하지 않을 수 없다. ④ 핵 문제 해결을 위해 6자회담을 조기에 재개할 것을 요구한다"였다(《아사히신문》). "8명 사망을 뒷받침하는 증거가 전혀 없고, 재조사는 불충분하며, 진상규명을 한시라도 빨리 시행하라"라는 부분은 북한의 재조사 결과에 대한 일본 정부의 검증 보고서 내용과 같다. 하지만 "생존자를 곧바로 귀국시켜라. 북한이 이에 대응하지 않는다면 엄중한 대응을 취하지 않을 수 없다"라는 것은 새로운 방침이었다. 엄중한 대응이라는 것은 경제제재를 의미했다.

나아가 호소다는 기자회견 때 구두로 "생존 가능성이 높은 행방불명자, 생사불명자에 대해선 이런 전제(살아 있을 것이라는 전제)로 귀국을 요구한다"라든지, "생존 가능성이 높다는 전제 이래 귀국을 요구한다"(《요미우리신문》) 등의 내용을 추가했다. 즉, 재조사 검증 보고서, '기본적 생각', 구두로 한 보충 설명의 순서로 표현이 점점 고조되고 있다. "사망했다는 증거가 없다" → "생존자는 모두 귀국시켜라" → "생존해 있다는 가능성이 높다는 전제 아래 귀국을 요구한다"라는 식이다. 8명이 사망했다는 증거가 나오지 않았다는 것은 사실이다. 그렇지만 그렇다고 해서 8명이 살아 있을 가능성이 높아진 것처럼 말하는 것은 논리의 비약일 뿐이다. 이렇게 해서 고이즈미가 2004년 5월 재방북을 통해 김정일과 맺은 북일 국교 교섭을 재개하겠다는 약속은 폐기되는 결과에 이르게 된다.[16]

일본 정부는 12월 24일 발표한 2개의 문서와 〈유골 DNA 감정의 요지遺骨のDNA鑑定の要旨〉를 다음 날인 25일 북한 쪽에 보냈다.

2005년 1월 야치 쇼타로가 외무차관이 됐다. 일본은 북한에 대결적 태도로 대응을 이어 갔다. 북한은 1월 17일 외무성 대변인 담화를 내놓았다. 가해의 역사를 반성하고 청산하라, 납치 문제는 우리 인민이 겪은 불행과 고통에 비한다면 1천만분의 1에 불과하다는 내용이 들어 있었다. 1월 24일엔《조선중앙통신》이 비망록이라는 형태로 상세한 반론을 발표했다. DNA 감정에 대한 전문적 지식을 가진 사람이 한 것으로 보이는 날카로운 분석이다. 1200도로 화장한 유골에서 DNA를 검출했다는 것을 믿기 힘들고, 또 미토콘드리아 DNA에 대한 분석으로 3개 뼛조각에서 3개 이상의 염기 배열을 검출했다고 한다면, 유골은 3인 이상의 것이라는 결과가 나오고 만다는 주장이었다. 이를 통해 유골이 오염됐을 가능성을 지적했다.

DNA 감정을 둘러싼 논쟁

이 논쟁은 세계의 이목을 끌었다. 영국의 권위 있는 과학잡지《네이처》2월 3일호에 데이비드 시라노스키David Cyranoski 기자의 기사가 실렸다. 기자는 데이쿄대학에서 감정을 수행한 요시이 도미오를 취재했다. 그는 요시이로부터 중첩중합효소연쇄반응을 이용해 그동안 불가능하다고 여겨졌던 화장된 유골에서 DNA를 검출해 내는 데 성공했지만, 태운 뼈를 감정한 것은 처음이기 때문에 유골이 오염되었을 가능성도 부정할 수 없다, 자신이 감정 과정에서 사용한 뼛조각은 남아 있지 않아 추가 확인을 하는 것은 불가능하다는 발언을 끌어내 이를 소개했다.

일본 외무성은 2월 10일 〈북한의 '비망록'에 대해北朝鮮側 '備忘錄'について〉라는 발표문을 내놓았다. 북한의 '비망록'은 일본이 12월 24일 제시한 요청에 대해 "전혀 답변하고 있지 않다"라고 밝히며 일본의 감정은 "가장 권위 있는 기관이 실시한 객관적이고 과학적 감정"이라고 강조했다. 또 이를 받아들이지 않는 견해는 받아들일 수 없다고 했다. 개별적 논점에 대해선 북한의 주장에 반론했지만, 유골의 반환은 거부하면서 재감정을 할 생각이 없다는 점을 분명히 했다.

스토 노부히코 민주당 의원이 2월 23일 중의원 외무위원회에서 《네이처》 기사를 언급하며 질문했다. 마치무라 노부타카町村信孝 외무상의 답변은 문제가 있는 것이었다. "우리로서는 먼저 북한이 이렇게 여러 차례 말씀드린 것 같은 불성실한 대응을 조속히 시정하는 게 중요하며, DNA 논쟁에 너무 깊이 들어가면 중요한 주장 그 자체가 애매해지지 않을까, 그런 생각을 하고 있어서 굳이 이 이상, …어딘가 외국 기관에 위탁해, 재조사라고 할 만한 재감정을 할 생각은 사실 지금으로서는 없습니다."

《조선중앙통신》은 2월 24일 중국 주재 북한대사관이 일본대사관에 다음과 같이 통지했다고 보도했다. 일본 정부의 2월 10일 반론은 "과학적 논증이 결여되어 있으며, …조잡한 변명에 그치지 않는 것으로서 절대로 받아들일 수 없다. 우리는 진실에 등을 돌리고, 사건을 날조한 일본의 행위에 환멸을 느끼고 있다. 이 문제와 관련해 일본 정부와 논의할 생각이 없다."

경찰청은 3월 25일 요시이 도미오를 경시청 과학수사연구소의 법의과장으로 발령한다고 발표했다.

스토는 3월 30일 중의원 외무위원회에서 다시 《네이처》의 논설을 꺼내 설명하며, 재감정이 필요하지 않냐고 일본 정부의 대응을 추궁했다. 마치무라는 이 잡지가 "훌륭한 잡지"라는 것은 알고 있지만, "우리가 하나하나 그에 대해 언급할 필요가 없다"라고 답변했다. '뼈를 만진 사람의 DNA가 부착될 수 있다고 한다'며 스토가 다시금 추궁하자, 경찰청의 세가와 가쓰히사瀬川勝久 경비부장은 '감정인이 사전에 유골을 충분히 씻어 냈다. 그 씻은 액체에선 DNA가 나오지 않았다'고 답변하며, 재감정의 필요성을 부정했다. 마치무라도 다시금 감정은 "과학적"인 것이며 그 "신빙성"을 의심하는 것은 "모욕이라고 받아들일 수 있는" 발언이라고 반발했다.

　3월 31일 방북했던 와다 하루키, 오코노기 마사오, 기미야 다다시 3명은 송일호 대사와 만나 얘기를 들었다. 송일호는 이렇게 말했다. "납치는 불행한 사건이었다. 이를 도덕적 문제라고 생각해 해결을 위해 노력해 왔다. …8명 사망이라는 것은 명확하다. 일본 쪽이 증거를 내놓으라고 하니까 증명을 위해 노력했다", "가짜 유골을 넘길 리가 없다. 그렇게 해서 무슨 이득이 있겠나. 요시이의 증언이 나와 있지만, DNA 감정은 특히 예민한 검사다. 국가와 국가 사이에선 특히 신중해야 한다", "돌이켜 보면, 지금까지 일본과 너무나도 순진하게 사귄 게 아닌가 후회한다", "납치도 식민 지배도 20세기에 일어난 일이며, 25년밖에 차이가 안 난다."[17]

　《네이처》는 4월 7일호에서 요시이가 과학수사연구소에 입사한 일을 언급하며 "이렇게 일자리를 옮기는 것은 일본의 납치 증명에 도움이 되지 않는다", "유전학자(요시이)가 새 자리에 가게 되면 그가 전에 했던 DNA 감정에 대해 증언하지 못하게 될지 모른다"라는 논평을 내놨다.

　스토는 4월 15일 세 번째로 요코타 메구미의 유골 감정 문제에 대해 질문했다. 미국의 《타임》이 이 문제를 다뤘는데, 미국의 DNA 권위자인 테리 멜턴Terry Melton이 중첩중합효소연쇄반응에 의한 감정은 오염 가능성이 있으며, 위험하다고 말했다는 사실을 지적했다. 이에 대해 지난번에 나왔던 세가와가 똑같은 내용을 답변했다. "형사소송법에 기초한 엄격한 절차에 따라 최고 수준의 연구 기관이 실시한 객관적 감정 결과"로 "신빙성이 매우 높다고 우리는 받아들이고 있습니다."

즉, DNA 감정을 둘러싼 논쟁이 벌어진 것이다. 요시이는 은사인 이시야마 이쿠오石山昱夫 교수와 함께 낸 책《DNA 감정 입문DNA鑑定入門》에서 "DNA를 감정할 때, 특히 사후 검증을 할 수 있는 자료를 보관하지 않는 사례에선 그 DNA 감정 결과를 배제하는 정도의 엄격함이 필요하다"라고 쓰고 있다.[18] 제3자가 감정 결과를 재검토할 수 있도록 자료를 보관해야 한다고 주장한 것이다. 당연히 정부는 요시이가 작성한 감정서의 원본을 제시해야 하고, 그를 공개된 자리에 내보내 설명하게 해야 하며, 북한이 원한다면 재감정을 위한 자료를 제공해야 한다. 그러나 일본 정부는 이 세 가지를 모두 거부했다. 일반적 재판이라면 통할 수 있는 태도가 아니었다.

2005년 4월 27일 경찰청은 1978년 6월에 일본을 출국해 실종된 다나카 미노루가 북한 공작원에 의해 납치된 것으로 인정한다고 발표했다.

벽에 부딪히다

2004년부터 2005년에 걸쳐, 일본과 북한은 분명히 논의하고 교섭하고 논전을 벌였다. 북한은 조사를 두 번 진행해 남아 있는 자료를 제출하고, 일본은 그 자료에 비판을 더하고, 설명이 부자연스럽다고 지적했다. 그러나 납치를 수행한 권력기관이 이를 인정하고, 사죄하고, 피해자들이 생존해 있지 않다고 통고한 후에도 납치 피해자들이 어떻게 죽었는지 설명해 달라는 요구에 납득할 만한 설명을 할 수 없다는 것은 있을 수 있는 일이다. 납치라는 행위는 이를 시행한 권력기관이 피해자들에 대한 생살여탈권을 쥐는 것을 의미한다. 북한 당국이 납치 피해자를 살해하는 것 역시 충분히 있을 수 있는 일이다. 이 경우 북한은 피해자가 죽음에 이르게 된 사정을 감추겠다고 결정했을 것이다. 한번 권력기관이 은폐하겠다고 결정하면, 이를 밝히는 것은 일반적 수단으로는 가능하지 않다. 2005년 북일 교섭이 다다르게 된 것은 그와 같은 벽이었다. 납치 피해자가 사망했다는 통지를 받아들일 수밖에 없다고 일본이 최종적으로 판단했다면, 취할 수 있는 길은 많지 않다. 납치 피해자가 사망한 것에 대해 북한 정부가 전면적으로 책임을 지고, 살해되어 사망한 것에 대해 배상하라고 요구할 수밖에 없다. 만약 살아 있는데도 북한 정부 입장에서 사망했다고 할 필요가 있는 사람이 있다면, 이 사람을 구하기 위해선 국교 정상화 이후에도 오랜 노력이 필요할 것이다. 이는 예외적 경우라고 생각할 수밖에 없다. 납치를 인정한 북한 정부가 그 사람이 살아 있지 않다고 말한다면, 일본 쪽에선 북한 정부가 그 사람을 살해했다고 생각하는 것 외엔 방법이 없는 것이다.

2004년 12월 잡지 《윌WiLL》이 창간됐다(2005년 1월호). 창간호에서 사쿠라이 요시코, 요코타 사키에의 대담이 게재됐다. 〈김정일은 악의 권력/북한과의 싸움은 악마와의 싸움金正日は悪の権化 / 北朝鮮との戦いは悪魔の戦い〉이라는 제목이 달려 있었다.

아베 총리의
대북정책
선포와 시동,
2005~2007

6자회담 꿈의 합의와 그 부정

2005년 9월 19일 제4차 6자회담에서 드디어 북핵 문제 해결을 위한 역사적 합의에 도달했다. 우다웨이武大偉 중국 외교부 부부장, 김계관金桂冠 북한 외무성 부상, 사사에 겐이치로佐々江賢一郎 일본 외무성 아시아대양주국장, 송민순宋旻淳 한국 외교통상부 차관보, 알렉산드르 알렉세예프Alexander Alexeyev 러시아 외교차관, 크리스토퍼 힐 Christopher Hill 미국 국무부 동아태차관보가 합의 문서에 서명했다. 이 문서에는 다음과 같은 내용이 포함됐다.

먼저, "6자회담의 목표가 한반도의 검증 가능한 비핵화를 평화적 방법으로 달성하는 것임을 만장일치로 재확인했다"라는 내용이 들어갔다. 이어 북한은 "모든 핵무기와 현존하는 핵 계획을 포기할 것과 조속한 시일 내에 핵확산금지조약과 국제원자력기구의 안전조치에 복귀할 것을 공약"했고, 미국은 "한반도에 핵무기를 갖고 있지 않다는 것"과 북한에 대해 "핵무기 또는 재래식 무기로 공격 또는 침공

할 의사가 없다는 것을 확인"한다고 적었다. 북한은 "핵에너지의 평화적 이용에 관한 권리"를 주장했고, 나머지 5개국은 이를 존중한다는 뜻을 밝히며 이후 북한에 대한 경수로 제공에 대해 논의한다는 것에 동의했다. 제2항에는 북미 두 나라는 "상호 주권을 존중하고, 평화적으로 공존하며, …관계 정상화를 위한 조치를 취할 것을 약속했다"라는 것과 북일 양국은 "평양선언에 따라 불행했던 과거를 청산하고 현안 사항의 해결을 기초로 하여 관계 정상화를 위한 조치를 취할 것을 약속했다"라는 내용이 포함됐다. 제3항에선 6개국이 경제협력의 추진을 약속하며 5개국은 북한에 에너지를 지원할 의향이 있다고 밝혔다. 제4항에선 6개국이 "동북아시아의 항구적 평화와 안정을 위해 공동 노력할 것을 공약"하고, "직접 관련 당사국들은 적절한 별도 포럼에서 한반도의 항구적 평화 체제에 관해 협상"하며, 또 "동북아시아에서 안보협력 증진을 위한 방안과 수단을 모색하기로 합의"했다. 마지막으로 6개국은 "공약 대 공약, 행동 대 행동" 원칙에 따라 의견이 일치된 사항에 대해선 "단계적 방식으로 상기 합의의 이행을 위해 상호 조율된 조치를 취할 것을 합의"했다.

이는 여러 의미에서 획기적인 평화를 위한 합의였다. 북일 평양 선언이 출발점이 되어 동북아시아로 확대·발전된 평화 프로세스의 도달점이라 할 수 있었다. 이미 외무성을 떠난 다나카 히토시 전 외무심의관 입장에선 목표로 하고 있었던 '큰 그림'이 드디어 완성되었다고, 뒤늦게 찾아온 승리의 쌉싸름한 맛을 음미할 수 있는 순간이었을 것이다.

그렇지만 미국 정부 내의 반북파(네오콘)는 이런 합의가 이뤄진 것에 맞서 필사적으로 뒤집기를 시도했다. 미국 재무성은 합의가 이뤄지기 나흘 전인 9월 15일 마카오의 은행인 '방코델타아시아'BDA가 북한의 정부·관련 기업의 돈세탁에 관여했다는 의혹이 짙다고 지적했다.[*] 북한이 가짜 달러를 만드는 데 관여하고 있다며 이 은행의 북한 계좌를 폐쇄할 것을 요구한 것이다. 그 결과 북한이 가짜 달러를 만들고 있다는 정보가 널리 퍼지기 시작한다. 18일엔 미 재무부가 북한의 무역상사 등 8개 기업의 금융 자산을 동결했다. 북한은 강하게 반발했다.

바로 이 무렵 일본에선 아베 신조가 고이즈미 내각의 관방장관으로 입각했다.

제5차 6자회담의 제1단계 회의가 11월 9일부터 3일 동안 베이징에서 열렸다. 북한 대표가 미국의 방코델타아시아 관련 금융 제재를 강하게 비난했는데도 미국 대표는 반론하지 않았다. 그 후로 북한에 대한 비난이 커져 갔다. 북한은 점점 더 경직화해 6자회담 자체가 계속될 수 없게 됐다. 11월 21일과 22일 워싱턴에서 열린 한반도에너지개발기구 이사회에선 북한에 대한 경수로 제공 사업을 2005년

---

[*] 미국은 2005년 9월 15일 '애국법'(USA Patriot Act) 제311조에 근거해 북한의 가짜 달러 유통과 마약 밀매 등을 방조한 혐의로 마카오의 방코델타아시아를 '주요 우려 대상'으로 지정했다. 이 은행은 고객들의 대량 예금 인출을 막기 위해 2500여만 달러가 들어 있던 북한 계좌를 동결하고 북한에 금융거래 중단을 통보했다. 이 조치는 방코델타아시아에 국한된 것이었지만 그 여파는 순식간에 북한의 해외 자금 거래에 영향을 미쳤다. 마카오 은행은 물론 싱가포르·스위스 등 다른 지역 은행들도 미국을 의식하여 북한과 금융거래를 중단했다.

말에 폐지한다는 결정이 내려진다. 한국이 투자한 11억 달러, 일본이 쏟아부은 4억 달러는 회수할 수 없게 됐다.

신임 관방장관 아베 신조는 11월 9일 언론 앞에서 "납치 피해자 전원이 귀환해야만 비로소 납치 문제가 해결된 것"이라고 말했다. 이에 대해 자민당 야마사키 다쿠 자민당 부총재는 13일 텔레비전 방송에 나와 '납치 문제는 압력을 가하는 것만으로 해결되지 않는다. 고이즈미 총리의 3차 방북이 이뤄지게 된다면, 국교 정상화 조인식이 될 것이다. 그 가능성은 반반'이라고 말했다.[1]

다나카 국장에 대한 문필 린치

다나카 히토시는 2005년 8월 대사 전출을 거부하고 외무심의관을 그만둔 뒤 외무성을 떠났다. 6자회담의 합의가 무너졌다는 것은 다나카에게 큰 불행이었다. 그러나 그것만으로 끝나지 않았다. 다나카에 대해 무도한 인격적 능욕이 가해졌다. 다나카를 모델로 한 정치 미스터리 소설 《울트라 달러ウルトラ・ダラー》(신초사)가 2006년 3월 간행된 것이다. 저자는 2005년까지 NHK의 미국 지국장이었던 데시마 류이치手嶋龍一였다.

소설의 줄거리는 이렇다. 북한은 위조 달러화를 대량으로 만들어 이 돈으로 옛 소련에 속해 있던 우크라이나로부터 핵과 미사일 기술을 사려 한다. 이를 알아챈 영국 BBC의 특파원, 실제로는 영국의 정보기관인 MI6 요원이 도쿄에서 북한의 작전을 막기 위해 활약에 나선다. 소설에 나오는 일본의 외교안보 담당 관방부장관인 다카토 기에高遠希恵(여성)는 이 영국 요원과 협력해 북한의 야망과 싸우는 정의로운 사람으로 그려진다. 그리고 또 다른 등장인물, 즉 그들과 협력해 문제를 해결하기 위해 노력하는 것처럼 보였던 외무성 아시아대양주국장 다키자와 이사오滝沢勲는 실제로는 북한의 협력자였다. 그는 최후의 순간에 도망치는 나쁜 사람으로 설정됐다.

다키자와의 아버지는 오사카 출신의 마사지사지만 어머니는 오사카에 잠입한 북한의 공작원이었다고 설명되어 있다. 다키자와의 어머니는 중국 조선족으로 한국전쟁 때 중국 인민지원군 병사로 북한에 파견된 뒤 그대로 현지에 눌러앉았다. 그러다 북한의 공작원이 되어 일본에 파견됐다. 다키자와는 아버지의 재촉을 받고 양로원에서 죽음을 기다리는 어머니를 찾아가 식민 지배에 대해 사죄하고, 북일 국교 수립을 위해 노력해줬으면 좋겠다는 소원을 전해 듣게 된다. 그는 이후 중국의 호텔에서 중학·고교 시절 동급생으로 북한으로 돌아가 대외관계 부서에서 일하게 된 재일 조선인 출신인 가네무라金村와 다시 만나 협력하게 된다. 다키자와는 북일 국교 정상화의 실현을 위해 외무성 아시아국장이 되는 길을 택했다. 이후 총리의 평양 방문, 북일 정상회담, 평양선언, 북일 국교 정상화 교섭을 주도했다. 중국에서 다시 만난 중학·고교 시절 친구가 실은 '미스터 X'였다는 것이다. 그러나 이를 뒤쫓는 손길이 다가오자 현직 외무성의 아시아국장이 해외로 도망쳐 버린다는 줄거리였다.

누가 보더라도 다키자와라는 인물이 다나카 히토시를 모델로 했음을 분명히 알 수 있다. 현실의 다나카 히토시는 1947년생으로 교토시 출신이다. 교토의 고등학교와 교토대학 법학부를 졸업하고 외무성에 들어갔다. 아버지는 닛쇼이와이日商岩井의 전 회장이다.

한편엔 여주인공인 관방부장관 다른 한쪽엔 북한의 스파이인 외무성 국장이 있다는 것은 완전히 아베 신조 대 다나카 히토시의 대립 구도를 떠올리게 한다. 이런 무도한 명예훼손 공격이 이뤄지는데도 소설이기 때문에 다나카는 반론할 수 없고, 소송도 할 수 없다. 재미 있는 것은 좋은 평판을 받게 된《울트라 달러》에 대해선 서평이 많이 나왔지만, 어떤 글에서도 다키자와 이사오의 모델 문제 즉 다나카 히토시 문제를 다루지 않았다는 점이다. 비열한 인신공격을 묵인한 것이다. 두려워해야 할 '침묵의 음모'였다.

관방장관 아베 신조의 첫 업적

관방장관으로 일본 사회를 총괄하게 된 아베가 힘을 기울인 것은 '납치 문제와 그 밖의 북한 당국에 의한 인권침해 문제 대처에 관한 법률', 즉 북한인권법을 제정하는 것이었다. 이 법률은 2006년 6월 16일 만들어졌다. 이 법률은 납치 문제를 "우리 나라의 중요한 국민적 과제"(제1조)로 꼽았다. 나아가 "국가는 북한 당국에 의한 국가적 범죄행위인 일본 국민 납치 문제를 해결하기 위해 최대한의 노력을 해야 한다"라고 정하고, 납치 피해자의 생사에 대해 "스스로 철저하게 조사해, 귀국을 실현하기 위해 최대한 노력한다"(제2조)라는 내용도 담았다. 또 "북한 당국에 의한 인권침해 문제에 관한 관심과 인식을 깊게 하기 위해" 매년 12월 10~16일을 '북한인권침해문제 계발주간'으로 삼기로 했다.

법률을 만든 직후인 6월 말 남북 이산가족 상봉 사업 중에 북한
은 요코타 메구미의 전남편인 김철준*의 실명이 김영남金英男이라고
밝히며 그를 금강산에 등장시켰다. 일본에 메시지를 보낸 것이다. 김
영남은 요코타 메구미와 사이에서 낳은 김은경,** 재혼한 부인인 박
정화,*** 그리고 그 사이에서 태어난 아들과 함께 한국에서 참가한 어
머니·누나와 다시 만났다. 《산케이신문》은 "북의 모략이 아른거린
다"라고 보도했지만, 요코타가 사망했다는 북의 통고를 받아들이려
하지 않는 일본에 사실을 받아들이라고 다시금 요구한 것임이 틀림
없었다. 김영남은 한국 기자단과 회견에서 메구미가 아이를 낳은 뒤
"우울병과 함께 정신이상 증상까지 보였다", "회복되지 않은 채 안타
깝게도 1994년 4월 13일에 사망했다"라고 말했다. 실은 자살한 것이
라고도 했다.[2]

　　한편, 북한은 한 주 뒤인 7월 5일 오전 3시 30분부터 8시 30분까
지 대포동 2호로 보이는 장거리 미사일 1발과 사정거리가 짧은 미사
일 5발을 연속 발사했다. 그 뒤 저녁 5시 30분에 또 1발을 발사했다.
이는 미국을 향한 메시지였다.

　　이에 대해 아베는 전례 없는 강경한 제재를 추진했다. 그는 7월
6일 오전 6시에 첫 기자회견에 임했고, 오전 8시를 조금 지난 시간

---

*　　김철준의 본명은 김영남으로 1978년 8월 납북돼 김정일정치군사대학을 졸업한
　　뒤 대남 공작기관인 노동당 대외정보조사부에 근무한 것으로 전해진다.

**　처음에는 김혜경이란 이름으로 알려졌지만, 이후 본명이 김은경으로 확인된다.

***　당시 한국 언론에선 박춘화란 이름으로 등장한다.

에 두 번째 기자회견을 했다. 그 자리에서 일본 국가안전보장회의에서 결정한 만경봉호 입항 금지, 전세기 공동운항 금지, 북한 정부 직원 입국 금지, 일본에서 북한으로 도항 자숙, 미사일 관련 물자의 수출 관리 등 9개 항목의 제제를 발표했다. 어떤 나라도 아직 조치를 취하지 않았는데 일본이 제일 먼저 나서 단호히 신속하게 조치한 것이었다. 일본은 유엔 안전보장이사회에 긴급회의를 요청했다. 7월 5일 긴급회의가 열렸다. 일본은 북한을 비난하는 결의안을 제출한다는 뜻을 밝혀, 존 볼턴 주유엔 미국 대사의 동의를 얻었다. 일본이 준비한 결의안은 유엔헌장 제7장(평화에 대한 위협, 평화의 파괴 및 침략행위에 관한 조치)에 근거해 북한에 미사일 실험 중지 등을 의무화하고 제재를 더한 엄중한 내용이었다. 중국은 이 결의가 사태를 복잡하게 만든다며 반대했다. 일본 안에서는 누카가 후쿠시로額賀福志郎 방위청 장관과 아소 다로麻生太郎 외무상이 9일에 적기지 공격능력*의 보유를 주장했다. 10일엔 아베도 "법률상 적기지를 타격하는 것은 가능하며, 검토하는 것이 필요하다"라는 견해를 밝혔다.

그러나 부시는 6일, 미사일 문제는 외교적 해결을 목표로 한다는 입장을 밝히고, 크리스토퍼 힐은 6자회담의 틀 안에서 대화하겠다는 자세로 협의를 이어 갔다. 고이즈미가 적기지 공격능력 보유에 제동을 걸고, 유엔 안보리 결의도 관계국과 협조하는 쪽으로 수정했다. 결

---

* 결국 북한의 핵·미사일 능력이 돌이킬 수 없는 수준으로 강화되자 일본은 2022년 12월 국가안전보장전략 등 안보 관련 3개 문서를 개정해 적기지 공격능력을 보유하기로 결정한다.

국 7월 15일 유엔 안보리에선 유엔헌장에 대한 언급은 빼고, 북한의 미사일 발사를 비난하고 개발 계획의 중지를 요구하는 비난 결의가 만장일치로 채택됐다.

아베 총리의 탄생

아베는 2006년 7월에 저서 《아름다운 나라로美しい国へ》(분게이슌주)를 출간했다. 고이즈미 총리 퇴진 후 자민당 총재 선거에 입후보하기 위한 매니페스토(선거 공약집)였다. 이 책에서 아베는 먼저 '싸우는 정치가'가 되겠다고 선언하며, 제1장에서 자신의 경력을 밝힌다. 이어진 제2장 '자립하는 국가'에선 자신의 정치적 입장이 납치 문제 해결을 위해 노력하는 과정에서 확립됐다고 설명했다. "무엇보다 일본의 주권이 침해돼 일본 국민이 인생을 빼앗겨 버린 사실"을 그대로 두지 않겠다고 결단하고 이를 실천해 왔다고 밝혔다. 그리고 북한에 대해 엄혹한 경제제재를 취하는 목적을 다음과 같이 설명했다. "북한에 대해 경제제재를 하는 목적 가운데 하나는 정권 중추의 주변이나 당·군으로 들어가는 자금을 끊으려는 것이다. 이것이 정권을 쓰러뜨리는 결정타까지는 되지 않겠지만, 사회에 화학 변화를 일으킬 가능성은 충분히 있다." 이는 분명 사토 가쓰미의 사상이라 할 수 있다. 북한 정권의 타도를 목표로 한다는 사토의 입장을 아베도 공유하고 있음을 보여 주는 구절이었다.

아베는 9월 총재 선거에서 승리해 자민당 총재가 됐다. 그리고 9월 26일 드디어 내각총리대신이 됐다. 1954년에 태어난 이 사람은 52세였다. 일본의 침략전쟁도 식민 지배도 모르고 한국전쟁도 모르는 세대가 낳은 최초의 일본 총리였다.

아베 새 총리는 26일 밤 기자회견에서 자신의 내각이 '아름다운 나라를 만드는 내각美しい国づくり内閣'이라고 표현하며, 내각에 교육재생회의를 만들겠다는 생각을 밝혔다. 하지만 첫 각의에서 정한 '기본방침'의 중심에 놓여 있던 것은 납치 문제 대책이었다. 납치 문제에 대해 "대책본부를 만들고 전문 사무국을 두어 종합적 대책을 추진한다"라고 밝혔다.[3] 첫 조각 인사에서 납치문제담당상을 신설해 시오자키 야스히사塩崎恭久 관방장관에게 이를 겸임하게 하고, 나카야마 교코를 납치문제담당 총리대신 보좌관으로 임명했다. 내각 발족 사흘 뒤인 9월 29일엔 총리를 본부장, 관방장관을 부본부장으로 하고, 전 각료를 본부원으로 하는 '납치문제대책본부拉致問題対策本部'를 설치했다. '아름다운 국가 만들기 내각'의 실제 모습은 말 그대로 '납치문제대책내각'이었던 것이다. 이는 사전에 누구와 상의한 적 없이 아베 신조 개인이 결단해 실행한 것이었다.

같은 날인 9월 29일 내놓은 소신표명 연설에서 아베는 다시 한 번 다음과 같이 말했다. "아름다운 나라, 일본"을 실현하기 위해 "아름다운 국가 만들기 내각"을 조직했다. 이 목적을 위해 안정된 경제성장을 이어 가는 것, 재정재건과 행정개혁을 하는 것, 안심할 수 있는 사회를 구축하는 것, 교육을 재생하는 것과 함께 '주장하는 외교로 전환'하는 게 필요하다고 밝혔다. 이 '주장하는 외교'의 정면에 놓여 있는 것이 북한 정책이었다. 먼저, 미사일 발사에 대한 제재를 추진해 "새로운 사고에 기초한, 주장하는 외교로 전환해야 할 때가 왔다"라고 강조해 말했다. 이어 자세히 언급한 것은 납치 문제였다. "납치 문제의 해결 없이 북한과 국교 정상화는 있을 수 없습니다. 납치 문제에 관한 종합적 대책을 추진하기 위해, 나를 본부장으로 하는 납치문제대책본부를 설치하고, 전임 사무국을 두도록 했습니다. 대화와 압력을 함께 사용한다는 방침 아래서 앞으로도 계속 납치 피해자 전원이 생존해 있다는 전제로 모든 납치 피해자의 생환을 강하게 요구해 가겠습니다."

이는 납치 문제를 전면에 내세워 북한과 대결 투쟁을 하겠다는 선언이었다. 이를 새 일본 정부가 나아갈 길로 삼은 것이다. 이제 북일 평양선언은 파기된 것과 다름이 없게 됐다.

아베가 조금 당돌하게 납치 문제를 내각의 최중요 과제로 삼은 것은 참모나 지지층을 당혹하게 만들었다. 아베는 취임 전부터 고노 담화와 무라야마 담화를 지킬 것이냐는 공격을 받아 왔다. 대표적 예가 와다 하루키의 《세카이》 논문 〈아베 신조 씨의 역사 인식을 묻는다安倍晋三氏の歷史認識を問う〉(10월호)와 《아사히신문》의 9월 8일 사설 〈무라야마 담화를 묻어 버리지 마라村山談話を葬るな〉 등이었다. 이런 상황 속에서 국회가 시작되자 10월 2일 이뤄진 대표 질문에서 '무라야마 담화를 지키겠다'고 말해야 했고, 10월 5일 예산위원회에서는 간 나오토菅直人 의원의 집요한 공격에 몰려 결국 고노 담화도 '정부가 내놓은 것이고, 현재 정부에도 계승되고 있다'고 답해야 하는 처지가 됐다. 각 신문은 "변절인가"(《마이니치신문》, 9일), "군자의 변모인가"(《아사히신문》, 12일)라는 말로 야유했고 참모들 가운데서도 '실망했다'는 목소리가 나오는 상황이었다. 그렇기 때문에라도 아베

는 납치 문제를 한층 더 전면에 내세워 자기 정권이 내세우는 목표를 주장하는 쪽으로 돌진하게 된 것이라고 생각할 수 있다.

어떤 텔레비전 방송

이런 아베의 대북 대결·공세정책이 시작된 직후에 주목해야 할 텔레비전 드라마가 니혼TV를 통해 방영됐다. 2006년 10월 3일 밤 9시부터 방영된 보도 특별 드라마스페셜 〈재회: 요코타 메구미 씨의 염원〉이었다. 니혼TV 보도국이 납치 피해자 하스이케 가오루, 지무라 야스시, 소가 히토미 3명과 그 밖의 친척과 관계자들에 대한 취재를 기초로 해 시나리오를 쓰고 드라마로 만든 것이었다.[4] 납치 피해자 하스이케 부부가 2004년 6월 15일 요코타 메구미의 가족과 만나 자신들이 메구미에 대해 알고 있는 내용을 전한 얘기를 재연하고 있다. 대략의 내용은 다음과 같다.

1984년 하스이케 부부, 지무라 부부가 살고 있던 초대소 한 곳에 다구치 야에코와 요코타 메구미가 들어왔다. 요코타는 상심해 있었고, "돌아가고 싶어요. 일본에 돌아가고 싶어요. 조선말을 공부하면 돌아가게 해 준다고 말했는데, 언제쯤이나 돌려보내 주나요"라고 말했다. 하스이케는 "메구미는 매일같이 돌려보내 달라고 지도원에게 소리를 질렀습니다"라고 말했다. 1986년 요코타는 한국에서 납치되어 온 청년 김영남과 결혼했다. 딸 은경이 태어나 세 살이 된 1990년 무렵, 요코타는 몸이 좋지 않아 누워 있었다. 그는 "일본에 돌아가고 싶다. 일본으로 가겠다"라고 작게 말했다. 마음이 울적해진 요코타는 자기 옷을 태우거나 소리를 지르며 발작적으로 자기 머리를 깎기도 했다. 결국 가슴이나 손목에 칼을 대기도 해서, 남편은 필사적으로 칼을 빼앗아야 했다. 1990년 겨울, 요코타는 통제구역에서 탈출해 만경봉호가 정박해 있는 항구로 가서 일본에 돌아가려다 구속되었다. 요코타가 1994년 2월 다시 탈출해 끌려온 뒤엔 중국과 국경지대에 있는 격리병동에 입소하게 됐다. 이후 하스이케 부부는 그녀의 모습을 다시 보지 못했다.

요코타 부부와 두 동생은 이 텔레비전 드라마에 대해 방영 중지를 요구하진 않았다. 하지만 이 내용은 묵살했다. 즉 귀국한 납치 피해자가 전한 요코타의 곤란한 정신상태에 대해 알고 싶지 않다는 태도를 취하는 것 같았다. 당연히 아베 정부도 국민도 이 드라마를 무시했다. 귀국자의 증언을 무시한 것이다.

아베 정권이 내놓은 정책

북한은 10월 9일 드디어 첫 핵실험을 했다. 아베 정부는 곧바로 추가 제재를 취하겠다고 발표했다. 다음 날 북한 국적 선박의 입항 전면 금지, 북한으로부터 수입 전면 금지, 북한 국적을 가진 이들의 입국 금지를 결정했다. 처음엔 6개월간의 한시적 조치라고 했다. 안보리 제재 결의는 15일*에 나왔다. 대량파괴무기와 관련된 물자와 사치

---

* 유엔 안보리 결의 1718호. 미사일·대량살상무기 관련 물자의 이전과 금융거래 금지 및 북한 화물에 대한 검색 등의 내용을 담고 있다. 북한이 1991년 유엔에 가

품의 공급이 금지됐다. 가족회와 구원회는 정부의 추가 제재와 안보리 제재 결의를 환영하는 공동성명을 내고 "할 수 있는 것은 모두 하겠다는 자세를 가져 주기를 바란다"라고 정부에 요청했다.

납치문제대책본부의 제1회 회의는 10월 16일 개최돼 '납치 문제에 대한 이후 대응 방침'을 결정했다. "납치 문제의 해결 없이는 북한과 국교 정상화는 있을 수 없다는 것"을 재확인하고 "정부가 하나가 되어 모든 납치 피해자의 생환을 실현"하는 것을 목표로 한다고 선언했다. 제1항은 북한에 모든 납치 피해자의 "안전을 확보하고, 이들을 곧바로 귀국시키도록 계속해서 강하게 요구해 간다", 제2항은 이미 실행한 경제제재 조치에 더해 "이후 북한 쪽의 대응을 고려하면서, 또 다른 대응 조치에 대해 검토한다", 제3항은 "현행법 제도 아래서 엄격한 법 집행을 계속해 실시해 간다"라는 내용이었다. 이 제3항의 의미는 조선총련을 괴롭히는 조치를 계속한다는 것이었다. 제4항에는 "정보의 집약·분석", "문제 해결을 향한 조치의 검토", "국민 여론의 계발을 한층 강화한다"라는 내용이 담겼다. 제5항은 "특정실종자" 등 납치로 인정되지 않는 사례를 한층 더 수사·조사하고 납치 피해자로 인정되면 북한에 이를 제시한다는 것이다. 제6항에선 유엔 등 국제적 협조를 강화하기로 했다. 이를 정리한다면, 피해자 전원의 생환 실현, 제재 강화, 북한에 대한 비난의 홍보 강화·확대 등의 내용으로 구성된 활동 방침이라 할 수 있다.

이 방침을 실현하기 위해 11월 7일 관계 부처 대책회의가 열렸

입한 뒤 유엔헌장 제7장을 인용한 최초의 대북 제재다.

다. 나카야마 총리 보좌관을 사무국장으로 해 궁내청을 제외한 16개 성청(부처)의 국장·심의관급 간부가 모두 모여 정보·법 집행·홍보 등 3개 분과회를 설치했다. "대책 강화"의 각 항목별로 각 부처가 무엇을 하고 있는지 보고한 결과의 일람표가 작성되었다. 나아가 11월 14일에는 자민당 정책조사회에도 납치문제대책특명위원회가 설치됐다. 위원장에 취임한 이는 나카가와 쇼이치 정조회장이었다. 나카가와는 "납치 문제는 무엇 하나도 해결되지 않았다. 남은 수십 명, 수백 명을 돌려받아야 비로소 (북한과) 대화할 수 있다"라며 초강경한 자세를 강조했다. 이렇게 해 내각·부처·여당의 삼위일체 체제가 만들어졌다.

납치문제대책본부는 2006년도 보정예산에 2억 2600만 엔을 배정하기로 했고, 이를 합쳐 2007년도 예산안에는 4억 8000만 엔을 계상했다. 구체적 내역은 북한을 향한 방송 관련에 1억 3400만 엔, 특정실종자문제조사회가 담당하는 단파방송 지원에 1억 1700만 엔, 생사정보 수집 체제 강화를 위한 8100만 엔 등이었다.

납치 문제를 해결하려는 아베 내각의 첫 성과는 1977년에 실종된 마쓰모토 교코를 북한 공작원이 납치한 것이라고 인정한 것이었다. 그러나 이는 최후의 납치 인정이 되고 말았다.

북한인권침해문제 계발주간

그리하여 12월에 접어드니 북한인권법에 규정된 '북한인권침해문제 계발주간(12월 10~15일)'이 시작됐다. "국민들이 납치 문제와 그 밖에 북한 당국에 의한 인권침해 문제에 폭넓은 관심과 깊은 인식"을 갖게 하도록 국가와 지방공공단체는 그에 걸맞은 사업을 해야 하는 의무를 지게 됐다. 캠페인 주간이 시작돼 12월 10일 전국 6개 신문에 반면 크기의 정부 홍보광고 〈납치 문제. 모든 피해자의 귀국을 목표로 진지하게 노력하고 있습니다〉가 납치문제대책본부장인 아베의 커다란 얼굴 사진과 함께 실렸다. 광고를 낸 이의 명의 역시 아베 총리·대책본부장이었다.

이 광고는 먼저 "지금도 많은 납치 피해자가 구출을 기다리고 있습니다"라는 제목을 내세워 호소했다. "납치 피해자 가운데 귀국할 수 있었던 것은 고작 5명. 우리 나라는 국민의 생명과 안전을 지킨다는 기본적 사명을 다하기 위해 모든 납치 피해자가 살아 있다고 전제하고 피해자 전원을 탈환하기 위해 총력을 기울여 노력하고 있습니다." 여기서 '모든 납치 피해자가 살아 있다'고 정부가 단정하고 있다는 것이 결정적으로 중요하다.

이어 두 번째 제목은 "빼앗긴 것은 '소중한 인생', '소중한 가족', 이를 되돌리기 위해선 국민 여러분의 지지가 꼭 필요합니다"였다. "긴 세월에 걸쳐 납치 피해자들이 자유를 빼앗겼고, 귀국을 애타게 기다리는 가족들의 고통이 이어지고 있습니다. 할 수 있는 모든 수단을 강구할 필요가 있습니다. 국민 여러분의 이해를 당부드립니다." 피해를 되돌리기 위해 '모든 수단'을 쓰겠다는 말이 중요하다.

마지막으로 "북한에 대해 모든 납치 피해자를 조속히 귀국시키길 강하게 요구합니다"라는 제목을 내세웠다. "납치 문제는 우리 나라의 가장 중요한 과제입니다. 정부는 나를 본부장으로 해서 전 각료가 참가하는 대책본부 아래 하나가 되어 국제사회와 연대를 강화하면서, 전력으로 이 문제의 해결을 목표로 하고 있습니다." 북한이 8명 사망, 4명은 입국하지 않았다고 회답했다는 것을 무시하고, 전원을 산 채로 돌려 달라고 요구하는 것이었다. 외교 교섭을 할 생각은 없이 오로지 압력을 가해 굴복시킬 심산이라 볼 수밖에 없었다.

이상이 아베가 전 국민에게 내놓은 호소였다. 흡사 북한에 선전 포고하는 개전 조서와 같은 발표였다.

'납치 문제를 생각하는 국민 집회'가 12월 14일 정부 주최로 히비야 공회당에서 열려 850명이 참석했다. 아베, 나카야마, 요코타 부부가 발언했다. 아베는 자신이 총리로 있는 한 납치 문제 해결 없이 북일 국교 정상화는 하지 않겠다고 약속한다고 단언했다.

아베 정권이 탄생하게 된 의의에 대해 아베의 참모 가운데 하나인 교토대학 교수 나카니시 데루마사는 이후《쇼쿤!》2007년 10월호에 〈'9·17 서약'과 일본의 각성'9·17の誓い'と日本の覚醒〉이라는 글을 발표했다. '9·17 각성'이라는 것은 2002년 그날 북한이 일으킨 납치 문제의 진상을 알게 되고, 요코타 사키에의 말을 들은 일본인이 각성한 결과를 의미한다. 이를 통해 모두가 "국가란 무엇인가"를 생각하게 되고 동포에 대한 의식을 자기 자신의 것으로 만들었다는 것이다. "2002년을 경계로 일본인의 국가관이 크게 변했다. 그 뒤의 일본 정치는 이 '결정적 순간'(defining moment)으로서 납치 문제를 빼놓고 말하는 게 불가능해졌다." 나카니시는 그렇게 각성한 사람들이 아베를 정권의 자리에 앉힌 것이라고 말했다. "아베 정권은 납치 문제에 의해 탄생한 정권이라는 것을 한 번 더 명확히 의식할 필요가 있다. 그

의미하는 바는 '국민과 직결된 정권'이라는 것이다. 아베를 총리까지 밀어 올린 것은 납치 피해자 탈환 운동에 의해 그때까지 이어져 온 일본이라는 국가의 존재 모습에 근본적 의문을 느끼게 된 사람들이었다. 그들이야말로…현대 일본에서 가장 양질의 일본인들이다."

이는 아베 신조라는 정치가가 이뤄 낸 것에 대한 의의 깊은 논평이라 할 수 있다.

아베 납치 3원칙

아베 내각이 등장한 뒤 납치 문제 캠페인의 내용은 3개 원칙으로 정리할 수 있다. 제1원칙은 "납치 문제는 우리 나라의 최중요 과제입니다"이다. 일본의 최중요 과제이기 때문에 납치 문제를 위해 노력해 온 자신이 총리가 되어 내각을 총동원해 이 문제 해결을 위해 노력하고, 이를 위해 내각에 대책본부를 만들었다는 것이다. 납치 문제가 일본의 중요 과제 중 하나라는 것은 인정할 수 있는 일이다. 하지만 그것이 현재 일본의 '최중요 과제'라고 한다면 고개를 갸웃거리지 않을 사람은 없다. 북한 문제만 생각해도 핵실험이 시작되었기 때문에 북핵 문제의 중요도가 납치 문제보다 낮다고 할 수 없다. 납치 문제가 일본의 최중요 과제라는 것은 아베 정부가 추진하는 납치 문제 정책을 절대시하게 만들고, 국민들이 이를 받아들이도록 해, 국민정신을 총동원하려는 방책이라 할 수 있다.

제2원칙은 "납치 문제의 해결 없이 국교 정상화는 없다"라는 것이다. 이는 고이즈미·다나카의 북일 평양선언 외교를 부정하는 원칙이다. 고이즈미·다나카 외교는 북일 국교 교섭을 진행하고, 이 큰 틀 안에서 납치 문제 해결을 위한 교섭을 시도해 이를 통해 현실적으로 납치 문제를 해결하는 데 진전을 이뤄 낸다는 것이었다. 실제, 국교 수립으로 나아가기 위한 기본 합의(평양선언)를 이뤘기 때문에 북한은 납치했다는 사실을 인정했다. 또 그에 따른 사죄도 얻을 수 있었다. 그에 반해 이 원칙은 납치 문제를 절대화해 북일 국교 정상화를 포기하는 원칙이라고 말하지 않을 수 없다. 일본이 조선을 식민 지배한 가해의 책임을 부정하고 북한이 납치를 해서 일본국·국민에게 피해를 끼쳤다는 것을 절대시하며 그 책임만을 추궁하려는 것이며 외교를 부정하고 북한과 철저히 싸우고 징벌을 가하려는 방침이라 할 수 있다.

제3원칙은 "납치 피해자는 전원 생존해 있다", 그렇기 때문에 "피해자 전원의 탈환"을 요구한다는 것이다. 북한 쪽은 8명이 사망했다고 하지만, 검증할 수 있는 자료를 내놓고 있지 않다. 그렇기에 8명이 사망했다는 것은 확정되지 않은 사실이고, 이는 곧 8명이 살아 있다는 의미다. 그렇기에 납치 피해자 전원을 돌려 달라고 요구한다는 생각이다.

하지만 납치를 한 북한 당국은 납치 피해자의 생살여탈권을 쥐고 있는 존재다. 납치 실행범이 8명이 사망했다고 한다면, 8명을 죽였다고 생각하는 게 일반적 판단이라 할 수 있다. 피해자의 육친이라면 분노와 슬픔이 치밀어 올라 절대로 가해자들을 용서하지 않겠다고 절규한다 해도 이해할 수 있다. 그러나 국가 입장에선 상대 국가가 사죄한다면, 이를 비정상인 시대에 일어난 일로 받아들이고, 보상

조치를 요구하는 등 현실적 해결책을 찾을 수밖에 없다. 그러한데 상대 국가가 죽었다고 말하는 피해자가 전원 살아 있다고 어떤 증거도 없이 주장하는 것은 상대 정부가 거짓말하고 있다고 단정 지으며, 외교 교섭은 더 이상 무의미하기 때문에 압력을 가해 굴복시키겠다고 적대 선언을 하는 것과 같은 일이다. 아베 3원칙은 대화·교섭·해결을 부정하는 것이며, 교섭 결렬, 외교 단절, 적대행위를 개시하겠다는 원칙이나 다름없다.

아베 내각의 탄생과 함께 발표된 납치 문제에 대한 아베 3원칙은 북한의 현 체제와 교섭을 단념하고, 이 체제에 압력을 가해 붕괴로 몰고 가기 위한 원칙이라고 할 수 있다. 이런 의미에서 아베는 사토 가쓰미의 충실한 제자가 된 것이다. 거리의 낭인인 사토가 이런 생각을 하는 것은 자유지만, 일본의 총리인 아베가 그렇게 생각하는 것은 너무나 경솔하고 무책임하며 위험한 일이라고 하지 않을 수 없다. 실제로 아베 3원칙은 북일 관계를 완전히 막다른 골목으로 몰고 가 일본의 정치와 외교에 위험을 불러왔다.

납치문제대책본부의 활동

해가 바뀌어 2007년 1월 5일 총리의 두터운 신임을 받는 우루마 이와오漆間巖 경찰청 장관이 기자회견에서 "올해엔 북한의 납치 문제에서 승부를 내야 한다. 남은 11명의 납치 피해자의 귀국을 지원할 수 있는 수사에 힘을 기울이고 싶다"라고 말했다.[5] 북한에 압력을 가하기 위해 재일 조선인, 조선인 단체와 관련된 수사·입건에 전력을 다하고 이들에 대한 괴롭힘의 수준을 최고도로 올리겠다는 방침을 밝힌 것이다.

납치문제대책본부의 활동은 2007년에 전속력으로 움직이기 시작했다. 북한을 향한 단파방송은 그해 7월 9일 시작됐다. 〈고향의 바람ふるさとの風〉이라는 일본어 방송과 〈일본의 바람イルボネパラム〉'이라는 조선어 방송 두 가지로 매일 밤 각각 세 번씩 송출했다. 프로그램은 매번 다음과 같은 말로 시작했다.

안녕하세요. 오늘 밤도 '고향의 바람' 시간이 돌아왔습니다. 이 방송은 북한에 납치돼 지금도 북한에 잡혀 있는 일본인 여러분들을 위해 일본 정부가 보내드리고 있습니다. 1970년대부터 1980년대 전반에 걸쳐 일본인이 북한에 납치되는 사건이 이어졌습니다. 일본 정부는 납치 문제를 국가 주권과 국민의 생명 안전에 관한 중대한 문제라고 생각하고 있습니다. 이 문제의 해결 없이 북한과 국교 정상화는 없다는 방침을 정하고, 북한에 대해 모든 납치 피해자의 안전 확보와 귀국을 강하게 요구하고 있습니다. 방송에서는 일본과 북한을 둘러싼 상황, 일본 정부의 노력, 납치 피해자 가족들로부터의 메시지, 그리운 일본의 노래와 각지의 화제 등을 전해드립니다. 그럼, 오늘 밤도 함께해 주십시오.

이 방송을 누가 듣고 있다는 증언이 나온 적은 없다. 그러나 북한 당국이 듣고 있는 것은 분명하다 할 수 있다. 저들을 향해 2007년 7월부터 오늘날까지 매일 6번, '납치 문제가 해결되지 않기 때문에 국교 정상화는 할 수 없다'는 일본 정부의 방침이 소리의 폭탄이 되어 북한을 향해 발사되고 있다.

납치문제대책본부는 일본 국내에선 이헤부터 미국에서 제작한 영화 〈메구미: 갈가리 찢긴 가족의 30년Abduction: The Yokota Megumi Story〉의 비디오를 사 전국에서 상영 활동을 시작했다. 이윽고 이는 전국의 중학교·고등학교에서 비디오를 대여해 학생들에게 시청하게 하는 활동으로 이어졌다. 이 영화에서 납치 사건에 대해 가장 중심적으로 설명하고 있는 이는 탈북 공작원 안명진이다. 그는 "메구미가 살아 있다는 것을 최근 한국에 온 정보원에게서 들었다. 김정일의 아들에게 일본어를 가르치고 있다고 한다"라고 말하고 있다.[6] 일본의 중학생을 이 정도로 과장되게 지어낸 얘기로 속일 수 있을 리 없다. 이 비디오 작전은 안명진이 2007년 10월 서울에서 마약 소지죄로 체포돼 유죄 판결을 받은 뒤에도 계속되고 있다. 국제적으로는 미국 정부·의회·언론에 대한 정기적 방문·설명, 각국 언어로 각종 팸플릿 간행, 국제회의 정기 개최 등의 활동을 하고 있다.

결국 납치문제대책본부의 활동은 북한에 대한 비난 캠페인을 국가 안팎에서 전개하는 것이라 할 수 있다. 그런 의미에서 이는 납치문제 해결을 위한 대책본부가 아니라, 납치문제투쟁본부라고 보는 게 타당할 것이다.

아베 총리 퇴진하다

아베 정권이 발족한 뒤 고노 담화를 지키겠다는 뜻을 밝힌 것에 대한 불만의 감정이 정권 주변에 남아 있었다. 그 때문에 아베에게 충실한 시모무라 하쿠분下村博文 의원이 사실관계 연구를 위해 고노 담화를 재검토할 필요가 있다면서 처음 풍선을 띄웠다(2006년 10월 25일). 이후 나카야마 나리아키中山成彬 회장의 '일본의 전도와 역사교육을 생각하는 의원 모임'이 12월 13일 활동을 재개하기에 이른다. 12월 15일에는 교육기본법 개정이 실현돼 우파들의 기분이 좀 풀리게 된다.

그렇지만 2007년 새해 마이크 혼다Mike Honda 의원이 미국 하원에서 위안부 문제 결의안을 제출한다. 이 결의는 고노 담화를 긍정적으로 평가하고, 그에 대한 수정이 꾀해지고 있다는 사실에 우려를 밝혔다. 또한 무라야마 정권 시절인 1995년 만들어진 아시아 여성기금을 긍정적으로 평가하면서 이 기금이 2007년 3월에 해산되는 것을 안타깝게 생각한다는 여러 내용을 고루 다뤘다. 이에 반발하는 아베 주변 사람들이 움직이기 시작했다. 2월 초 나카야마의 '일본의 전도와 역사교육을 생각하는 의원 모임'은 고노 담화를 수정하도록 하는 제언을 이달 안에 총리에게 제출하겠다고 결정했다.[7] 아베는 3월 1일 일본군에 의한 "강제성을 뒷받침하는 것은 없다"라고 발언했다.

이런 상황에서도 6자회담은 계속 이어지고 있었다. 2007년 2월 8일부터 13일까지 베이징에서 제5차 회담 제3단계 회의가 열렸다. 이를 통해 3개 항목의 합의가 이뤄졌다. 첫째로 북한은 영변 등 5개 핵시설의 가동을 2개월 동안 중지한다. 둘째, 5개국이 북한에 에너지를 지원한다. 셋째, 5개 워킹그룹을 설치한다는 내용이었다. 그러나 아베 정부는 에너지 지원에 참여하지 않겠다고 표명했다. 그러나 '북일 국교 정상화'를 위한 워킹그룹은 일본이 설치해야 했다. 그 때문에 외무성에서 대기하고 있던 북일 교섭 대사인 하라구치 고이치原口幸市가 움직였다. 3월에 하라구치는 하노이에서 북한의 송일호와 만나 협의에 나섰지만, 송일호가 2004년 이후 북한이 쌓아 온 울분을 토해 내면서 납치 문제를 둘러싼 협의는 결렬됐다. 하라구치는 이 회담을 마지막으로 퇴임하고 가와시마 유타카의 후임으로 궁내청 식부관장(의전관장)으로 옮겨 갔다.

미국에서는 아베의 정책에 대한 비난이 높아져만 갔다. 《워싱턴포스트》 3월 24일 자에 〈아베 신조의 한 입으로 두말하기Shinzo Abe's Double Talk〉라는 글이 실렸다. 아베의 대북정책을 비판한 글이었다. 일본은 6자회담의 최강경파이고, 납치 피해자에 대해 북한이 정보를 내놓지 않는 한 북한과의 관계 개선을 위한 "어떤 협의도 거부"하고 있다고 지적했다. 다른 한편으로 아베의 위안부 문제 인식에 대해서도 비판했다. "미묘하고 불쾌하게도" 아베는 제2차 세계대전 중에 "수만 명의 여성"을 위안부로 삼았던 것에 대한 "책임을 일본이 받아들였던 것을 뒤로 후퇴시키려는 캠페인을 병행해 시행하고 있다"라고 지적했다. 아베가 납치 문제에 대해선 북한의 가해를 규탄하면서, 위안부 문제에선 일본의 가해 책임으로부터 도망치려 하고 있다는 것을 '두말하고 있다'는 표현으로 아프게 꼬집은 것이다.

아베의 정치는 급속히 힘을 잃었다. 7월 29일 치러진 참의원 선거에서 자민당이 패배하고, 자민당·공명당 양당의 과반수가 깨지고 말았다.

하라구치의 후임으로 북일 교섭 대사로 임명된 이는 미네 요시키웠다. 차이나 스쿨로 외정심의실장 다니노 사쿠타로 아래서 아시아 여성기금과 무라야마 담화를 위해 일했던 인물이었다. 미네는 "북일 관계가 최악의 상황"에 있다는 것을 우려하며, "성의를 갖고 교섭에 임해 대화가 가능한 건전한 상황으로 돌려놓는 것"을 사명으로 생각하고 있었다.[8] 미네는 9월 6일부터 울란바토르에서 송일호와 협의했다. 송일호는 사뭇 달라진 모습으로 협의에 적극적이었다. 협의를 계속할 수 있는 환경을 만들 수 있을 것으로 보였지만, 그 후 정치 정세가 급변해 미네가 협의를 진전시켜 나갈 수 없는 상황이 됐다.

같은 달 아베의 몸 상태*가 급격히 악화했다. 그는 국회 소신표명 연설을 한 지 이틀 후인 9월 12일 사직했다. 북한 체제의 조기 붕괴를 원했지만, 자신이 먼저 정권을 내던질 수밖에 없었던 무참한 마지막이었다. 아베는 떠났지만, 아베 3원칙은 짧게 중단된 뒤 되살아나 국가의 방침이 되고 만다.

---

* 17살 때 처음 발병한 궤양성 대장염이 재발한 것으로 전해진다. 증세가 악화되면 큰 복통을 느끼면서 하혈을 하게 된다. 아베는 사임 이듬해인 2008년 2월 《분게이 슌주》를 통해 이 사실을 밝힌다.

아베 노선의 국책화, 2007~2012

후쿠다 내각의 대화 노선

아베 총리가 2007년 9월 퇴진했으니 자민당은 먼저 총재 선거를 해야 했다. 후쿠다 야스오 전임 관방장관이 입후보해 아소 다로 외무상과 경쟁하게 됐다. 후쿠다는 대북정책의 전환을 공약으로 내걸었다. 아베 노선을 부정하는 쪽으로 밀고 나간 것이다. 9월 16일 총재 선거에 나서는 제1성으로 후쿠다는 이렇게 말했다. "작금의 상황은 피차간에 교섭할 여지가 없어 보이는 매우 경직된 모습이다. 일본에 교섭의욕이 있다는 사실이 저쪽에 전달되는 방법은 없는가. '대화와 압력'이라는 기본자세 위에 서서 앞으로 나아갈 방안을 궁리해 보려 한다." 아소는 이에 대해 "압력이 기본"이라고 하면서 아베의 노선을 계승한다는 입장을 보였다. 결과는 후쿠다의 승리였다. 후쿠다는 무라야마 담화, 고노 담화를 계승하는 인물이었고, 고이즈미·다나카가 추진한 평양선언의 외교로 돌아가겠다는 자세를 분명히 했다.

후쿠다는 2007년 9월 26일 소신표명 연설에서 다음과 같이 말했다. "한반도를 둘러싼 문제 해결은 아시아의 평화와 안정에 불가결합니다. 북한의 비핵화를 향해 6자회담 등의 자리를 통해 국제사회와 연대를 한층 강화해 가겠습니다. 납치 문제는 중대한 인권문제입니다. 모든 납치 피해자가 한시라도 빨리 귀국해 '불행한 과거'를 청산하고 북일 국교 정상화를 이룰 수 있도록 최대한 노력하겠습니다."

"모든 납치 피해자가 한시라도 빨리 귀국할 수 있게 한다"라는 것은 아베의 말을 계승한 것이었다. 하지만 아베 3원칙이 부정된다면 이 목표가 뜻하는 바도 변하게 된다.

후쿠다 정권 아래서 납치문제대책본부 회의는 단 한 번도 소집되지 않았다. 물론, 본부 예산이나 직원은 유지돼 활동은 계속됐다.

변하지 않은 반응, 새로운 노력

아베가 퇴임하고 후쿠다 정권이 탄생했다는 사실은 보수 반북파에게 충격을 끼쳤다. 《쇼쿤!》 2007년 11월호에 사쿠라이 요시코의 글 〈후쿠다 씨의 '대북정책'에 국민은 반드시 '노!'라고 하자福田氏の〈対北政策〉に, 国民は必ず 'NO!'という〉가 실렸다. 한편, 와다 하루키는 《세카이》 12월호에 논문 〈아베 노선의 파산과 신 북한정책安倍路線の破産と新朝鮮政策〉을 게재했다. 북일 간 교섭을 추진하기 위해선 납치 문제의 세 번째 조사가 필요하지만, 이를 위해선 요코타 부부의 방북을 추진해야 한다고 주장했다. 해가 바뀌어 2008년 초부터 북일 간의 연락 루트를 유지해 온 NGO 레인보우 브릿지Rainbow Bridge의 사무국장 고사카 히로유키小坂浩彰가 북한에서 패전 후에 억류된 사

람들 가운데 사망한 이들의 유골 반환과 가족들의 성묘 문제를 북일 교섭의 의제로 삼기 위해 움직이기 시작했다. 그는 그해 4월 24일 신우익단체인 '잇스이카이一水会'의 스즈키 구니오鈴木邦男, 기무라 미쓰히로木村三浩와 함께 평양에 가 북한 쪽과 교섭했다. 이 자리에서 전후 억류된 일본인 사망자의 묘와 유골의 공양 문제에 대한 논의가 이뤄졌다.[1]

외무성이 움직였다. 후쿠다의 뜻을 받은 사이키 아시아대양주국 장이 2008년 6월 11~12일 베이징에서 북한과 교섭해 합의에 이르렀다. 일본은 "이후에는 발언을 자숙하고, 북한 쪽을 자극하지 않으며, 납치 문제를 정략적으로 이용하지 않겠다"라고 약속한 것으로 전해진다.[2] 그래서 북한도 납치 문제가 해결이 끝난 문제라고 주장하지 않겠다고 밝히고, 재조사를 약속하며 요도호 관계자들의 귀국도 조정해 보겠다고 했다. 일본 쪽은 공무원의 왕래 금지, 전세기 허가 금지 등의 조치를 해제하고, 인도 지원을 위한 북한 선박의 입항을 허용하겠다고 밝혔다. 그렇지만 이를 발표하는 단계에서 일본 내의 반발 움직임이 시작됐다. 결국 재조사 결과를 보고, 이들 제재를 해제할지를 결정하겠다고 입장이 후퇴하자, 북한은 반발했다.

그 후 사이키는 다시 한번 8월 11~12일 선양에서 교섭하게 된다. 일본이 "약속을 지킨다는 것이 후쿠다 내각의 방침이다"라는 뜻을 밝히면서 새 합의가 이뤄진 것으로 전해진다. 이번엔 북한이 재조사 위원회를 발족한다고 알리면, 일본이 공무원의 왕래 금지, 전세기 허가 금지 조치를 해제한다는 내용이었다. 북한은 처음엔 세 가지 제재의 해제를 요구했는데, 두 번째는 두 가지, 그나마 거의 의미 없는 제재의 해제만으로 합의했다.

반대파의 혼란

북일 교섭 반대 세력 가운데에선 혼란이 일어나고 있었다.《현대 코리아》가 2008년 2월호를 마지막으로 폐간됐다. 총대장이었던 사토 가쓰미는 그해 7월 구원회 회장에서 해임되어 쫓겨났다. 사토가 취재하러 온 독립 언론인 아오키 오사무에게 말한 바에 따르면, 구원회의 회계 문제를 정리해야 한다고 주장하자 이에 반대하는 니시오카 쓰토무 등이 내부에서 다수파를 상대로 공작을 벌였다. 결국 사토의 회장 해임을 결의하고, 후임으로 변호사 후지오카 요시아키藤岡義昭를 선출했다는 것이다. 니시오카는 회장 대행이 됐다.[3] 이는 사토 쪽의 설명이지만, 세상에 알려지기로는 이 해임 건과 홋카이도의 지원자가 낸 1000만 엔의 돈을 사토가 자기 호주머니에 넣었다는 의혹이 연결돼 있다는 견해도 있다. 어찌 됐든, 사토가 자신이 만든 구원회에서 쫓겨나 자기 직계 제자인 니시오카에게 권력을 빼앗긴 것이다. 니시오카는 이후 2010년 3월 후지오카를 명예 회장으로 올리고, 구원회 회장에 취임하게 된다.

　한편, 북일 국교 촉진파 쪽에선 새 운동 조직이 생겨났다. 전일본자치단체노동조합, 일본교직원조합 등이 포함된 평화인권포럼이 중심이 돼 '동북아시아에 비핵·평화 확립을! 북일국교정상화연락회東北アジアに非核·平和の確立を！日朝国交正常化連絡会'를 발족했다. 2008년 7월 24일 열린 발족식에는 전국 각지에서 조선총련과 연

대·협력 운동을 하는 '평화포럼'과 사민당 지방 조직이 대표를 보내 왔다. 평화포럼 대표 후쿠야마 신고福山真劫와 릿교대학 준교수 이시 자카 고이치石坂浩一가 공동대표가 됐다. 북일국교촉진국민협회 사무국장 와다 하루키는 이 모임에 고문으로 취임했다. 우선은 평양선 언 기념일인 9월 17일에 매년 총회와 기념 강연회를 열어 가기로 의 견을 모았다.

후쿠다 총리의 돌연한 강판

후쿠다는 국교 정상화 교섭을 추진하겠다는 강한 결의를 북한 쪽에 전했지만, 이는 '허무한 얘기'로 끝나고 말았다. 후쿠다는 두 번째 합 의가 실행으로 옮겨지는 것을 보지도 못하고 2008년 9월 24일 깨끗 하게 정권을 내던져 버리고 만 것이다. 나중에 후쿠다와 만났을 때 물어보니, 그는 김정일이 쓰러졌다는 사실을 알고 북일 교섭 타개를 포기했었다고 말했다. 분명, 제2차 합의 직후인 2008년 8월 말 김정 일이 뇌졸중으로 쓰러졌다는 정보가 흘러나왔다. 그러나 김정일은 회복하여, 이듬해인 2009년 8월에는 북한을 방문한 빌 클린턴 전 미 국 대통령과 회담했다. 그렇기에 김정일의 병 때문에 북일 교섭 타 개를 포기했다는 것은 있을 수 없는 일일 것이다. 후쿠다는 공명당과 충돌해 이들이 불신임을 표명하면서 그만두지 않을 수 없었던 것으 로 여겨진다. 공명당이 왜 그렇게 움직였는지는 수수께끼다. 2008년 9월 26일 후쿠다는 사임했다.

아소 내각 아베 노선을 되살리다

후쿠다 내각이 또 1년 만에 막을 내리자 그다음으로 아소 정권이 들어섰다. 그렇게 되니 납치문제대책본부가 되살아났다. 2008년 10월 15일 납치문제대책본부의 제2차 회의가 개최되었다. 아소 정권에서 관방부장관으로 취임한 우루마 이와오가 납치문제대책본부의 사무국장이 됐다. 그리하여 납치문제대책본부 2008년 예산 역시 후쿠다 정권 시대보다 1억 엔 늘어난 5억 8400만 엔이 됐다.

아사히신문사의 사진전 〈메구미 씨 가족들과 보낸 13년めぐみさん 家族と過ごした一三年〉이 시민 단체 '나팔꽃 모임あさがおの会'과 공동주최로 전국에서 3년에 걸쳐 개최됐다. 2008년 11월 도쿄에서 이 행사를 마무리 짓는 사진전이 열렸다. 그때 11월 23일 아사히신문사는 명물 칼럼인 〈하늘의 목소리, 인간의 이야기天声人語〉에서 이 사진전에 대해 언급하며 "흉악 범죄 중에서도 부조리함과 답답함의 극치라 할 수 있는 것은 북한이 저지른 납치 사건일 것"이라고 했다. 나아가 이 문제를 해결하려는 요코타 부부의 활동에 대해 "현실 속에서 '세상을 바로잡으려는 것'이기도 하다"라고 격찬했다. 마지막 부분에선 "후회 없이 살겠다"라는 사키에의 말을 인용해 "이웃 나라의 어머니에게 피맺힌 얘기를 쏟아 내게 한 독재자는 아직 그곳에 있다"라는 말로 글을 맺었다. 이런 격한 증오의 언어가 《아사히신문》 지면에 실린 것을 보고 암담한 생각에 빠지게 됐다.

북일국교촉진국민협회는 후쿠다 내각에 큰 기대를 걸었던 만큼 채 1년도 지나지 않아 후쿠다가 정권을 내던졌다는 사실에 낙담했다. 2008년 10월 18일부터 22일까지 와다 하루키와 기미야 다다시가 북한을 방문해 북한 외무성 연구원 이병덕李炳德과 의견을 교환했다. 와다는 예전부터 생각해 왔던, 재조사 과정에 요코타 부부의 방북을 추가하는 안에 대해 어떻게 생각하는지 의견을 물었다. 요코타는 2003년 처음 방북 의지를 표명한 뒤, 이 뜻을 이루지 못한 채 꺾인 상태였기 때문이다. 이병덕은 그에 대해 답했다. "요코타 부부가 방북하는 게 좋지 않겠냐고 두 번 세 번 말해 왔다. 그러나 요코타 부인은 미국에만 가고 북한엔 오려 하지 않는다. 딸의 영혼을 끌어안으려 하지 않는 것을 이해할 수 없다." 나아가 다른 피해자의 가족도 오려 한다면, 받아들이겠다고 얘기했다. 여기에 꽉 막힌 벽을 부술 수 있는 길이 있겠다고 생각했다.

외무성도 2009년 무렵엔 전혀 움직이지 않았다. 미네 요시키는 4월 북일 국교 정상화 교섭 담당대사를 사임하고, 제네바의 유엔군축 대사로 옮겨 갔다. 후임이 임명되지 않았기 때문에 미네가 마지막 담당대사가 됐다.

국민협회는 2010년 창립 10주년 기념일을 맞이했다. 이에 맞춰 와다는 2009년 4월 8일 〈북일 국교 정상화 2010년 계획에 대해日朝国交正常化二〇一〇年計画について〉라는 메모를 작성했다. 와다는 여기서 북일 교섭을 막는 것은 "모든 납치 피해자가 귀국하는 것이 국교 정상화를 위한 전제"라는 아베 신조의 사상이고, 납치문제대책본부를 중심으로 하는 체제이며, 여기서 실시하고 있는 정책이라고 주장했다. 구체적 방책으로 강조한 것은 납치문제대책본부를 해산하는 것과 이 문제를 재조사하는 과정의 일환으로 요코타 부부가 방북해

야 한다는 것이었다. 후자에 대해서는 다음과 같이 밝혔다. "재조사를 진정 의미 있는 것으로 만든다는 뜻에서 요코타 부부의 방북을 요청한다. 요코타 부부가 김은경, 김영남과 만나는 등 관계 기관을 방문해 진상규명을 위해 노력하는 것 외에 돌파구를 열 방법이 없다. 여러 정부 기관 관계자도 동행할 필요가 있다." 하지만 이 구상 역시 당분간은 탁상공론에 불과할 수밖에 없었다.

다하라 발언 사건

언론은 이 무렵에 이르러선 납치 문제와 관련해 다른 의견을 제시하며 비판하는 것을 허용하지 못하는 상황이 되어 버렸다. 이를 상징하는 사건의 전말은 요코타 메구미, 아리모토 게이코의 사망에 대한 유명 방송인인 다하라 소이치로田原総一朗의 발언이었다. 다하라는 2009년 4월 25일 〈아침까지 생방송朝まで生テレビ〉이라는 프로그램에 나와 다음과 같이 발언했다.

> 부시 대통령이 2008년 10월 북한에 대한 테러지원국 지정을 해제했습니다. 나는 그 무렵 외무성 넘버 2인가 넘버 3에게 "일본에 납치 문제가 남아 있는데, 이렇게 테러지원국 지정을 해제하는 것은 일본에 대한 배신이 아니냐"라고 했습니다. …그 사람은 "실은 그렇지 않다", "미국은 일본에 질려 버린 것이다" … "베를린에서 2007년 1월에 있었던 이 대화* 이후로 일본에 1년 동안 시간을 줬다", "납치 문제 해결을 위해 북한과 제대로 교섭하라고", "그렇지만 일본은 결국 교섭하지

못했다"라고 말했습니다. 왜 못했는지는 분명합니다. 즉 …일본은 요코타 메구미와 아리모토 게이코가 살아 있다는 전제 아래 교섭을 하고 있기 때문입니다. 그렇지만 북한은 거듭해 "살아 있지 않다"고 말하고 있습니다. 외무성도 살아 있지 않다는 것은 알고 있습니다. 그런데 살아 있지 않다는 것을 전제로 교섭하면, 국내적으로 …여지없이 당하게 된다고 합니다.

이 발언에 가족회와 구원회는 격노했다. 5월 11일 이즈카 시게오飯塚繁雄 가족회 대표, 후지노 요시아키藤野義昭 구원회 회장 명의의 항의문이 발표되고 기자회견이 열렸다. "딸의 생존을 믿으며 목숨을 걸고 구출 운동을 위해 애쓰고 있는 요코타·아리모토 두 부부를 필두로 한 가족회·구원회가 과격한 행동을 통해 다른 의견을 막고 있는 것처럼 말했다", "귀하의 언동에서 동포인 납치 피해자를 구출하겠다는 의사를 전혀 느낄 수 없다"라고 비판했다. 나아가 "확실한 근거도 제시하지 않고, 피해자 사망설을 공공의 전파를 사용해 퍼뜨린다면 이는 분명한 인명 경시일 뿐 아니라, 납치 피해자 가족과 많은 국민의 마음을 짓밟는 것이다"라고 항의했다.

기자회견에서 나온 발언 중에서 요코타 시게루의 다음과 같은 발언이 눈길을 끈다. "사망했다는 근거는 아무것도 없습니다. 객관적

---

* 2007년 1월 17일 독일 베를린에서 열린 북미 회동을 계기로 2월 8일 중국 베이징에서 제5차 6자회담 3단계 회의가 개최됐다. 이후 북핵 협상이 다시 진전되며 미국은 2008년 북한에 대한 테러지원국 지정을 해제한다.

증거가 없는 한 생존을 전제로 행동하는 것은 당연합니다. 죽었는데도(죽었다는 사실을 아는데도) 교섭을 지연하기 위해 이렇게 한다는 것은 말도 안 되는 일입니다. 가족으로서 진상을 알고 싶습니다. 만약 정말로 사망했다면, 받아들일 수밖에 없습니다. 외무성도 정부 안에 속해 있는 것인데 죽었다는 것을 알면서도 살아 있다는 것을 전제로 교섭하고 있다면, 큰일입니다."

사망 통고를 받은 다른 피해자 가족들과 달리, 요코타 메구미의 경우엔 실마리가 있다. 딸인 김은경과 전남편인 김영남이 평양에 살아 있다. 요코타 부부는 이 두 명과 만나 눈을 보고 얘기를 하면서 진상을 밝히려고 노력할 수 있다. 그런데도 전혀 이를 실행하지 않으며 "진상을 알고 싶다"라고 말만 하는 것은 문제라 할 수 있다. 요코타 시게루가 말하고 있듯 "죽었다는 것을 알면서도 살아 있다는 것을 전제로 교섭하고 있나면 큰일"인 것이다.

TV아사히의 담당 프로듀서가 5월 16일 사죄 답변을 내놓았다. 그러나 구원회는 끝까지 다하라 본인의 사죄를 요구했다. 그래서 다하라는 '사죄문'을 내놓지 않을 수 없게 되었다. 그는 "외무성도 살아 있지 않다고 판단하고 있다"라는 말은 "참으로 난폭한 말"이었고, "가족들과 관계자 여러분들에게 불쾌한 마음을 갖게 하고, 마음에 상처를 입게 한 것에 대해 진심으로 사죄의 말씀을 드립니다"라고 썼다. "나는 요코타 메구미, 아리모토 게이코 등 8명의 여러분들이 살아 계시길 진심으로 바라고 있습니다"라고 덧붙였다.

가족회·구원회는 5월 22일 기자회견을 통해 '납치 피해자를 포기하라'고 발언한 다하라가 텔레비전 방송을 진행하는 것을 용납할 수 없다면서 그의 강판을 검토하도록 방송 각사에 요청했다. 나아가 가족회·구원회는 5월 28일 방송윤리·프로그램향상기구審査を放送倫理・番組向上機構에 다하라의 발언을 심사할 것을 요구했다.

그러나 이 지점에서 TV아사히의 모회사인《아사히신문》이 다하라 응원을 위해 나섰다. 6월 13일《아사히신문》오피니언란에 다하라 소이치로의 장문의 기고 〈북한과 교섭하라北朝鮮と交渉せよ〉가 실린 것이다. 그 중간 부분에 문제의 외무성 간부와 나눈 대화가 인용돼 있다. 이번에는 외무성 간부가 "일본 국민이 이런 모습이라면, 북한과 교섭을 진행하는 것에 납득한다는 전망은 당분간 없다"라고 한탄했다는 얘기였다.

다하라는 '이런 모습'이라는 게 무엇을 의미하는 것인지 묻고 "납치 피해자 8명의 생존을 확인해 귀국시킨다는 것"이라고 답하면서, 여기서 벗어난 교섭을 국민들이 인정하지 않는다는 게 문제라고 밝혔다. 나아가 다하라는 5월 19일 나카소네 히로후미中曽根弘文 외무상이 기자회견에서 "외무성은 생사를 알 수 없는 납치 피해자가 모두 생존해 있다는 입장과 전제 위에 서 있다"라고 말한 것을 비판하며, "이 말을 조건으로 거는 한 북한이 교섭을 받아들일 리 없다"라고 단언했다.

아리모토 게이코의 아버지 히로아키明弘, 어머니 가요코嘉代子 두 사람은 7월 16일 고베지방재판소에서 다하라의 말로 인해 고통을 받았다면서 그를 상대로 총 1000만 엔의 위자료를 요구하는 민사소송을 냈다. 한편, 구원회는 이 문제를 NHK와 민영방송이 만든 방송윤리·프로그램향상기구의 방송인권위원회에 제소했다. 방송윤리·

프로그램향상기구는 제소를 수리해 심리에 들어가기로 결정했다.

하토야마 내각 아래서

아소 다로 내각도 1년밖에 견디지 못했다. 2009년 8월 총선거에서 민주당이 승리해 정권 교체가 이뤄졌다. 아이러니하게도 아베 총리의 퇴진과 후쿠다 내각의 대화 노선을 통해 힘을 잃었던 아베 3원칙과 납치 문제를 국가의 중대 문제로 논의하려는 움직임을 되살려 일본 사회에 정착하게 만든 것은 다름 아닌 이후 집권한 민주당 정권이었다.

2009년 9월 16일 탄생한 하토야먀 내각의 외무상으로 취임한 인물은 오카다 가쓰야岡田克也였다. 납치문제담당 총리 특별보좌관직은 폐지됐다. 하지만 납치문제담당상은 존치돼 당의 납치문제대책본부장이었던 나카이 히로시中井洽가 임명되었다. 그는 미에현 출신 중의원 의원이었던 아버지의 지역구를 이어받아 민사당* 의원이 됐다. 1994년에는 하타 쓰토무羽田孜 내각의 법무상을 맡았고 그 뒤로 신진당·자유당·민주당 등을 거쳐 온 사람이었다. 2005년 12월부터 민주당 납치문제대책본부의 책임자가 됐고, 초당적 의원 모임인 납치의원연맹에선 부대표를 맡았다. 2008년 11월 대북 추가 제재안이 정부와 자민당 내에서 논의될 때 자민당 안보다 더 과격한 안을 입안해 민주당 지도부를 겁에 질리게 할 정도였다. 하토야마가 이런 사람을

* 나카이는 1976년 처음 당선됐다.

납치문제담당상에 임명한 것이 민주당 정권의 원죄였다고 말하지 않을 수 없다.

취임 기자회견에서 나카이 새 담당상은 "북한에는 '대화와 압력'이 아니라, '압력과 압력'으로 대해야 한다고 생각해 왔다. 그동안 정부의 대북 정책은 뜨뜻미지근했다"라는 방침을 밝혔다.[4] 나카이가 곧바로 취한 대책은 내각의 납치문제대책본부를 개편·강화한 것이었다. 10월 13일 그동안 전체 각료로 구성되어 있던 대책본부를 총리·외무상·관방장관·납치문제담당상 4명으로 하여 기능적으로 구성하도록 재편하고, 직원도 30명에서 40명으로 늘린다는 방침을 내놓았다. 12월엔 납치문제대책본부의 정보 수집 능력을 높인다면서 민간인을 뽑겠다고 결정했다. 북한난민구원기금의 가토 히로시加藤博 이사장, 특정실종자문제조사회 전무이사·부대표인 마나베 사다키真鍋貞樹 다쿠쇼쿠대학 교수 등을 대신 직속의 참여로 삼는 절차를 마쳤다. 나아가 정보 수집을 위한 예산이 필요하다고 주장해 2009년도 예산을 6억 1800만 엔에서 12억 4000만 엔으로 단번에 두 배로 늘렸다.

나카이는 제재 강화를 목표로 삼았다. 먼저, 북한 여자 축구팀의 입국 금지를 주장했다. 2010년 2월 도쿄에서 열릴 예정이던 동아시아여자축구선수권대회 결승에 참가하려는 북한 여자 축구팀의 입국과 관련해 지바 게이코千葉景子 법무상에게 압력을 가했다. 결국 지바가 북한에 "제재를 취하고 있어 입국은 기본적으로 받아들일 수 없다"라고 말하게 했다. 이 문제로 인해 북한축구협회가 항의문을 보내오고 국제축구연맹의 판단 역시 일본을 비난할 것으로 우려되는 상황이 되자 정부 내에서 재검토가 이뤄졌다. 결국 입국을 받아들이게 했지만, 북한이 항의하며 참가를 거부하고 말았다.

뒤이어 나카이는 민주당 정부가 준비하고 있던 고교 무상화 조치에 대해 2010년 2월 23일 가와바타 다쓰오川端達夫 문부과학상에게 "제재하고 있는 국가의 국민"이라고 주장하면서 조선고급학교를 대상에서 빼도록 요청했다. 가와바타는 이 요청을 무시하겠다는 태도를 분명히 밝혔다.[5] 하지만 하토야마가 동요하는 태도를 보이며 혼란을 불러왔다. 그로 인해 조선고급학교가 무상화 대상에서 빠지게 되었다.

나카이는 공공연히 하토야마의 외교 방침을 비판했다. 기자들에게 "나는 평양선언을 인정하지 않는다. 하지만 하토야마 총리는 이를 답습한다는 생각이다", 북한엔 "우애*가 통용되지 않는다"라고 태연히 말했다.[6]

그렇지만 두 배로 늘린 납치문제대책본부의 예산은 당연히 다 쓰지 못했다. 2010년도 예산 12억 4000만 엔 가운데 사용한 것은 3억 6400만 엔뿐이었다. 9억 가까운 돈은 반납하게 됐다. 생사 정보 수집 체제 강화 경비로 8억 6400만 엔을 배정했지만, 가령 납치 문제와 관련해 좋은 정보를 아는 탈북자에게 1건에 100만 엔을 지급한다 해도 8억 6000만 엔을 사용하려면 860명의 정보 제공자를 모아야

---

* 하토야마의 외교 방침은 할아버지인 하토야마 이치로鳩山一郎 전 총리가 내세웠던 '우애' 사상과 그에 근거한 동아시아 공동체 구상이었다. 나카이에 따르면 북한은 동아시아 공동체에 포함될 수 없다는 의미다.

한다. 불가능한 일이었다. 우습게도 연말에 불용 예산을 반납하는 일이 있어도 한번 증액한 예산을 줄이면 납치 문제에 관한 관심이 옅어졌다는 인상을 주기 때문에 그렇게 할 순 없다며, 2011년 예산은 전년과 같이 12억 4000만 엔 동액으로 유지됐다.

이는 내각에 납치문제대책본부를 설치한다 해도 할 수 있는 의미 있는 일이 없다는 사실을 보여 준다. 납치문제대책본부는 납치 문제가 일본 정부의 최중요 과제라는 것을 선전하기 위한 쇼윈도가 되어 있었다. 그 쇼윈도에 진열하기 위한 인물로 나카이는 먼저 2010년 4월 4일부터 8일까지 북한 노동당 전 비서이자 한국에 망명해 있던 황장엽黃長燁을 일본에 초대했다. 이에 대해선 정권 내부에서 의문을 제기하기도 해 특별히 눈에 띄는 인상을 주진 못했다.

북일국교촉진국민협회 활동

북일국교촉진국민협회는 2010년에 창립 10주년을 맞이했다. 2001년 늦어도 2002년까지는 북일 국교 교섭을 타결한다는 목표를 세우고 운동을 시작했지만, 눈 깜빡할 사이에 10년이 지나가고 말았다. 계속해 활동을 이어 가려면, 기초적 학습을 해야 할 기회가 필요하다고 생각해 그해 2월 4일부터 도쿄 지요다구 반초회관番町会館 홀에서 연속강좌 〈조선과 일본: 이것만은 알아 두었으면 하는 것朝鮮と日本: これだけは知っておきたいこと〉을 시작했다. 제1회 강사는 영화감독 마에다 겐지前田憲二로 주제는 '조선과 일본: 파괴된 역사, 살아 있는 문화'였다. 2월 18일 제2회부터 6회까지는 와다 하루키가 러일전쟁

에서부터 한국병합까지, 3·1독립선언, 김일성의 만주항일전쟁, 8월 15일의 일본인과 조선인, 김정일의 일본관에 관해 얘기했다.

마지막인 8월 30일 강연과 토론 '병합 100년: 일본과 북한'에 토론자로 나선 이는 미네 요시키와 오코노기 마사오였다. 덧붙여, 이날을 끝으로 미키 무쓰코의 후의厚意로 10년 동안 사용해 왔던 반초회관 내 협회 사무실을 폐쇄했다. 와다의 강좌는 그해 12월《이것만은 알아 두고 싶은 일본과 조선의 100년사(헤이본사신서平凡社新書)これだけは知っておきたい日本と朝鮮の一〇〇年史》(헤이본사)라는 책으로 출판됐다.

5월 10일에는 '한국병합' 100년 한일 지식인 공동성명이 도쿄와 서울에서 공동 발표되었다. 성명에는 병합은 '불의부당不義不当'하며, '병합조약도 불의부당'한 것이기 때문에 1965년 체결된 한일기본조약 제2조의 해석은 애초부터 병합조약이 무효였다는 한국 쪽의 해석으로 통일해야 한다는 주장이 담겼다. 와다 하루키는 이 성명의 기초자 가운데 하나였다. 크게 말해 이 성명도 북일 국교 촉진을 위한 활동의 산물이었다고 말해도 좋을 것이다.[7]

이 시기 움직임이 멈춰 버린 북일 관계 개선을 위해 노력하고 있던 것은 레인보우 브릿지의 사무국장 고사카 히로유키였다. 고사카는 북한과 연락을 취한 다음 민주당의 중의원 납치문제특별위원회 위원장이었던 조지마 고리키와 만나 북한 쪽과 교섭해 보도록 권했다. 조지마는 가와사키시가 지역구로 이 도시에 사는 요코타 부부의 일에 각별한 주의를 기울이고 있었다. 중의원 납치대책위원회 위원장으로 이 문제를 해결하기 위해 노력하던 중에 고사카와 만나 특별한 행동에 나서게 됐다. 조지마는 2010년 4월 베이징으로 가 이 선생이라 불리는 조선노동당 인사와 만났다. 둘은 여러 일에 관해 얘기를 나눈 뒤 헤어졌다.[8] 다음 달에도 조지마는 다시 베이징으로 가 이 선생과 만났다.

간 나오토 내각

하토야마가 2010년 6월 오키나와 후텐마普天間 기지 이설 문제[*]로 퇴진하고 난 뒤 간 나오토가 총리가 됐다. 관방장관이 센고쿠 요시토仙谷由人로 바뀌었을 뿐 주요 각료는 유임됐다. 납치문제담당상도 나카이가 그대로 맡게 됐다.

나카이는 계속해 쇼윈도 정책의 제2막을 진행했다. 대한항공 폭파 사건의 실행범인 김현희를 일본에 초대한 것이다. 김현희는 2010년 7월 20일 일본 정부가 보내 준 특별기로 하네다 공항에 도착했다. 국빈용 차를 타고 공항을 출발해 나가노현 가루이자와軽井沢에 있는

---

[*] 하토야마는 2009년 8월 30일에 열릴 총선거를 앞두고 7월 19일 오키나와현의 미해병대 후텐마 비행장을 '최소한 현 바깥'으로 이전하겠다고 약속했다. 그러나 선거에서 이겨 총리 자리에 오른 뒤인 2010년 5월 이 약속을 지키지 못하고 섬의 북서쪽인 헤노코辺野古로 이전한다는 결정을 내렸다. 이후 일본 안보의 핵심인 주일 미군 문제를 섣불리 건드려 큰 혼란을 불러왔다는 우파 쪽의 공격과 자기 약속을 지키지 못하고 오키나와인들을 두 번 죽였다는 좌파 쪽의 공격이 이어졌다. 고립무원 상태에 빠진 하토야마는 이를 견디지 못하고 한 달 뒤인 6월 총리직에서 물러났다.

하토야마의 별장으로 향했다. 그곳이 일본에 머무를 동안 그녀의 숙소가 되었다.

김현희는 그날과 다음 날인 21일 다구치 야에코의 오빠 이즈가 시게오, 장남 고이치로耕一郎와 만났다. 그녀는 "다구치는 분명 살아 있다"라고 말했다. 이어 다구치 고이치로의 노트에 "서울의 엄마*로부터"라며 "사랑하는 아들아. 엄마(진짜 엄마인 다구치)는 반드시 돌아옵니다"라고 썼다. 21일 저녁에는 요코타 부부와도 간담회를 했다. 예전부터 김현희는 요코타 부부와 만난다면, 할 얘기가 있다고 해 왔기 때문에 무언가 의미 있는 정보를 전해 올까 기대를 거는 이들도 있었지만, "메구미와 한 번 만났다", "고양이를 좋아해서 많이 길렀다", "모두를 웃기곤 했다"라고 말했을 뿐이었다. 생사에 대해선 "반드시 살아 있다"라고 되풀이했지만 특별한 근거는 없었다. 요코타 부부 역시 실망한 듯했다.

김현희는 22일 하토야마의 별장에서 나와 도쿄의 조후調布시로 갔다. 거기서 헬리콥터를 타고 40분 정도 도쿄 상공을 유람 비행했다. 이 유람 비행에 대해선 역시나 비판이 쏟아졌다.《아사히신문》은 전세기 대여비 1000만 엔, 경계 태세(경호비) 수백만 엔, 헬리콥터 대여비 80만 엔 등이 납치문제대책본부의 올해 예산 12억 엔에서 지출됐다고 지적했다. "그래도 납치 피해자 가족은 '반드시 살아 있다'는 김 전 사형수의 말에 희망의 끈을 이어 간다. 일본 방문을 가능하

---

* 김현희가 한때 자신에게 일본어를 가르쳤던 다구치의 아들에게 자신을 '서울의 엄마'라고 표현했다는 의미다.

게 한 정부에 감사하다는 목소리도 나온다"라는 말로 기사를 끝맺고 있다.

김현희를 초대한 것은 납치 문제에 관한 정부의 인식과 정책이 완전히 막다른 골목에 다다랐음을 보여 주는 일이었다. 나카이 담당상은 이런 일까지 벌임으로써 납치 문제에 대한 아베의 유산을 완전히 사회 속에 정착시키고 일본의 공식적 국가정책으로 만든 것이라 할 수 있다.

간 나오토는 일본의 조선 병합 100년을 맞아 5월에 나온 병합 100년 한일지식인선언에서 지적받은 것에 대해 가까스로 응답했다. 8월 10일 병합 100년 총리담화를 내놓은 것이다. 여기에선 다음과 같이 언급했다. 센고쿠 요시토가 노력해 완성한 담화였다. 오코노기가 초안을 잡는 데 협력했다고 알려져 있다.

올해는 한일 관계에 있어 커다란 전환점이 되는 해입니다. 정확히 100년 전 8월 한일병합조약이 체결되어 이후 36년에 걸친 식민지 지배가 시작되었습니다. 3·1 독립운동 등의 격렬한 저항에서도 나타났듯이, 정치·군사적 배경 아래서 당시 한국인들은 그 뜻에 반하여 이루어진 식민지 지배로 인해 국가와 문화를 빼앗기고, 민족의 자긍심에 깊은 상처를 입었습니다. 나는 역사와 성실하게 마주하려 합니다. …이 식민지 지배가 초래한 다대한 손해와 고통에 대해, 여기에 재차 통절한 반성과 마음에서 우러나오는 사죄의 심정을 표명합니다.

이 담화에 기초해 조선왕조 의궤 등 한반도에서 유래한 도서를 한국에 돌려주었다. 하지만 북한 정부에는 이 담화를 전달하지도 않았다. 참의원 결산위원회에서 마타이치 세이지又市征治 사회당 의원의 질문(10월 18일)에 간 나오토는 "당시의 한국이라는 의미는 당시는 아직 하나의 나라였기 때문에 그런 의미를 포함해 이해해 주시길 바랍니다"라고 말했을 뿐이었다.

간 시대에는 납치문제대책본부 회의가 4번 열려 이 회의가 완전히 정착됐다. 그때마다 간 나오토는 구원회·납치의원연맹·대책본부 직원이 말하는 대로 피해자의 귀국이 이뤄지지 않는 것에 대해 "송구해 견딜 수 없다"라거나 "정부가 하나가 되어 맹진하겠다"라거나 하는 말의 수위만 높여 갔다. 그러면서 실제로는 아무것도 하지 않는 상황이 이어졌다. 이에 대해 추궁받자, 결국 자위대를 파견해 구출한다는 얘기를 엉겁결에 꺼내면서 문제를 일으키는 모양새였다.

2010년 6월 18일에는 '납치 문제를 위한 노력' 3개 항목*이 확인되었다. 10월 22일에는 전 각료가 출석해 북한 정세를 분석했다.

간 내각 납치대책본부의 모습

북일국교촉진국민협회는 간 내각 납치문제대책본부의 업무 방식을

---

* 3항목은 다음과 같다. ① 납치 문제는 일본인의 생명과 안전에 관한 중대한 문제로 모든 납치 피해자를 한시라도 빨리 귀국시키도록 전력을 다해야 한다. ② 이를 위해 철저하게 정보를 수집·분석하고 한·미 등 관계국들과 긴밀히 연대한다. ③ 납치 문제의 해결 없이 북한과 국교 정상화는 없다는 방침을 견지한다.

절망적으로 보고 있었다. 와다 하루키는 고사카의 소개로 조지마와 만나 의견 교환 등을 했다. 와다는 조지마에게도 요코타 부부의 방북이 납치 문제를 해결할 수 있는 열쇠가 될 것이라고 제안했다. 고사카는 패전 이후 북한에서 귀국한 사람(일본인)들이 남겨 두고 온 사망자들의 위문(성묘)이라는 과제를 풀기 위해 조지마와 상의하고 있었다.

11월 23일 북한군이 한국 연평도를 포격하는 심상치 않은 사건이 발생했다. 그 뒤인 29일 납치문제대책본부 회의가 열렸다. 이 자리에서 본부장 즉 간 나오토의 지시인 '납치 문제 해결을 향해拉致問題の解決に向けて'가 나오게 됐다.

북한에 의한 일본인 납치 문제는 우리 나라에 대한 주권 침해이자 중대한 인권침해이며, 용서할 수 없는 행동이다. 정부가 인정한 납치 피해자는 12건 17명이지만, 8년 전에 돌아온 5명을 빼고 12명의 납치 피해자가 북한에 갇혀 있는 상태로 사랑하는 가족과 헤어져 하루라도 빨리 구출되기를 기다리고 있다. 또 정부가 인정한 납치 피해자 외에도 납치됐다는 의심을 부정할 수 없는 분들도 있다. 이런 상황에 대해 정부는 송구함을 견딜 수 없고, 납치 문제가 장기간에 걸친 교착 상태에 있다는 엄혹한 현상을 인식하고, 하루라도 빨리 모든 납치 피해자가 안전하게 귀국할 수 있도록 정부가 하나가 되어 더한층 노력해 맹진할 필요가 있다.

북한에 대한 우리 나라의 기본적 입장은 제65차 유엔총회(2010년 9월 24일) 때 제시한 바와 같이, 북일 평양선언에 따라 납치·핵·미사일이라는 여러 현안을 포괄적으로 해결하고, 불행한 과거를 청산하여 국교 정상화를 추진한다는 것에서 변함이 없다. 또 그 전제로서 특히 납치 문제의 해결이 불가결하다는 것은 말할 필요도 없다. 나아가 북한이 북일 간 합의를 시행하는 등 긍정적이고 싱의 있는 대응을 취한다면, 일본도 같은 대응을 할 용의가 있다. 또 우리 나라는 여러 차례에 걸친 안보리 결의나 6자회담의 공동성명에 따라 북한에 구체적 행동을 취하도록 계속해 요구해 간다는 입장에서 달라지지 않았다고 해 왔다. 그렇지만 현재 북한은 핵 개발을 계속한다는 태도를 다시금 과시하며, 한국 연평도에 대해 포격하는 등의 움직임을 보이고 있다. 이런 도발 행위는 우리 나라를 포함한 북동아시아 전체의 평화와 안정을 훼손하는 것이다. 본 대책본부도 그런 사태를 고려해 충분한 대책을 취할 필요가 있다.

이때 간 내각은 고교 무상화 조치 대상에서 조선고급학교를 포함하지 않는다는 결정을 재고하지 않기로 한다.

구원회는 이 무렵엔 '대북 풍선 삐라' 일본실행위원회에 참가하는 등 완전한 반북 단체로 변했다. 2011년 2월 16일 '김정일의 악행을 규탄하고 북한 인민에게 진실을 전하는 한일연대집회'가 열렸다. 주최자는 가족회·구원회와 그 밖의 2개 단체이고, 공동대표는 니시오카 쓰토무와 미우라 고타로三浦小太郎가 맡았다. 니시오카는 9월까지 북한이 움직이지 않으면 추가 제재를 요구하고 자위대를 파견해 납치 피해자들을 구출해야 한다고 주장했다.[9] 구원회는 조선고급학교에 무상화 조치를 적용하는 것에 철저히 반대한다는 입장을 가족회와 함께 문부과학성에 전달했다.

도호쿠 대지진 가운데

2011년 3월 11일 도호쿠 대지진이 발생했다. 1000년에 한 번 있을까 말까 한 거대한 쓰나미, 그리고 인류사상 최악의 수준인 원전 사고가 발생했다. 이 대재해에 대해 북한은 피해당한 일본 국민에게 동정의 뜻을 보였다. 북한은 도호쿠 대지진이 발생하자 《노동신문》을 통해 이를 연일 보도했다. 3월 16일엔 다음과 같은 큰 기사로 끝을 맺었다.

> 일본 정부는 10만 명 이상의 구조대를 파견해 재난 구조에 총력을 기울이고 있다. 국제사회도 일본에서 발생한 자연재해에 대해 심심한 우려와 동정을 나타내고 있으며, 그 구조 사업에 협력하려 하고 있다. 최근 유엔 사무총장이 긴급 기자회견을 열어, …가능한 모든 지원을 제공할 생각이라고 말했다. 현재, 중국·러시아 등…40여 개 국가에서 약 70개 긴급구조단이 파견되었거나, 파견 대기 상태이며, 여러 국가에서 인도주의적 구원물자를 보내고 있다. …지난 14일 우리 나라 적십자회 중앙위원회 위원장은 일본적십자사 사장에게 위문 전문을 보내, 지진 및 쓰나미 피해를 당한 수많은 피해자에게 깊은 동정과 위문의 뜻을 보이고, … 피해자의 생활이 하루라도 빨리 안정될 수 있기를 바란다고 강조했다. 지금 닥친 일은 지진·쓰나미 피해에 직면한 사람들을 구조하고, 피해 방지 대책을 세우는 일이다.

북한적십자는 의연금 10만 달러(810만 엔)를 조선총련을 통해 보내 왔다. 이 돈은 3월 25일 전달되었지만, 일본 신문들은 거의 보도하지 않았다. 한편, 4월 5일 일본 정부는 대북 제재를 1년간 연장하겠다고 발표했다.

북한은 납치 문제에 대해 헤이세이 20년 8월(2008년 8월)에 합의한 조사 재개에 아직 착수하지 않는 등 구체적 행동을 취하지 않고 있고, 핵·미사일 개발을 계속하는 한편 한국 초계함 침몰 사건, 유엔 안보리 결의 위반인 우라늄 농축 계획 공표, 연평도 포격 사건과 같은 도발 행위를 거듭하는 등 여전히 우리 나라를 포함한 지역의 안전보장에 급박하고 중대한 불안정 요인이 되고 있다. 이런 북한을 둘러싼 제반 정세를 종합적으로 감안하여 이런 조치를 계속할 필요가 있다고 판단했다.

일본 정부의 이 발표에 대해 《조선중앙통신》은 4월 8일 논평을 내어 "일본 정부는 현재와 같은 혼란기에 대북 제재극 등을 연출하며 시간을 보낼 게 아니라 피해 지역 인민의 생활을 안정시키고, 방사선 피해를 막기 위한 대책을 강구해야 한다"라고 밝혔다.

북한은 이웃으로서 배려의 뜻을 보이고 원조를 시행했다. 일본은 도호쿠 대지진 한가운데 있으면서도 이웃으로서 해야 할 행동조차 하지 못했다.

사이키 발언의 폭로

2011년 초여름부터 다하라 발언과 관련해 주목해야 할 사건이 일어났다. 미국 국무부 동아태차관보인 커트 캠벨Kurt Campbell과 사이키

아키타카가 나눈 회담 기록이 위키리크스를 통해 폭로된 것이다. 이 가운데 사이키가 납치 피해자들이 죽었다고 말했다는 사실이 보도됐다. 2009년 9월 21일 회담으로 2011년 5월 다하라 재판이 한창 진행 중이던 때 폭로됐다. 누설된 내용은 아래와 같은 발언이다.

> 사이키 국장은 북한이 생사불명인 납치 피해자 가운데 몇 명은 살해했을 것이라고 믿고 있다고 말하며, 요코타 메구미의 운명이 최대 문제로, 그녀는 더욱이 비교적 젊고(40대), 여론이 그녀의 사례에 가장 동정적이기 때문이라고 설명했다. 그는 납치 피해자 가운데 몇 명은 여전히 살아 있다고 믿고 있었다. 사이키는 새 납치문제담당상인 나카이 히로시가 강경파(하드라이너)라고 우려하고 있었다. 사이키는 마지막으로 일본은 북한과 대화를 통해 납치 문제를 어떻게 진전시킬지 결정해야 할 필요가 있으며, 새로운 일본 정부(민주당 정부)는 자민당 정권과 같이 이 문제에 주의를 기울일 것이라고 말했다.[10]

이 내용이 보도되니 구원회는 충격을 받은 듯 기세 좋게 들고 일어났다. 인도 대사가 되어 있던 사이키는 펄쩍 뛰며 발언을 전면 부정했다. 국회에서 답변을 요구받은 민주당 정부의 마쓰모토 다케아키松本剛明 외무상도 그의 발언을 전하며, 부정하려 기를 썼다. 그러나 사이키가 부인한 것을 믿을 순 없다. 위키리크스가 폭로한 캠벨의 비공개 전보를 믿지 않을 이유가 없기 때문이다. 그러나 언론은 이 건을 파고들지 못했다. 사이키는 나중에 외무차관으로 승진했다.

북일 교섭 재개를 요구하는 움직임

하지만 도호쿠 대지진 이후 북일 교섭을 처음부터 다시 시작해야 한다는 분위기가 점차 높아져 갔다. 그런 가운데 요코타 시게루가 북한과 교섭을 강력하게 주장하기 시작했다. 이미 2011년 2월 5일 정부가 주최하여 요코하마시에서 열린 '납치 문제를 생각하는 국민대집회 in 가나가와拉致問題を考える国民大集会in神奈川'에서 요코타는 "아소 정권 이후엔 한 번도 북일 교섭이 실현되지 않고 있습니다. …북한에 대한 제재만으로는 해결이 어렵습니다. 꼭 기회를 잡아내 교섭을 해 줬으면 합니다. 이를 위해서라도 여론의 관심이 높아지는 게 중요하다고 생각합니다. 여러분께서 꼭 응원해 주십시오"라고 말했다. 3·11 이후 요코타는 5월 8일 '구원회' 국민대집회에 나가 한층 더 강한 목소리로 다나카 히토시는 25번이나 교섭했다고 말하면서, "왜 이런 교섭이 안 되는 것이냐"라고 말했다. 요코타 사키에도 5월 26일 사리사욕이 없는 사람이 교섭해 주기를 바란다고 발언하는 데 이르렀다. 구원회는 히라누마 다케오 납치의원연맹 회장이 교섭해 주기를 바란다며 움직이기 시작했다.

그렇지만 6월 10일 납치문제대책본부는 북한이 9월까지 재조사하지 않으면, 제재 강화를 검토하겠다는 뜻을 밝혔다.

북일국교정상화추진의원연맹이 6월 15일 다시 출범했다. 후쿠다 내각 시대에 야마사키 다쿠 회장 아래서 생겨난 이 의원연맹은 이후 활동 정지 상태였다. 하지만 중의원 부의장인 에토 세이시로衛藤征士郎가 회장이 되면서 부활하게 된 것이다. 회장 대행엔 누카가 후쿠시로額賀福士郎, 부회장에는 가와무라 다케오河村健夫, 간사장에는 나카타니 겐中谷元 등 자민당 의원들이 주요 직책을 맡았다. 민주당 정권의 대북정책에 불만을 가진 이들이 간 내각이 퇴진하면 새로운 바람을 불게 해야 한다는 생각에서 만들어 낸 새 조직이었다. 그러나 민주당도 하치로 요시오鉢呂一雄, 나카가와 마사하루中川正春, 도이 류이치土肥隆一 등 부회장 3명을 내놓았다. 북한과 만나고 있는 조지마 고리키가 간사장 대리, 가와카미 요시히로川上義博가 사무국장이 되는 등 자민당 인사들과 마찬가지로 대북정책에서 변화를 바라는 사람들이 합류했다. 재출범 모임에선 히라사와 가쓰에이 의원을 포함한 참석자들이 제재하더라도 북한의 변화라는 결과를 내지 못하면 의미가 없으니, 양국이 교섭을 통해 국교 정상화를 목표로 해야 한다는 데 의견을 모았다. 구원회는 북한의 접근으로 인해 일어난 움직임이라고 반발하며 경계하기 시작했다.

사정이 여기에까지 이르자 나카이도 사태를 지켜볼 수만은 없게 됐다. 초조해진 나카이는 북한과 접점을 찾으려는 행동에 나서 사람들을 놀라게 했다. 나카이는 7월 장춘에서 송일호와 만났다. 납치문제대책본부 직원 고시로 노리오小城德男와 다쿠쇼쿠대학 교수 마나베 사다키가 수행했다. 《아사히신문》(2012년 3월 16일) 기사에 따르면, 납치 문제 해결을 요구하는 나카이에게 송일호는 일본인 부인, 유골 수집, 요도호 사건 관계자의 귀국에 한정한 협의를 요구했다고 한다.

조지마 고리키가 2011년 8월 세 번째로 베이징에서 이 선생과 협의에 나서 유족의 성묘 문제를 협의했다. 이 선생은 충분히 얘기할

수 있는 문제라고 답했다.[11]

노다 내각 시대의 모색

마침내 2011년 9월 2일 간 내각을 대신해 노다 요시히코野田佳彦의 새 내각이 발족했다. 외무상은 겐바 고이치로玄葉光一郎, 납치담당상은 야마오카 겐지山岡賢次로 교체됐다. 새 내각의 각료 가운데 나카가와 마사하루 문부과학상과 하치로 요시오 경제산업상은 함께 지난 6월 재출범한 북일국교정상화추진의원연맹 부회장이었다. 히라오카 히데오平岡秀夫 법무상도 북일 국교 정상화가 필요하다고 주장해 온 당내 그룹의 유력 멤버였다. 관방장관엔 후지무라 오사무藤村修가 임명되었지만, 관방부장관에 사이토 쓰요시斎藤勁가 취임한 게 시선을 끌었다. 대북정책을 전환하는 시기가 왔다고 볼 수 있었다. 정책조사회장에는 마에하라 세이지前原誠司, 간사장 대리에는 조지마 고리키 등 한일·북일 관계 개선에 적극적인 인물들이 취임했다.

9월 4일 구원회 집회에서 야마오카가 나서 인사말을 내놓았으나 무기력한 연설이었기 때문에 이에 대한 비판이 나왔다. 그러자 노다 총리는 9월 6일 마쓰바라 진을 납치문제담당 부대신으로 임명했다. 그러나 마쓰바라는 자민당으로부터 비판받고 사임하게 됐다.* 노다

---

* 당시 마쓰바라는 국토교통부 부대신이었다. 노다 총리는 그동안 납치 문제와 관련해 오랫동안 활동해 온 마쓰바라에게 납치문제담당 부대신을 겸임하게 했지만, 자민당에선 이 자리는 줄곧 내각부 부대신이 담당해 온 자리라며 크게 반발했다.

는 9월 11일 가족회와 만났다. 회담 후 노다는 9월 중에 한 번 더 가족회와 만나겠다고 말하며 방북하겠다는 결의를 표명했다. 그 후에 노다는 유엔 연설에서도, 한국을 방문했을 때도 납치 문제 해결에 적극적 의사를 밝혔다.

북일국교촉진국민협회는 그해 가을 북일 국교 정상화를 향해 새로운 전진을 꾀해야 한다고 주장했다. 9월 3일 평양선언 9주년 기념 심포지엄에서 와다는 〈북일 평양선언과 일본의 과제日朝平壤宣言と日本の課題〉라는 보고를 했다. 간 나오토가 조선고급학교에 대한 무상화 조치 적용을 추진하도록 지시했지만, 실현하지 못하고 정권을 내던진 것에 대해 "새 내각이 이를 달성해 정책 전환의 신호로 삼아야 한다"라고 지적했다. "이 이상 구원회나 납치의원연맹의 압력에 따라 움직이면 안 된다"라면서 "납치문제대책본부를 축소하거나 해체하고, 북한과 외교 교섭을 원래대로 외무성에 맡겨야 한다", "국교 정상화는 무조건 달성한다는 생각을 가져야 한다"라는 주장 등을 했다.

나아가 와다는 10월 31일에 비밀 교섭을 통해 북일 교섭을 하고, 그 뒤의 정식 교섭을 외무성이 맡도록 해 재조사 결과와 관계없이 중일 국교 수립의 방식*에 따라 국교를 수립하는 안을 기초했다. 11월에는 협회의 성명 〈다시금 북일 국교 정상화를 요구한다-2011년 겨

---

* 중국과 일본은 1972년 9월 국교를 정상화했다. 중국은 양국 국민의 우호를 위해 일본에 전쟁 배상의 요구를 포기했다. 그 대신 일본은 중국에 공적개발원조 방식으로 많은 경제 지원을 했다. 북일도 같은 방식으로 국교를 정상화하면서 북한이 일본에 대한 청구권을 포기하고 일본은 그 대가로 경제 지원을 해야 한다는 의미다.

울(안)改めて日朝国交正常化を求める-二〇一一年冬(案)'〉을 기초해, 협회 내에서 협의를 진행했다. 그러나 이 성명은 발표하지 않았다. 와다는 11월 21일 '동북아시아에 비핵·평화 확립을! 북일국교정상화연락회' 총회에서 강연하고 "북일 교섭이 개시되면, 납치 문제의 재조사, 요코타 부부의 방북, 제재의 일부 해제를 결정하고 추진"해야 한다고 주장했다.

이런 상황에서 급기야 구원회·가족회도 새로운 운동 방침을 내놓지 않으면 안 되게 됐다. 10월 9일 구원회·가족회 합동회의에서 전체 피해자를 구출하는 방식으로 두 개의 방법을 취한다고 발표했다. 첫 번째로 제시한 것은 "교섭에 의한 구출"이었다. "모든 피해자가 돌아오지 않는 한, 제재를 강화하고 지원하지 않는다"라는 자세를 견지하며, "제재와 국제연대의 압력 등으로 북한이 우리 나라와 교섭을 위해 나올 수밖에 없는 상황을 만들어", "주체적으로 교섭을 수행한다"라고 했다.[12] 내용은 전혀 변하지 않았지만, 어쨌든 교섭한다고 말하지 않을 수 없게 된 것이다.

이 무렵인 2011년 11월 4일 다하라 소이치로에 대한 민사소송 재판 결심 결과가 나왔다. 다하라의 패소였다. 고베지방재판소는 다하라의 발언에 합리적 근거가 있었다고 인정할 수 없다면서 100만 엔의 위자료를 지급하라고 명했다. 다하라는 항소하겠다는 뜻을 밝혔지만, 나중에 취하해 판결이 확정됐다. 다하라 소이치로는 아리모토 게이코의 부모에게 100만 엔을 지급했다.

김정일의 사망

이 시점에서 놀라운 사건이 발생했다. 김정일 국방위원장이 2011년 12월 17일 사망했다는 발표가 나온 것이다. 후계자는 젊은 김정은 金正恩이었다. 북한은 어떻게 될 것인가 모두 불안한 마음으로 지켜보았다. 그러는 가운데 북일 교섭 재개를 바라는 가족회 회장 요코타 시게루의 주장은 점점 강해졌다. 요코타 시게루는 12월 NHK 뉴스에 나와 도호쿠 대지진 때 북한이 의연금을 보내온 데 감사의 뜻을 밝히고, 교섭을 재개해 문제의 해결을 꾀하면서 북일 국교 정상화를 실현하는 게 필요하다고 말하기에 이르렀다. 민주당 정권이 다시 시작된 교섭을 북한이 2012년 4월 13일 인공위성을 발사했다는 이유로 중단했을 때, 가족회는 모두 교섭이 계속 이어지기를 원했다. 2013년 3월 세 번째 핵실험을 했을 때 가족회의 반응은 특징적이었다. 이 사람들은 하나같이 이로 인해 교섭이 완전히 불가능하게 될 것이라 우려하면서, 핵과 납치는 별개 문제니 납치 문제를 위해 교섭해 주길 바란다고 처음으로 공공연히 말했다.

나카이는 2012년 1월 선양瀋陽에 나가 송일호와 접촉하고 있었다. 마나베 사다키가 동행했다. 10일에 귀국한 나카이는 "대화하는 것은 아무것도 아니다"라고 말했다. 그 직후인 1월 13일 노다 내각의 제1차 개각이 있어, 마쓰바라 진이 국가공안위원장과 납치문제담당상으로 임명되었다. 나카이 담당상, 히라오카 법무상, 나카가와 문부과학상은 퇴임했다. 마나베가 3월 17~18일 북한 쪽과 접촉했다. 이는 마쓰바라의 의향을 받아들인 움직임이었을 것이다.

노다는 1월 24일 시정방침 연설에서 다음과 같이 말했다. "납치 문제는 우리 나라 주권에 관한 중대 문제이며, 기본적 인권의 침해라는 보편적 문제입니다. 피해자 전원이 하루라도 빨리 귀국할 수 있도록 정부가 하나가 되어 노력하겠습니다. 북일 관계와 관련해선 계속해 북일 평양선언에 따라, 핵·미사일을 포함한 여러 현안을 포괄적으로 해결해, 불행한 과거를 청산하고, 국교 정상화를 꾀할 수 있도록 노력해 가겠습니다."

여기서 레인보우 브릿지의 고사카 히로유키가 북한 쪽과 연락하며 청진회清津会의 북한 성묘 실현을 위해 움직였다.[13] 청진회의 마사키 사다오正木貞雄 사무국장 등이 2012년 2월 3일 외무성에 성묘를 위해 방북하고 싶다는 청원서를 냈다. 외무성은 적극적으로 대응했다. 북일국교촉진국민협회도 움직였다. 사무국장 와다 하루키는 6월 18일에 삿포로에서 "동북아시아의 평화 안정과 한반노: 북일 관계 100년을 감안한 일본의 책임東北アジアの平和安定と朝鮮半島: 日朝関係百年を踏まえた日本の責任"이라는 제목의 강연을 하고 "취해야 할 방책"으로 다음과 같은 여러 내용을 제안했다. "① 인도적 문제인 성묘, 유골, 일본인 부인 귀국 문제에 대해 외무성이 교섭을 재개한다. ② 납치 문제에 대한 교섭으로 이행한다(정부의 결의 표명, 재조사, 요코타 부부의 방북을 한 덩어리로 한다). ③ 납치 문제 교섭과 국교 정상화 교섭을 동시에 진행한다. ④ 중일 공동성명 방식으로 국교를 정상화하고, 국교 정상화 후에 경제협력 협정을 조인한다. ⑤ 시작을 위한 조건은 위안부 문제에 대한 한국 정부와 교섭의 진전이다."

여름이 되어, 요리사 후지모토 겐지藤本健二*가 북한을 방문해 7

월 21일부터 8월 초까지 김정은과 만났다. 김정은이 처음 만난 일본인인 후지모토를 포옹하는 사진이 그에 대한 새로운 인상을 만들어냈다 이 직후인 7월 31일에는 국회 내에서 청진회의 첫 모임이 열렸다. 이 자리에 요코타 시게루도 출석해 성묘를 위한 방북을 지지한다고 발언했다. 8월 9~10일 유골·성묘에 관한 북일 적십자 협의가 열렸다. 8월 26일부터 9월 6일까지 유족·조사단이 방북했다.

외무성은 정식 정부 간 교섭으로

외무성이 교섭 재개를 위해 움직이기 시작했다. 과장급 예비 협의가 2012년 8월 29~31일 베이징에서 개최됐다. 일본 쪽 대표는 오노 게이이치小野啓一 북동아시아과장이었고, 북한 쪽에선 유성일劉成日 외무성 4국 과장이 출석했다. 북일 정부 간 협의(국장급 회의)를 가능한 한 빨리 베이징에서 개최하고, 북일 쌍방이 관심을 가지는 사항을 의제로 폭넓게 논의하기로 합의했다.[14] 오노는 2010년부터 북동아시아과장으로 근무하며 북일·한일 교섭에 의욕을 갖고 있었다. 외무성에선 사이키 아키타카가 2011년 1월에 인도 대사로 부임한 뒤, 아시아대양주국장을 스기야마 신스케杉山晋輔가 맡게 됐다. 2002년 다나카

---

* 김정일 국방위원장의 전속 요리사였으며 2003년《김정일의 요리인金正日の料理人》(후쇼샤扶桑社)이란 책에서 북한 '로열 패밀리'의 뒷얘기를 바깥 세상에 소개했다. 1982년 처음 북한에 건너가 스시집에서 일하다 우연한 기회에 김정일 위원장과 만나 1989년부터 그의 전속 요리사로 근무했다. 그의 책과 증언에 따르면 이 시기 당시 일곱 살이던 김정은 위원장의 '놀이 상대'로 친분을 쌓았다.

국장을 도왔던 북동아시아과장인 히라마쓰 겐지는 2012년부터 종합외교정책국장이 되어 있었다. 스기야마와 히라마쓰가 북일 교섭을 추진한 것으로 짐작할 수 있다.

이런 상황에서 니시오카 쓰토무 등 북일 교섭 반대 세력은 대항할 방법이 없었다. 니시오카는 《산케이신문》 9월 18일 자에 〈'전원 귀환'을 북일 협의의 조건으로 '全員帰還'を日朝協議の条件に〉라는 칼럼을 발표했다. 북한이 피해자 전원을 돌려보내지 않는 것은 "김정일 정권이 어떻게든 감추고 싶은 비밀을 납치 피해자들이 알고 있기 때문"이라는 거짓말을 하면서 막 시작된 정부 간 협의를 비방했다. 북유족회의 성묘 방북에 대해서도 청진회 회장이 납치에 대해선 한마디도 언급하지 않은 채 국교 정상화를 요구한다는 인사를 했다고 비난했다. 또 이 모임엔 요도호 납치범의 딸이 사무국원으로 일하고 있다고 비방했다. 무력한 주장이었다.

다음 달인 10월 9일 '북한 지역에 남겨진 일본인 유골의 수습과 성묘를 요구하는 유족 연락회北朝鮮地域に残された日本人遺骨の収容と墓参を求める遺族の連絡会'(북유족연락회)가 결성됐다. 대표 간사는 청진회의 마사키 사다오, 사무국장은 고사카의 지인이자 경제인인 오니시 루미코太西るみ子가 맡았다. 북유족연락회 성묘단의 제1차 방북은 10월 22일, 제2차 성묘 방북은 11월 26일 이뤄졌다.

이 무렵 노다 내각의 제3차 개각으로 2012년 10월 조지마 고리키가 재무대신이 됐다. 그 직후 조선총련이 움직여 노다의 밀사로 민주당 사무국장이 방북했다. 일행은 10월 30일부터 11월 2일까지 평양에 머물렀다. 화제의 중심은 총련회관의 경매 문제였다. 밀사는 일본 정부가 경매를 피하도록 움직이겠다고 약속하면서 납치 문제에 대해 과감한 회답을 내놓도록 북한 정부에 요구한 것으로 전해진다.[15] 물론 총리가 북일 교섭에 의욕을 보였다는 것은 북한 쪽을 기쁘게 했을 것임에 틀림없다. 그러나 이미 북한과 협의를 재개한다는 방침은 정해져 있었다.

정식 정부 간 협의는 드디어 2012년 11월 15~16일 울란바토르에서 개최됐다. 일본 쪽에선 스기야마 신스케, 북한 쪽에선 송일호가 나왔다. 공식 발표문에선 11시간 반에 이르는 협의에 관해 "양쪽이 관심을 갖는 여러 현안에 대해 북일 평양선언에 따라 관계의 전진을 꾀하기 위한 폭넓은 의견 교환이 진지한 분위기 속에서 이뤄졌다"라고 전했다. 일본 쪽에선 "일본인 유골, 잔류 일본인, 이른바 일본인 배우자, '요도호' 사건을 비롯한 일본인과 관련된 여러 문제를 제기했고, 북한 쪽은 이들 문제에 대해 협력해 가기로 했다." 나아가 "납치 문제에 대해선 양쪽이 솔직하게 의견을 교환하고, 지금까지의 경위나 각각의 생각에 대한 논의를 전제로 한층 더 나아간 검토를 하기 위해 앞으로도 협의를 계속해 가겠다는 데 일치했다. 또 일본은 그 밖에 납치의 의심을 배제할 수 없는 분들의 문제에 대해서도 문제를 제기했고 논의했다"라고 밝혔다. 한편, "북한 쪽은 과거에 기인하는 문제에 관해 얘기했고, 일본 쪽은 북일 평양선언에 따라 해결을 꾀하겠다는 의사를 표명하고, 이후 쌍방 간에 성실하게 협의해 나가겠다는 데 의견이 모였다"라고 밝혔다. 또 안전보장에 관련된 문제에 대해서도 깊이 협의한다는 데 의견이 하나가 됐다.[16]

이는 2004년 단절 이후 이뤄진 획기적·긍정적 의미가 있는 협의였다. 양자는 "가능한 조기에 다음 협의를 한다는 데 일치"했다.

그렇지만 이 직후 노다 정권은 해산에 내몰렸다. 결국 12월 16일 총선거를 통해 되살아난 아베 자민당에 참패해 하야하고 말았다.

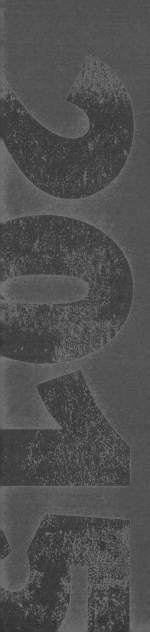

아베 제2차
정권의 탄생,
2012~2015

아베, 두 번째로 총리가 되다

아베 신조는 5년간 때를 기다리고 있었다. 자신이 정권을 내놓고 2년 뒤 자민당도 2009년 8월 중의원 선거에서 참패하며 야당으로 전락해 있었다.* 아베는 민주당 정권이 힘을 잃어 가던 2012년 9월, 정권 복귀를 노리고 있던 자민당 총재 선거에 입후보했다. 그 무렵 아베는 많은 준비를 하고, 전략을 짜고 있었을 것이다. 이때 아베가 가장 강하게 호소한 것은 위안부 문제에 대한 일본 국가의 명예 회복이었다.

총재 선거에 입후보하겠다는 뜻을 밝힌 9월 12일 기자회견에서 아베는 고노 담화를 대체하는 "새로운 담화를 내놓을 필요가 있다"라면서 차마 다 억누르지 못한 마음을 쏟아 냈다. 3일 후 5명의 입후보자가 참가한 토론회에선 한발 더 나아가 말했다. "고노 담화 때문

---

* 아베가 2007년 9월 총리직을 사임한 뒤 자민당이 2009년 8월 중의원 선거에서 참패하면서 그해 9월 민주당의 하토야마 내각이 출범했다.

에 군이 강제로 집 안에까지 들어가, 여성을 납치하듯 끌고 가 위안부로 삼았다는 불명예를 일본이 짊어지고 있다. 1차 아베 정권 때 '강제성이 없었다'는 각의결정*을 했지만, 많은 이들이 모르고 있다. 고노 담화를 수정했다는 것을 다시 한번 확정할 필요가 있다. 손자 대에까지 이런 불명예를 짊어지게 할 순 없다." 이런 얘기를 하는 다른 후보는 없었다.

아베는 9월 26일 총재 선거에서 승리하고, 12월 16일 총선거에서 이겨 12월 26일 총리가 됐다. 아베 2차 내각에는 1996년 '일본의 전도와 역사교육을 생각하는 젊은 의원의 모임' 시절의 동지 4명이 입각했다. 스가 요시히데菅義偉 관방장관, 시모무라 하쿠분 문부과학상, 신도 요시타카新藤義孝 총무상, 후루야 게이지古屋圭司 납치문제 담당상 등 4명이었다.

새 내각이 탄생하고 나니, 당연히 구원회·가족회가 총리 관저를 방문했다. 아베는 12월 28일 이즈카 시게오 대표 등 가족회 간부들과 만났다. 구원회 회장 니시오카 쓰토무도 배석했다. 후루야 납치담당상, 스가 관방장관, 기시다 후미오岸田文雄 외무상, 니시무라 야스토시西村康稔 내각부 장관 등을 동석시킨 것은 가족회를 중시하는 자세를 보이려 했기 때문이다. 이 자리에서 아베는 다음과 같이 인사했다.

---

*   아베 1차 내각은 2007년 3월 16일 쓰지모토 기요미辻元清美 민주당 의원의 질문 주의서에 대해 일본 정부의 "조사로 발견된 자료 가운데서는 군과 관헌에 의한 이른바 강제 연행을 직접 보여 주는 것과 같은 기술이 발견되지 않았다"라는 답변을 각의결정(국무회의 의결) 했다.

5년 전에 돌연 사임했을 때 피해자 가족 여러분에게 매우 아쉬운 마음을 갖게 했다. 나에게도 괴로운 일이었다. 내가 다시 총리가 된 것은 어떻게든 납치 문제를 해결하고 싶다는 사명감에 의한 것이었다. 2002년 5명이 귀환했을 때 돌아오지 못한 피해자 가족 모두가 눈물을 흘렸다. 이를 보면서 모든 납치 피해자를 되돌려받는 게 나의 사명이라고 결의했다. 그러나 10년이 지나도 이것이 달성되지 못하고 있어 드릴 말씀이 없다. 다시 총리가 되라는 명을 받아, 반드시 아베 내각에서 이 문제를 완전히 해결하겠다는 결의로 밀고 나가고 싶다. 이 내각에서 반드시 해결하겠다는 결의로 납치 문제와 맞붙겠다.

이것이 진짜 마음이었는지, 가족회와 만났기 때문에 말해야 하는 것을 과장해서 말해 버렸는지 단정할 수 없는 일이다. 말할 것도 없이 이즈카 대표는 기뻐하며 다짐을 받았다. "'하겠다'는 뜻을 가져 주신다는 데 진심으로 감사하고 싶다. 기대가 매우 크다. '더 이상 기다릴 수 없다'는 게 우리의 공통된 입장이다, 내년도 빠른 시기에 해결의 전망이 서고 납치 문제 해결이라는 결과를 보고 싶다. …다른 문제도 많지만, 납치 문제를 반드시 염두에 둬 주기를 바란다."[1]

이날 시모무라는 조선고급학교에 고교 무상화 조치를 취하지 않겠다는 방침을 서둘러 발표했다.

이틀 후인 12월 30일 아베는 《산케이신문》 인터뷰에서 본심을 말했다. 무라야마 담화, 고노 담화를 수정하겠다는 생각은 분명히 밝혔지만, 납치 문제에 대해서는 언급하지 않았다. "나는 21세기에 적합한 미래지향적 아베 내각의 담화를 내놓고 싶다고 생각하고 있다.

어떤 내용을 담을지, 어떤 시기를 골라 발표할지는 전문가들이 모여 논의하게 할 것이다.""고노 담화는 관방장관 담화로, 각의결정을 하지 않는 담화다. 2007년 3월 1차 아베 정권에서 위안부 문제에 대해 '정부가 발견한 자료 가운데선 군이나 관헌에 의한 이른바 강제 연행을 직접 보여 주는 기술은 발견하지 못했다'는 답변서를 각의결정 했다. 이런 내용도 가미해 관방장관이 내각의 방침을 외부에 제시하게 될 것이다."²

이 발언은 《로이터통신》을 통해 세계로 전해졌다. 미국에서 곧바로 강한 비난이 일어났다. 《뉴욕 타임스》는 2013년 1월 3일 사설 〈일본의 역사를 부정하는 새로운 시도〉를 통해 아베를 엄혹하게 비난했다. "일본 자민당의 지도자 미스터 아베가 사죄 담화를 어떻게 수정할지는 분명하지 않다. 그러나 그는 전쟁 기간에 있었던 자국의 역사를 고쳐 쓰겠다는 욕망을 지금까지 감추지 않아 왔다. 범죄를 부정하고, 사죄의 담화를 애매하게 하려는 어떤 시도도 일본의 야만적 전시 지배 아래서 고통받았던 중국과 필리핀처럼 한국 역시 분노하게 할 것이다. 미스터 아베의 이 부끄러운 행동은 북한의 핵무기 프로그램과 같은 문제를 풀기 위해 사활을 걸어야 할 지역 협력에 위협을 가할 수 있다." 이 득달같은 미국의 비판은 아베를 겁먹게 했다.

납치문제대책본부의 개편

후루야 납치담당상은 1월 25일 아베의 지시를 받고, 납치문제대책본부를 개편했다. 민주당 시절 나카이가 했던 개편 내용을 철회하고

전 각료가 참가하는 원래 모습으로 돌려놓은 것이다. 이날 대책본부의 제1차 회의가 열려 '납치 문제 해결을 향한 방침과 구체적 시책拉致問題の解決に向けた方針と具体的施策'이 채택됐다. 먼저, 방침으로선 아베 3원칙을 거의 그대로 재확인했다. 제1원칙은 납치 문제는 "우리 나라 주권 및 국민의 생명과 안전에 관한 중대한 문제이며, 국가가 책임지고 해결해야 하는 긴급한 중요 과제"라는 것이었다. '최중요'를 '중요'로 변경하긴 했지만, 이제 와 새삼스러운 내용상 변화는 없었다. 제2원칙엔 전혀 변화가 없었다. 제3원칙은 "납치 피해자의 인정 유무와 관계없이 모든 납치 피해자의 안전 확보 및 즉시 귀국을 위해 전력을 다하겠다"라며 특정실종자*를 포함해 북한에 즉시 귀국을 요구할 이들의 수를 확대한다는 쪽으로 보강·발전됐다.

북한에 대한 요구 항목에선 납치에 관해 진상규명을 하고 실행범을 인도하라는 내용이 추가되었다. 그 밖에 8개 항목의 구체적 시책은 거의 변하지 않았다. 2013년도 예산 역시 전년도 예산과 같은 12억 4000만 엔이 계상되었다.

국회는 1월 28일 개원했다. 아베가 소신표명 연설에 나섰다. 외교안보 항목에서는 미일 동맹의 강화, 지구본을 부감하는 외교,** 아

---

*　일본 정부가 공식적으로 인정한 납치 피해자는 17명이다. 이외에 북한이 납치했을 가능성을 배제할 수 없는 이들을 특정실종자라 부른다. 정확한 기준이 없기에 누구를 특정실종자로 볼지 분명치 않다. 특정실종자문제조사회는 2020년 5월 현재 약 470명, 경찰은 900여 명 되는 명단을 가진 것으로 전해진다.

**　일본이 일본과 주변 지역에 매몰되는 외교를 하지 않고 전체 지구본을 내려다보는 글로벌한 외교를 추진하겠다는 의미다. 아베가 내건 '지구본을 부감하는 외교'

세안 여러 나라와 관계 강화, 외딴섬[*]의 방어, 테러 경계, 위기관리를 언급한 뒤, 마지막으로 납치 문제에 대해 언급했다.

그리고 무엇보다 납치 문제의 해결입니다. 모든 납치 피해자의 가족이 자기 손으로 육친을 끌어안을 수 있는 날이 올 때까지 내 사명은 끝나지 않습니다. 북한에 '대화와 압력'이라는 방침을 관철하면서, 모든 납치 피해자의 안전 확보와 즉시 귀국, 납치에 대한 진상규명, 납치 실행범의 인도 등 세 가지 요구사항의 실현을 위해 전력을 다하겠습니다.

이 실현 불가능한 과제의 해결을 위해선 제1차 내각 당시의 수법을 쓸 수밖에 없었다. 1월 29일 각당 대표와 회의를 열어, 정부·여야당 납치문제대책기관연락협회를 설치한다는 결정이 내려졌다. 모인 이들은 히라누마 다케오, 마쓰바라 진, 야마다니 에리코山谷えり子, 와타나베 슈渡辺周, 나카야마 교코와 같은 '그 나물에 그 밥'뿐이었다. 이 사람들은 4월 제2차 회의에서 납치 피해자 구출에 자위대를 활용하기 위해 자위대법을 개정하는 문제에 대해 의견을 교환했다.

같은 4월에는 납치 문제에 관한 전문가 간담회가 설치됐다. 니시오카 쓰토무, 아라키 가즈히로 외에 과로사 문제 전문 변호사지만, 납

의 구체적 성과가 일본은 물론 미국과 유럽 등의 세계 전략으로 발전한 '자유롭고 열린 인도·태평양 전략'이다.
* 일본 본토에서 멀리 떨어진 섬. 구체적으로 중일 간 영토 분쟁이 이어지고 있는 센카쿠尖閣 열도(중국명 댜오위다오釣魚島)를 의미한다.

치 문제에 높은 관심을 두게 돼 《세카이슈호世界週報》 기고에서 강 상중姜尚中, 와다 하루키 등을 공격한 가와히토 히로시川人博[3]를 불 렀다는 게 새로운 점이었다. 하지만 이렇게 해서 새 아이디어가 나올 리 없었다. 할 수 있는 것이라곤 미국에 가서 납치 문제를 선전하는 것밖에 없었다. 5월에 워싱턴과 뉴욕에서 열린 납치문제계발 이벤트 에는 가족회 사람들과 니시오카 쓰토무 등도 참가했다.

외무성의 교섭 노력에 올라타다

아베는 1차 정권 때엔 사토 가쓰미의 이론에 따라 아베 3원칙을 밀어 붙여 북일 교섭을 가로막고 북한을 세게 졸라매 붕괴시키려 생각했 다. 그러나 자기 정권이 무너져 문자 그대로 하야하게 됐다. 그렇게 5 년이 지나 생각해 보니, 김정일 정권은 간단히 무너뜨릴 수 있는 존 재가 아니라는 게 분명해졌다. 가족회의 변함 없는 기대에 부응해 납 치 문제 해결을 위해 다시 총리직에 복귀했다고 허세를 부린 뒤였기 에 어떻게든 김정일 정권과 마주해 교섭할 수밖에 없었다. 아베는 그 렇게 생각하게 됐을 것이다.

　북한은 2013년 2월 제3차 핵실험을 했지만, 그런 것에 신경 쓸 수 없었다. 조선총련 경로를 통해 5월 14~18일에 내각관방 참여 이 지마 이사오를 북한에 보냈다. 거기서 어떤 얘기가 있었는지는 알 수 없지만, 북한이 쉽게 대화에 응하려는 반응을 보이지 않은 게 분명하 다. 아무것도 할 수 없게 된 아베는 그로부터 반년 동안 외무성의 대 화 노선에 올라타는 쪽으로 나아갔던 것으로 생각할 수 있다.

외무성의 스기야마 신스케와 오노 게이이치가 진행한 교섭은 아베 정권이 탄생한 뒤 중단돼 있었다. 그렇지만 2013년 6월 스기야마는 외무성 심의관으로 승진하고, 아시아대양주국장에 북미국장이었던 이하라 준이치伊原純一가 임명됐다. 스기야마와 이하라는 오노를 과장에 유임하고, 민주당 정권 시대에 추진했던 북한과의 교섭을 계속하기를 희망했다. 아베는 이런 외무성의 움직임에 올라탈 수밖에 없었다.

이하라와 오노가 2014년 1월 25~26일 하노이에서 북일 비밀 교섭을 했다는 보도가 나왔다. 2월에는 2명이 홍콩에서 북한 쪽과 접촉했고, 3월 3일엔 선양에서 오노가 참가한 북일 적십자 회담이 열렸다.[4]

이런 접촉·교섭이 불러온 최초의 성과는 3월 10~14일에 울란바토르에서 요코타 부부가 메구미의 딸인 은경 일가와 만난 일이었다. 요코타 부부의 방북은 오랫동안 검토된 과제였지만, 이때 울란바토르 만남으로 바뀌어 실현됐다. 이 자리엔 은경과 그 남편, 게다가 요코타 부부에게는 증손녀가 되는 한 살 딸이 나왔다. 이는 행복한 만남이었던 것 같다. 하지만 일본에 돌아와 요코타 부인은 "이렇게 딸과 많이 닮은, 피를 나눈 아이가 눈앞에 있는데, 왜 여기에 메구미는 없는 것인가…라는 복잡한 마음이었습니다", "메구미에 관해 물어봐도 그쪽도 입장도 있기 때문에요. 그렇다면, 서로 노골적인 얘기를 하면서 싫은 마음이 들지 않게 하는 쪽이 좋습니다", "손녀와도 만나는 날이 왔습니다. 이렇게 기원한다면, 반드시 불가사의한 날(딸인 메구미와 만나게 될 날)이 올 것입니다. 이는 우리 아이를 구하기 위한 투쟁입

266

니다." 요코타 부인의 자세는 은경 일가와 만난 뒤에도 바뀌지 않았다. 《아사히신문》은 이 소식을 전하는 기사에 〈어떤 죄도 없이 빼앗겼다/ 타협은 용납할 수 없다〉라는 커다란 제목을 달았다.[5]

이 만남은 외무성이 막 시작되려는 북일 정부 간 교섭을 위한 분위기를 조성하려 준비한 것이었다. 거의 2주일 뒤인 3월 30일부터 31일까지 베이징에서 이하라와 송일호가 참여해 정식으로 제2차 정부 간 협의를 했다. 2012년 11월 스기야마와 했던 북일 정부 간 협의를 이어받는 것이라는 설명이 나왔다. 외무성 발표에선 "일본 쪽은 일본인 유골, 잔류 일본인, 이른바 일본인 배우자. '요도호' 사건을 포함한 일본인과 관련된 여러 문제를 지금까지 협의의 연장선상에서 제기"하고 협의를 수행했다는 내용이 포함됐다.[6]

4월 5~6일 선양에서 비공식 과장급 회담이 이뤄졌다. 그리고 5월 26일부터 스톡홀름에서 제3차 정부 간 협의인 국장급 회담이 시작됐다. 이하라와 오노는 송일호와 협의하고 드디어 28일 합의에 도달해 스톡홀름 합의서에 서명했다. 이 합의는 이튿날인 5월 29일 발표됐다. 이는 북일 평양선언 조인에 이른 획기적 합의였다.[7]

스톡홀름 합의

합의서의 앞부분에 기본 정신이 적혀 있다. "쌍방은 북일 평양선언에 따라 불행한 과거를 청산하고 현안 문제를 해결하며 국교 정상화를 실현하기 위하여 진지한 협의를 진행하였다." 북일 양국이 다시 국교 정상화라는 목표를 향해 전진하겠다고 선언한 것이다.

"일본 쪽은 북한 쪽에 대해 1945년을 전후하여 북한 지역 내에서 사망한 일본인의 유골 및 묘지, 잔류 일본인, 이른바 일본인 배우자, 납치 피해자 및 행방 불명자를 포함한 모든 일본인에 대한 조사를 요청했다. 북한 쪽은 과거 북한 쪽이 납치 문제와 관련하여 기울여 온 노력을 일본 쪽이 인정한 것을 높이 평가하고, 종래의 입장은 있지만 모든 일본인에 관한 조사를 포괄적이고 전면적으로 실시해, 최종적으로 일본인에 관한 모든 문제를 해결할 의사를 표명했다. 일본 쪽은 이에 응해 최종적으로 현재 일본이 독자적으로 취하고 있는 북한에 대한 조치(유엔 안보리 결의와 관련하여 취하고 있는 조치는 포함되지 않는다)를 해제한다는 의사를 밝혔다."

구체적으로는 쌍방이 다음과 같은 조치를 취하기로 결정했다. 일본 쪽은 ① "국교 정상화를 실현하겠다는 의사를 다시금 밝히고" 신뢰 조성과 관계 개선을 위해 성실히 회담에 임한다. ② 북한 쪽이 특별조사위원회를 설치하는 시점에 인적 왕래 규제 조치, 송금 보고 및 휴대 수출 신고 금액과 관련한 특별 규제 조치, 인도 목적의 북한 선박의 일본 입항 금지 조치를 해제한다. ③ 일본인 유골 문제에 대해 유족의 성묘 실현에 협력해 준 것을 높이 평가하고, 유골·묘지의 처리·성묘에 대해 앞으로도 협의하고 필요한 조치를 강구한다. ④ 북한 쪽이 제기한 북한 행방불명자들에 대해 조사하고 적절한 조치를 취한다. ⑤ 재일 조선인의 지위에 대해 평양선언에 따라 성실히 협의한다. ⑥ 조사 북한 쪽이 제기한 문제에 대해서는 적절한 조치를 취한다. ⑦ 적절한 시기에 인도 지원을 한다는 것을 약속했다.

북한 쪽은 ① 1945년을 전후해 사망한 일본인의 유골 및 묘지,

잔류 일본인, 일본인 배우자, 납치 피해자, 행방불명자를 전면 조사한다. ② 모든 분야에서 조사를 동시 병행적으로 진행한다. ③ 특별한 권한이 부여된 특별조사위원회를 발족한다. ④ 모든 분야에서 이뤄지는 조사 및 확인 상황을 일본 쪽에 수시로 보고하고 적절히 협의한다. ⑤ "납치 문제에 대해서는 조사 상황을 수시로 보고하며, …생존자가 발견되는 경우엔 일본 쪽에 전달하고, 귀국시키는 방향으로 협의해 필요한 조치를 취한다." ⑥ 조사 과정에서 일본 쪽의 요망에 응하기 위해 일본인의 북한 체재, 관계자와 면담, 관계 장소의 방문을 허가한다. ⑦ 조사를 신속히 진행하고 조사 과정에서 제기된 문제는 협의해 적절한 조치를 강구한다고 약속했다.

이는 상당히 모든 문제를 골고루 다룬 합의였다. 이를 만들어 낸 이하라, 오노의 노력은 훌륭한 것이었다.

스톡홀름 합의에 대한 평가와 반응

북일 정부 간 협의가 7월 1일 베이징에서 열렸다. 북한은 7월 4일 특별조사위원회를 설치했다고 발표했다. 일본은 이날 합의대로 일부 제재를 해제했다. 의약품 수송 등에 한해 북한 선박의 입항 금지를 해제하고, 인적 왕래 제한을 철폐했다. 또 소지금 10만 엔 이상, 송금 300만 엔 이상에 대해 신고 의무를 없앴다. 정부는 가족회·구원회·납치의원연맹에 스톡홀름 합의를 설명했다. 후루야는 아베가 "이는 납치 문제를 해결하기 위한 기회다"라고 말했기 때문에 이 합의를 가족회에 설명했다고 말했다.[8]

7월 10일엔 《니혼게이자이신문》이 "북한 쪽이 생존자 30명의 명단을 제시했다"라고 보도했다. 정부는 이에 대해 항의했다. 《니혼게이자이신문》이 이 보도를 한 진의는 알 수 없지만, 북일 합의에 대한 기대가 그만큼 높았다는 것을 반영한 움직임이었다고 보면 틀림없다.

하지만 9월 19일이 되자 아베가 "최초 보고의 기한이 왔다. 확실한 회답을 얻고 싶다"라는 말을 꺼냈다. 가족회는 북한 쪽이 전혀 성실한 모습을 보이지 않고 있다는 비판을 시작했다. 이 무렵 허종만許宗萬 조선총련 의장이 방북했다. 이것이 스톡홀름 합의를 통해 제재를 일부 해제한 데 따른 유일한 성과가 됐다.[*] 북유족연락회에선 미즈노 나오키, 와다 하루키의 협력을 받아 일본인 매장지, 묘지, 유골 조사에 협력하고 있는 조희승曹喜勝 북한 사회과학원 역사연구소장을 일본에 초청해 11월 27~30일 도쿄·교토·후쿠오카에서 학술 심포지엄을 연다는 계획을 세웠다. 그에 따라 법무성에 입국 비자를 내달라고 신청했다.

10월 6~16일엔 와다를 단장으로 오코노기 마사오, 니시노 준야西野純也, 미네 요시키, 히라이 히사시平井久志, 호테이 도시히로布袋敏博 등이 참여한 북일교류학술대표단이 방북했다. 원산까지 가서 마식령스키장도 견학했다. 송일호와도 만났다. 귀국 후 와다와 오코노

[*] 총련 의장의 북한 방문은 총련의 숙원 사업 중 하나였지만 한동안 이뤄지지 못했다. 일본의 인적 왕래 제한으로 인해 출국은 할 수 있지만, 재입국이 불가능할 수 있기 때문이었다.

기는 방북했을 때 받은 인상을 이하라와 오노에게 전했다. 일본 정부 대표단은 10일 후 방북할 예정이었다. 스톡홀름 합의가 실행될 수 있을 것이란 기대가 강했다.

이하라를 단장으로 하는 일본 정부 대표단은 10월 28일부터 29일까지 평양에 머무르며 10시간에 걸친 교섭을 진행했다. 일본은 납치 문제가 우선 사항임을 강조했다고 설명했다. 북한 쪽은 유골 조사는 거의 끝났다면서 자세한 보고를 했던 것 같다.

북일 관계의 악화와 합의의 해소

하지만 그 뒤에 북일 관계는 냉랭해져 갔다. 북유족연락회가 기획했던 학술 심포지엄은 취소됐다. 인적 왕래 규제 조치가 해제되었을 텐데 조희승에게 결국 비자가 나오지 않았다.

해가 넘어가 2015년 2월 28일부터 3월 1일까지 다롄에서 비밀교섭이 이뤄져 납치 문제 조사에 대해 토의가 이뤄졌다고 《아사히신문》이 보도했다.[9] 총련 본부 건물*의 운명이 관계자들에게는 걱정의 씨앗이었다. 하지만 경매를 통해 건물을 낙찰받은 마루나카라는 회사가 야마가타현의 부동산 회사에 이를 전매했다. 그 회사가 건물을 총련에 임대하면서 문제가 해결됐다. 그 직후인 3월 26일 총련 의장의 차남이 수입 금지된 북한산 송이버섯을 일본으로 수입하는 데 관여했다는 혐의를 받고 체포됐다. 동시에 총련 의장 자택과 부의장 자택에 대한 가택수사가 이뤄졌다. 3월 30일에는 일본 정부가 계속되고 있는 제재의 기간 연장을 결정했다. 북한 정부는 4월 2일 "일본의 중대한 정치적 도발과 국가 주권 침해행위가 도를 넘었다"라면서 "이런 상황에선, …정부 간 대화도 할 수 없게 되었다"라는 '통지문'을 일본 정부에 보냈다. 북일 관계가 다시 한번 결렬 상태로 돌아가게 된 것이다.

6월이 되니, 《도쿄신문》이 봄에 이뤄졌던 비공식 협의에서 북한 쪽이 유골 문제와 일본인 부인 문제에 대해 보고서를 제시했지만, 납치 문제에 대해선 "조사 중"이라는 입장을 밝혀 일본이 보고서 접수를 거부했다고 보도했다(6월 17일). 이 보도와 관련한 정확한 사실관계를 알 순 없다. 자민당 납치대책본부는 6월 25일 정부에 제재의 강화를 요청했다.

아베는 드디어 7월 3일 중의원 평화안전법제 특별위원회에서 북한이 일본에 재북 일본인에 대한 조사 보고를 연기한다는 연락을 해 왔다고 말했다. 이는 스톡홀름 합의가 해소되었다는 것을 확인하는 발언이었던 듯하다. 아베는 북한과 교섭을 위해 노력했지만, 나쁜 쪽은 일본이 아니라 여전히 변함없이 귀환하지 못한 납치 피해자 '전원이 사망했다'는 보고서를 제시한 상대방이라고 변명할 수 있도록 길

---

* 도쿄 지요다구 후지미에 있는 총련 본부 건물은 1988년 입주 이후 지금까지 사실상 일본 내 북한의 외교 공관 역할을 해 왔다. 총련은 1990년대 말 조은신용조합의 파산 사태 수습을 위해 공적자금을 쏟아부은 일본 정리회수기구에 막대한 빚을 지고 있다. 기구는 조은신용조합이 대출한 돈 가운데 627억 엔이 사실상 총련이 빌린 것이라며 소송을 걸어 승소한 뒤 2012년 7월 총련 본부의 토지·건물에 대해 경매를 신청했다. 총련 본부 건물 처리 문제는 당시 북일 관계의 분위기를 알 수 있는 풍향계 역할을 했다.

을 열어둔 것이다.

7월 27일 스톡홀름 합의를 지탱해 오던 북일 간의 실무적 협력 사업인 성묘를 위한 방북을 추진하던 북유족연락회가 해산 성명을 내고 사업을 접었다. 그리고 다음엔 청진회와 별도의 유족 단체인 평양용산회平壤龍山会가 8월에 대표단을 북한으로 보낸다는 사실이 밝혀졌다.

북한에서 8월 15일 해방 70주년 축하 행사가 열렸다. 일본에서는 히모리 후미히로日森文尋가 단장이 된 북일관계단체통일대표단이 방북했다. 이 사람들이 17일에 송일호와 만났다. 송일호는 이하라와 교섭이 끝났다는 사실을 넌지시 알리며, 교섭할 상대를 잃어버렸다고 말했다. 송일호는 이 같은 불만의 변을 그 뒤에도 거듭해 말했다. 결국, 송일호는 일본이 북한이 제시한 보고서를 수령하기를 거부했다고 밝히게 된다. 북한이 내놓은 보고서에는 다시 조사해 봤지만 역시나 8명 사망, 2명은 입국하지 않았다는 결론을 내릴 수밖에 없었다는 내용이 나와 있을 것으로 추정된다. 그리고 이하라는 그런 보고서는 받아 오지 말라는 명령을 받았을 것이다

생각해 보면, 스톡홀름 합의는 훌륭한 것이었다. 그러나 이 합의를 맺는 시점에 아베는 자신이 만든 아베 3원칙을 버려야 했다. 그렇게 하지 않았기 때문에 '모든 납치 피해자가 살아 있다'는 제3원칙에 저촉되는 북의 조사위원회 보고서를 받아들일 수 없었던 게 아닐까. 아베 3원칙은 북일 교섭을 파괴하는 것임이 다시 증명되었다.

2015년 늦은 가을 어느 날 와다 하루키는《아사히신문》의 주필이었던 와카미야 요시부미若宮啓文의 이시바시 단잔石橋湛山상 수상

을 축하하는 모임에서 이하라와 만났다. 이하라는 제네바 군축대사로 가는 발령을 받은 직후였다. 이하라는 신경이 날카로워져 있는 느낌이었다. 이하라는 11월 19일 제네바로 떠났다.

나오며,
북미 대립의
심각화와
그 이후
2016~2022

북한의 핵실험과 미사일 발사

북한이 2016년 1월 6일 제4차 핵실험을 했다. 북한은 이를 수소폭탄 실험이라고 발표했다. 2월 7일엔 인공위성 로켓 '광명성 4호'를 발사했다. 일본 정부는 2월 10일 부분 해제했던 독자 제재를 전면 부활하고, 재일 조선인 미사일 기술자들의 재입국 금지와 북한에 기항했던 제3국 선박의 입항 금지 등의 신규 제재를 결정했다. 이에 대해《조선중앙통신》은 2월 12일 일본이 스톡홀름 합의의 파기를 선언했기 때문에 납치 문제 등에 대한 조사를 중지하고 특별조사위원회를 해체한다는 위원회 성명을 발표했다.

이렇게 해 북일 관계는 완전히 단절 상태로 돌아왔다. 그리고 북미 대립은 격화되는 외길로만 나아가게 됐다. 북한은 핵실험을 거듭하고, 미사일 시험발사의 속도가 순식간에 더 빨라졌다. 이에 맞서 미국과 유엔 안전보장이사회가 쏟아 내는 제재는 계속 공격적으로 되어 갔다. 북한은 2016년 9월 9일 제5차 핵실험을 했다. 해가 바뀌어

2017년 2월에는 중거리 미사일이 한 발 발사되었다. 북한은 3월 6일엔 중거리 미사일 4발을 발사해 아키타 해역에서 300킬로미터 떨어진 일본의 배타적경제수역EEZ 안에 3발을 낙하시켰다. 이튿날인 7일 《조선중앙통신》은 이번 발사는 "예상치 못한 사태가 발생할 때, 일본에 주둔하고 있는 미 제국주의자 적군 부대의 기지를 공격하기 위한 임무를 맡게 되는"포병부대에 의해 실시되었다고 발표했다.¹ 북미가 전쟁 상태에 들어가게 된다면, 북한은 주일 미군기지를 미사일로 공격할 것임을 분명히 밝힌 것이다.

70년 전 한국전쟁 때는 미군의 B-29가 도쿄의 요코타橫田와 오키나와의 가데나嘉手納로부터 연일 출격해 북한과 그 군대를 공습했다. 그 당시 북한엔 미사일이 없었다. 지금과는 완전히 다른 상황이었다. 북한은 각종 미사일을 실전 배치하고 있다. 핵탄두를 탑재한 미사일도 있을 것이다. 북미가 전쟁 상태가 된다면, 일본은 곧바로 전쟁터가 되고 핵탄두를 실은 미사일이 일본에 떨어지지 않게 막는 일은 불가능해진다.

애초에 북한 정부 쪽에서 본다면, 핵무기를 사용하기에 "미국은 너무 멀고, 한국은 너무 가깝다. 유일하게 목표가 될 수 있는 것은 일본의 미군기지다"라고 결론 낼 수밖에 없다. 미일 안보조약이 있어서 괜찮다, 일본은 미국이 핵우산으로 지키고 있어 안심할 수 있다면서 이런 위기를 목도하면서도 보지 않은 척하는 것은 용납할 수 없는 일이다.

미일 정상의 유엔총회 연설에서 미일 회담까지

북한은 9월 3일 제6차 핵실험을 했다. 아베는 곧바로 도널드 트럼프 Donald Trump 대통령과 전화 회담을 하고, 북한의 '폭거'에 대해 미일이 "단결해 대응"한다는 것을 확인했다. 둘은 유엔총회에서 잇따라 연설했다. 트럼프는 9월 19일 미국은 "그렇게 해야 한다면, 북한을 완전히 파괴하는 것(totally destroy North Korea) 외엔 선택지가 없다"라고 선언했다. 아베는 21일 북한이 핵·미사일 계획을 포기하도록 만들기 위해 일본은 "'모든 옵션을 테이블 위에 놓겠다'는 미국의 자세를 일관되게 지지한다"라고 연설했다. 일본 정부는 미국이 전쟁 위협을 통해 북한을 굴복시키려 하는 것을 지지하고, 유사 사태가 발생하게 되면 미국과 행동을 같이하겠다는 결의를 표명한 것이다.

　귀국 후 아베는 돌연히 '국난을 돌파하는 해산'을 단행했다. 무엇이 국난인지 설명하지 않고, 그렇게 되면 일본이 어떻게 할 것인지도 설명하지 않은 채 이 선거를 시행했다. 그렇게 승리하고 나니 자신의 대북정책에 대해 국민이 백지 위임해 준 것처럼 받아들였다. 당연한 일이지만, 이때 아베는 몰래 자위대 통합막료장(군 조직 최고위 인사)에게 미국이 북한에 군사작전을 취할 경우 '안보법제 아래서 자위대가 어떻게 움직일까'를 검토·준비하도록 지시했다. 당시 자위대의 통합막료장인 가와노 가쓰토시河野克俊는 미국의 조지프 던퍼드Joseph Dunford 합동참모의장, 해리 해리스Harry Harris 태평양군 사령관과 수시로 연락해 가며 자위대의 작전을 준비했었다고 2019년 5월이 되어서야 밝혔다.[2]

트럼프는 11월 먼저 일본을 방문한 뒤 요코타 기지에서 미군 병사, 자위대원 2000명을 모아 두고 "압도적 능력을 사용할 생각이 있다"라고 선언했다. 아베는 정상회담 후 기자회견에서 "미일이 100퍼센트 함께 있다는 것을 강하게 확인했다"라고 했다. 트럼프는 일본에서 한국으로 가 한국 국회의 연단 위에서 북한은 "지옥보다 못하다", 북한 국민은 "노예보다도 나쁜 상태에 있다"라며 공격했다. 또 북한 정권에 핵 개발 정책을 전면 폐기하고, 굴복할 것을 요구했다. 트럼프가 귀국한 뒤 동해에선 미 항공모함 3척이 참가한 한미 해군 연합 연습이 실시됐다. 이는 있을 수 있는 북미 전쟁을 예측한 아슬아슬한 위협이었다. 북한은 이에 대해 11월 29일 대륙간탄도미사일ICBM 화성 15형을 발사하고 "국가 핵 무력 완성의 대업"을 성취했다고 선언했다. 동해에서 북미 전쟁의 위험이 최고조로 높아진 순간이었다.

이때 한국의 문재인 대통령은 이 전쟁 위기에 맞서 아베와 대조적 태도를 보였다. 2017년 8월 15일 연설에서 "한반도에서 또다시 전쟁은 안 됩니다"라고 주장하며 "누구도 대한민국의 동의 없이 군사행동을 결정할 수 없습니다"라고 선언했다. 연말 위기의 절정기에는 11월 13일 '올림픽 휴전'을 호소하는 유엔총회 결의*를 활용해 북한을 향한 외교적 움직임에 나섰다.

* 이날 유엔총회에서 평창겨울올림픽 동안 휴전하자는 결의안인 '올림픽 이상과 스포츠를 통한 평화롭고 더 나은 세계 건설'이 157개국의 공동 제안으로 표결 없이 만장일치로 채택됐다.

평창올림픽의 기적

이 심각한 위기 속에서 문재인이 취한 이니셔티브는 효과를 발휘했다. 핵전쟁의 어둠을 본 김정은 위원장이 발걸음을 멈추고, 2018년 1월 1일 신년사에서 평창올림픽에 참가하겠다는 의사를 밝힌 것이다. 2월 평창올림픽에는 김여정金与正 등 북한 대표가 참가했다. 김여정은 문재인에게 남북 정상회담을 제안하는 내용을 담은 오빠 김정은의 친서를 전달했다. 3월 5일 문재인의 특사가 방북해, 김정은과 회담하고 남북 정상회담 개최에 합의했다. 나아가 대통령 특사는 김정은으로부터 북미 정상회담에 대한 제안을 듣고, 곧바로 미국으로 가 이를 트럼프에게 전했다. 트럼프는 3월 8일 김정은의 제안을 듣고 그 자리에서 승낙하겠다는 뜻을 전했다.

이 뉴스는 세계를 놀라게 했지만, 아베에게는 이중으로 충격을 주게 된다. 문재인이 북미 전쟁을 피하려고 북미 정상의 대화를 중개하는 커다란 움직임을 보였다는 것, 나아가 트럼프가 자신에게 상의도 없이 정상회담을 하겠다고 즉답했다는 것, 이 두 가지는 커다란 충격이었을 것이다. 아베가 반사적으로 한 반응은 제재를 견지하고 납치 문제를 제기하는 것이었다. 아베는 3월 9일 트럼프와 전화 회담을 통해 "완전하고, 검증 가능하며 불가역적 비핵화CVID"를 향해 "최대한의 압력"을 가해야 할 필요가 있다고 말하는 동시에 납치 문제의 해결을 위해 협력해 줄 것을 트럼프에게 요청한 것으로 전해진다.

실로 이 지점에서 납치문제대책본부로부터인지 아베 주변으로부터인지 북한이 납치 피해자 중 하나인 다나카 미노루가 평양에 생존해 있다고 전해 왔던 사실이 《교도통신》을 통해 유출됐다. 이는 3월 16일 보도되었다. 기사에 따르면, 이 정보는 2014년 5월 스톡홀름 합의 전에 일본에 전해졌다. 며칠 뒤엔 다나카와 함께 라면 가게에서 일하는 가네다 다쓰미쓰金田龍光도 평양에 살고 있지만, 귀국을 원하지 않는다는 사실도 기사화됐다. 왜 이 시점에서 이런 사실이 유출된 것인지 알 수 없다. 그 후 2019년이 되어 아리타 요시후有田芳生 의원이 국회에서 이 문제에 대해 거듭 질의하지만, 아베는 일관되게 계속 답변을 거부했다. 북한도 이 점에 대해선 긍정도 부정도 하지 않고 있다.

남북 정상회담에서 북미 정상회담으로

남북 정상회담은 4월에 개최됐다. 그 결과 역사적인 판문점선언이 나오게 됐다. 북미 정상회담은 6월 12일에 열리기로 결정됐다. 아베는 4월 16일 미국을 방문해 트럼프에게 "최대한의 압력을 계속 가해야 한다는 방침"을 강조하고 확인하는 것과 함께, 정상회담에서 납치 문제를 제기해 주기를 요청했다. 나아가 아베는 6월 7일에도 다시 미국을 방문해 트럼프에게 북한이 비핵화를 향한 구체적 행동을 취할 때까지는 제재를 해제하지 않는다는 방침을 재확인하고, 정상회담에서 납치 문제를 다루도록 세 번째로 요구했다. 이번엔 자신도 김정은과 만날 생각이라고 덧붙이지 않을 수 없었다.

이때 아베가 트럼프를 설득하는 모습은 정상회담을 반대하던 존 볼턴 백악관 국가안보보좌관이 회고록에서 생생히 묘사하고 있다.

볼턴에게 아베의 견제는 고마운 도움이었던 것이다.

평창겨울올림픽에서부터 북미 정상회담 개최 합의까지 급속한 움직임이 이어졌다. 이 새로운 흐름이 전개되는 가운데 아베 혼자 남겨진 듯한 인상이 생겨났다.

북미 정상 싱가포르 회담

2018년 6월 12일 도널드 트럼프와 김정은의 정상회담이 싱가포르에서 열렸다. 이 정상회담은 평화 프로세스의 문을 연 것이라는 생각을 품게 했다. 두 정상은 전 세계인들의 눈앞에서 북미 전쟁을 피하겠다고 서약했다. 트럼프는 "북한에 안전담보를 제공할 것을 확언"했고, 김정은은 "한반도의 완전한 비핵화에 대한 확고부동한 의지를 재확인"했다는 공동성명을 발표했다.

아베는 이 결과에 대해 그 의의를 높이 평가한다는 의견을 여러 차례 밝혔지만, 전체적으로는 차가운 태도를 보였다. 자민당 총재 선거 후보자들이 참가한 9월 14일 기자회견에서 거리낌 없는 질문이 아베에게 쏟아졌다. 납치 문제 해결에 대해 "아베는 예전부터 계속 전원 귀환, 생존 탈환을 말해 왔다"라며 "정말 납치 피해자들이 살아 있다는 확증이 있는 것인가"라는 질문이 나왔다. 아베는 "사망했다는 확증은 그들이 내놓지 않고 있다. 그들이 보내온 유골은 사실은 틀린 것이었다. 그렇다면, 정부로선 살아 있다는 것을 전제로 교섭하는 게 당연하지 않느냐"라고 답했다.

북한과 교섭이 진행되고 있느냐는 질문에는 "지난번 북미 정상회담이 이뤄졌다. 거기서 납치 문제에 대한 내 생각을 김정은 위원장에게 전달했다"라고 답했다. 이것은 정확히 말한다면 '트럼프가 전달해 줬다'고 해야 한다. 아베는 이어 "다음에는 나 자신이 김정은 위원장과 마주해 이 문제를 해결해야 한다고 결심하고 있다"라고 말했다. 그러자 "정상회담을 위한 교섭이 진행되고 있느냐"라고 추궁하는 질문이 나왔다. 이에 대해선 "지금 어떤 교섭이 이뤄지고 있는지는 당연히 말씀드릴 수 없고, 어떤 접촉을 하고 있는지에 대해서도 말씀드릴 수 없지만, 모든 기회를 놓치지 않겠다는 생각으로 추진해 가려한다"라며 회피했다.[3]

실제로 아베는 김정은과 만나기 위해 어떤 노력도 하지 않고 있는 듯했다.

2019년 1월 시정방침 연설

아베의 한반도 정책의 최종판은 2019년 1월 28일 헤이세이 시대의 마지막 국회 시정방침 연설에서 제시됐다. "헤이세이의 그다음 시대를 향해 일본 외교의 새로운 지평을 개척해 나가겠다", 지금이야말로 "전후 일본 외교의 총결산"을 하겠다고 선언하는 연설이었다. 안전보장 환경은 "격변"했다. 지금까지 해 온 연장선상의 정책으로는 대응할 수 없다. 6년 동안 '적극적 평화주의'의 깃발 아래 추진해 온 '지구본을 부감하는 외교의 최종 마무리'를 목표로 삼겠다고 단언했다.

이웃 나라들과 관계에 대해선 중일 관계는 정상적 궤도로 돌려놓았기 때문에 새로운 단계로 끌어올릴 것이고, 러시아와는 평화조약 교섭을 가속화하겠다고 했다. 그런 뒤에 북한에 대해선 새로운 대화 방침을 제시한 것처럼 보였다. "북한의 핵, 미사일 그리고 가장 중요한 납치 문제의 해결을 향해 상호불신의 껍질을 깨뜨리고, 다음에는 나 자신이 김정은 위원장과 직접 마주해 모든 기회를 놓치지 않고, 과단히 행동하겠습니다. 북한과 불행한 과거를 청산하고 국교 정상화를 목표로 하겠습니다. 그를 위해 미국과 한국 등 국제사회와 긴밀히 연대해 가겠습니다."[4]

아베는 이 연설에서 그 전해 말*부터 문제가 발생해 우려가 커지고 있던 한일 관계에 대해선 한마디도 언급하지 않았다. 아베는 '한국은 더 이상 상대하지 않겠다'고 선언하고 있는 것처럼 느껴졌다. 중일 전쟁 때 고노에 후미마로近衛文麿 총리의 발언을 떠올리게 했다. 1938년 1월 고노에는 "이후 국민정부와 상대하지 않겠다"라며, 중일 전쟁에 돌입했던 것이다.

북한에 대해선 은근하게 대화를 요청하면서 한국은 상대하지 않겠다고 선언하는 너무나 큰 태도의 차이에 놀란 사람도 있었을지 모른다. 그러나 그 점에 대해선 전혀 이상할 게 없다. 북한에 대해 언급한 것은 실행할 마음이 없는 공수표로 이른바 '뭔가 열심히 하고 있는 것 같은 느낌'을 퍼뜨리기 위한 연막에 불과했던 것이다. 아베는

---

* 한국 대법원은 2018년 10·11월 일본제철과 미쓰비시중공업 등 조선인 노동자들을 강제 동원해 가혹한 환경 속에서 일을 시킨 일본 피고 기업들이 한국인 원고들에게 배상해야 한다는 판결을 내놓았다. 일본이 이에 대해 크게 반발하며 한일 관계가 악화됐다.

여기서 북한 적시, 한국 무시를 선언한 것이다.

그렇기에 아베는 이 자리에서 한반도를 뛰어넘어 '자유롭고 열린 인도·태평양'을 구축해 가는 것을 아베 외교의 목표로 선언해 올렸다.

북미 정상 하노이 회담

트럼프와 김정은은 2019년 2월 27~28일 하노이에서 두 번째 정상회담에 임했다. 이 회담은 결렬됐다. 둘은 회담 후 예정됐던 오찬도 함께하지 않고 헤어졌다. 아베가 안도할 수 있는 결과였다. 하노이 회담의 좌절 뒤에 아베는 개최될 가능성이 없는 북일 정상회담에 임하겠다는 자세를 한층 더 강조해 간다. 할 계획도 없는 회담이니 한층 더 하겠다는 의지를 보인 것이다.

아베는 2019년 5월엔 《산케이신문》 기자에게 "납치 문제의 해결을 위해 주체적으로 노력하겠다. 조건을 내걸지 않고 김 위원장과 만나 허심탄회하게 대화하고 싶다"라고 말했다. 국민도 납치피해자가족회도 기대가 높아졌지만, 애초부터 이는 영혼 없이 단순히 내뱉는 말일 뿐이었다. 아베가 쌓아 올린 허망의 정점이었다.

그 뒤로는 혀끝으로만 거듭할 뿐

이 허망한 문구는 다음 총리에게도 이어져 판에 박은 듯 주창되고 있다. 2020년 가을 아베는 지병(궤양성 대장염)이 악화됐다는 이유로 사임했다. 후계 총리로 올라서게 된 이는 스가 요시히데 관방장관이었다. 스가는 10월 26일 소신표명 연설에서 북한·한국에 대해서는 아베의 말을 완전히 똑같이 되풀이할 뿐이었다.

납치 문제는 여전히 정권의 최중요 과제입니다. 모든 납치 피해자들이 하루라도 빨리 귀국할 수 있도록 전력을 다하겠습니다. 나 자신도 조건을 걸지 않고 김정은 위원장과 직접 마주하겠다고 결의하고 있습니다. 북일 평양선언에 기초해, 납치·핵·미사일이란 여러 현안을 포괄적으로 해결해 불행한 과거를 청산하고, 북한과 국교 정상화를 목표로 해 나가겠습니다. …한국은 매우 중요한 이웃 나라입니다. 건전한 한일 관계로 되돌아가기 위해 우리 나라의 일관된 입장에 기초해 적절한 대응을 강하게 요구해 가겠습니다.[5]

그리고 이 공허한 말에 이의를 제기하는 사람은 엄혹한 벌을 받았다. 2021년 9월 발생한 우부카타 유키오生方幸夫 입헌민주당 의원의 발언을 둘러싼 사건이 상징적이었다. 그는 이날 지바현 마쓰도松戶 시민회관에서 열린 국정 보고회에서 다음과 같이 말했다. "누구도 요코타가 살아 있다고 생각하지 않습니다", "요코타가 살아 있었다면 북한이 벌써 돌려보내지 않았겠습니까."

이를 시의원이 동영상으로 녹화해 트위터에 올렸다. 이를 알게 된 구원회는 10월 11일 누리집에 이즈카 시게오 가족회 회장과 니시오카 쓰토무 구원회 회장이 연명해 항의문을 발표했다. "우부카타 의원은 사람의 생명과 관련된 중대한 인권문제에 대해 일본 정부의 기본적 입장을 부정하고, 북한의 주장에 찬동하고 있다. …우부카타 의원의 이 발언은 모든 납치 피해자의 구출을 위해 심혈을 기울이고 있는 납치 피해자 가족과 그 지원자, 또한 피해자 자신의 생명에 대한 중대한 모욕이며 모독이다. 강하게 항의한다."

이 움직임을 알게 된 우부카타는 오후가 되기 전에 자신의 트위터를 통해 "부적절한 발언을 했습니다. 발언을 철회하는 것과 함께…여러분께 사죄의 말씀을 올립니다"라는 뜻을 밝혔다. 야당 의원들로부터 재빠른 반응이 나왔다. 오토키타 슌音喜多駿 일본유신회 참의원의원이 자신의 트위터에 "토할 것 같은 최악의 발언"이라고 비난했다. 같은 당의 바바 노부유키馬場伸幸 의원은 "언어도단"이라고 화를 내며 "입헌민주당이라는 정당은 일본에 필요 없다는 사실을 다시금일깨워 줬다"라고 폭언을 쏟아 냈다. 후쿠야마 데쓰로福山哲郎 입헌민주당 간사장과 모리 유코森ゆう子 납치문제대책본부장은 긴급성명을 발표해 "발언 내용은 당의 생각과 전혀 일치하지 않는다"라며 우부카타에게 엄중 주의를 줬다. 당 역시 사죄한다고 말했다. 에다노 유키오枝野幸夫 대표는 "나도 매우 경악하고, 격노해 있다"라고 말했다. 저녁이 되어 국회가 끝난 뒤 우부카타가 모리와 함께 구원회 사무실을 방문해 니시오카에게 사죄문을 제출했다. 시이 가즈오志位和夫 공산당 위원장까지 기자회견에서 "어떻게든 가족을 돌려받고 싶다고 기원하며 활동하고 있는 분들의 마음에 대단히 큰 상처를 준 용서할수 없는 발언이다. 강하게 비판한다"라고 말했다.

입헌민주당이 이튿날인 12일 다음 중의원 선거에서 지바 6구의 공인 후보(공천)로 내정하고 있던 우부카타의 공천을 취소한다는 보도가 나왔다. 우부카타는 무소속으로 출마해 낙선했다. 득표는 놀라울 정도로 적었다.

스가의 발언은 다음 기시다 총리에게로 계승됐다. 총재 임기가 끝난 스가는 2021년 9월 총재 선거에 출마하지 않았다. 기시다 후미오가 입후보해 당선됐다. 10월 4일 막 총리가 된 기시다는 11월 3일 도쿄 사보회관砂防会館의 다목적회의실 센바흐 사보シェーンバッハ・サボ―에서 1년 만에 개최된 '전국 납치 피해자의 귀국을 요구하는 국민대집회全拉致被害者の即時一括帰国を求める国民大集会'에서 인사했다. 전국 각지에서 모인 800명이 이 발언을 들었다.

납치 문제는 기시다 내각의 최중요 과제입니다. 지난번에 총리 관저에서 납치 피해자 가족 여러분들과 만나 '어떻게든 결과를 내 줬으면 좋겠다'는 절실한 마음을 다시금 마음속에 새겼습니다. 납치 피해자 가족분들이 고령이 되어 가는 상황에서 납치 문제의 해결에는 한시의 여유도 없습니다. 내 손으로 반드시 납치 문제를 해결해야 한다고 강하게 생각하고 있습니다.

납치 문제의 해결을 위해선 국제사회의 이해와 협력을 얻는 게 불가결합니다. 나는 총리 취임 이후 각국 정상과 회담하며 반드시 납치 문제 해결의 중요성을 호소하며 이해를 얻고 있습니다. 총리 취임 다음 날 조 바이든Joe Biden 미국 대통령과 전화 회담을 하고 납치 문제의 즉시 해결을 위해 미국의 이해와 협력을 구해 바이든 대통령의 지지를 얻었습니다. 이후에도 미국을 방문할 때는 여러 현안 가운데서도 특히 한시의 여유도 없는 납치 문제 해결의 중요성에 대해 다시금 정상 간 이해를 깊게 하고 싶습니다.

동시에 우리 나라 자체의 주체적 움직임, 즉 정상 간의 관계를 구축해 가는 것이 극히 중요합니다. 이를 위해 나는 조건을 걸지 않고 김정은 위원장과 직접 마주한다고 결의하고 있습니다. 북일 평양선언에 기초해 납치 문제 등 여러 현안을 확실히 해결하고, 그 기초 위에서 불행한 과거를 청산하고 북한과 국교 정상화를 모색해 가는, 그런 방향성을 분명히 염두에 두면서 모든 기회를 놓치지 않고 전력을 다해 행동해 가겠습니다.[6]

전국에서 모인 사람들이 이 말을 어떻게 들었을까.

4일 후 기시다는 국회 개회를 맞아 소신표명 연설에 나섰다. "납치 문제는 최중요 과제입니다. 모든 납치 피해자가 하루라도 빨리 귀국할 수 있도록 전력을 다해 노력하겠습니다. 나 자신이 조건을 걸지 않고 김정은 위원장과 직접 마주한다는 결의를 하고 있습니다."[7] 이 말은 두 명의 전임자였던 아베·스가와 조금도 다르지 않았다. 듣고 있는 의원들은 그것이 내용 없는 말이라는 것을 이해하고 있었다. 기시다가 할 수 있는 일이란 구원회의 상징인 푸른 리본 배지를 다는 것뿐이라는 사실도 이미 알고 있었다. 기시다 역시 아베처럼 "자유롭고 열린 인도·태평양"을 주장했다. 동북아에서 도망쳐 나와 남진하여 남쪽 바다(타이완 사태와 남중국해 문제)*에서 미국과 함께 중국에 대

---

*　미일 정상은 2021년 4월 16일 공동성명에서 1969년 이후 52년 만에 처음 타이완 문제를 공식적으로 언급했다. 조 바이든과 스가 요시히데는 전체 14개 문단으로

해 압력을 가하는 방향으로 나아갈 생각인 것이다.

그리하여 국민의 안전, 일본의 평화는 핵무기로 무장한 이웃 나라 사이의 완전한 적시·적대 가운데 내던져지게 되었다.

이뤄진 A4 6장 분량의 성명에서 온전히 한 문단을 중국에 할애해 강하게 견제하며 "타이완 해협의 평화와 안정의 중요성을 강조하는 것과 함께 양안 문제의 평화적 해결을 촉구한다"라는 구절을 넣었다. 이후 일본은 타이완 유사 사태(전쟁)는 곧 일본 유사 사태라며 2022년 12월 일본의 방위비를 현재의 2배 수준으로 늘리고 '적기지 공격능력' 확보를 뼈대로 한 일본 국가안전보장전략 등 안보 3문서를 개정했다.

들어가며   일본과 북일 국교 정상화

1   전문은 와다 하루키, 이시자카 고이치 편,《일본은 식민지 지배를 어떻게 생각해 왔는가日本は植民地支配をどう考えてきたか》, 나시노키샤梨の木舎, 1996, 17~23쪽 참조.

2   우오즈미 아키라魚住昭, 〈노나카 히로무 '권력 20년 투쟁사'(제1회)野中広務《権力 20年戦争》〉,《겐다이Gendai》, 2003년 11월호, 84~85쪽. (옮긴이) 노나카 히로무 (1925~2018)는 '전쟁을 경험한 세대'를 대표하는 자민당의 주요 정치인이었다. 온건한 역사 인식을 바탕으로 한일 관계, 북일 관계 개선에 많은 노력을 했다.

3   나카소네 야스히로,《나카소네 야스히로가 말하는 전후 일본 외교中曽根康弘が語る戦後日本外交》, 신초사新潮社, 2012, 310~311쪽.

4   김성호, 〈동북아시아 냉전구조 변용 맹아기에 관한 연구: 한국의 교차승인정책을 중심으로(1983~1987)北東アジア冷戦構造変容萌芽期に関する研究: 韓国のクロス承認政策を中心として(一九八三—一九八七)〉,《국제정치》195, 2019, 13~14쪽,《아사히신문》1983년 2월 7일.

5   북일국교교섭검증회의 인터뷰, 야마사키 다쿠, 2021년 11월 3일.

6   와다 하루키·다카사키 소지高崎宗司 편저,《북한 책을 어떻게 읽을까北朝鮮本をどう読むか》, 아카시서점明石書店, 2003, 10쪽, 195~202쪽.

1 북일 국교 교섭의 개시와 결렬, 1990~1992

1 다카사키 소지, 《검증 북일 교섭(헤이본사신서)検証日朝交渉(平凡社新書)》, 헤이본사, 2004, 21쪽.

2 전문은 와다·이시자카 편, 앞의 책, 1996, 29~30쪽.

3 《한겨레》 1988년 8월 20일.

4 전문은 와다·이시자카 편, 앞의 책, 1996, 33~34쪽.

5 북한 정책의 개선을 요구하는 모임朝鮮政策を改善を求める会 편, 《제언·일본의 북한 정책(이와나미 부클릿 129호)提言·日本の朝鮮政策(岩波ブックレット NO.129)》, 이와나미서점, 1989, 4~7쪽.

6 관련 자료는 와다·이시자카 편, 앞의 책, 1996, 40~45쪽.

7 《아사히신문》 1991년 1월 1일.

8 요시다 다케시, 〈북한과 나 3北朝鮮と私 3〉, 《신초 45新潮 45》 2013년 11월호, 109~110쪽.

9 북일국교교섭검증회의 인터뷰, 가네마루 신고, 2021년 6월 27일.

10 자료는 모두 일본사회당 《북일의 문을 열다: 3당 공동선언에서 국교 정상화 수립으로日朝の扉をひらく: 三党共同宣言から国交樹立へ》, 1991.

11 북일국교교섭검증회의 인터뷰, 가네마루 신고, 2021년 6월 27일.

12 《마이니치신문》 1990년 9월 29일; 《요미우리신문》 1990년 9월 29일.

13 사토 가쓰미, 《붕괴하는 북한: 북일 교섭을 서둘러선 안 된다崩壊する北朝鮮—日朝交渉急ぐべからず》, 네스코, 1991, 10쪽, 235쪽.

14 《아사히신문》 1991년 8월 31일, 9월 2일.

15 《아사히신문》 1991년 11월 19일 조간 및 석간.

16 《아사히신문》 1992년 11월 7일, 8일.

2 북일 교섭 재개 노력과 반대 세력, 1993~1997

1 사토 가쓰미, 《북한 '한'의 핵전략》, 고분사, 1993, 177쪽, 208쪽.

2 윌리엄 페리, 《핵전쟁의 문턱에서核戦争の瀬戸際で》, 도쿄도출판東京堂出版, 2018,

177~179쪽.

3 돈 오퍼도퍼 지음, 아오키 가즈미葵木一美 옮김,《두 개의 한국: 국제정치 가운데의 한반도 특별최신판二つのコリア: 国際政治の中の朝鮮半島》, 교도통신사共同通信社, 2002, 368~369쪽.

4 와다·이시자카 편, 앞의 책, 1996, 91~93쪽.

5 북일국교교섭검증회의 인터뷰, 야마사키 다쿠, 2021년 11월 3일.

6 《산케이신문》1995년 5월 30일.

7 무라카미 마사쿠니 회상, 아오키 오사무,《일본회의의 정체(헤이본사신서)日本会議の正体(平凡社新書)》, 헤이본사, 2016, 186~188쪽.

8 요시다의 경험에 대해선, 요시다 다케시,〈북한과 나 1〉,《신초45》2013년 9월호, 166쪽. 김대중 방한에 관여한 사실에 대해선 임동원,《남북회담으로 가는 길: 임동원 회고록(이와나미신서)南北首脳会談への道: 林東源回顧録(岩波新書)》, 이와나미서점, 2008, 2~5쪽.

9 《아사히신문》1995년 11월 15일.

10 Stephan Haggard·Marcus Noland, *Famine in North Korea: Markets, Aid, and Reform*, Columbia University Press, 2007, p.76.

11 이 정보와 관련해 2006년 주일 한국대사관에 나와 근무하고 있던 한 국가정보원 참사관이 "당시 동남아시아에서 활동 중이던 현역 북한 공작원에게서 들은 얘기다. 이시다카를 포함한 일본 쪽 관계자들에게는 내가 흘렸다"라고 한 얘기를 들었다는 증언이 있다. 북일국교교섭검증회의 인터뷰, 후쿠자와 마유미, 2022년 6월 9일. 이시다카는 나중에 이 정보를 1995년 6월 23일 한국에서 안전기획부의 고위 간부한테서 들었고, 도쿄에 돌아와서는 다른 기관원에게서도 들었다는 내용을 썼다. 이시다카,《그럼에도 잡아뗄 것인가 북한これでもシラを切るのか北朝鮮》, 고분사, 1997, 16~20쪽.

12 니시오카와 이시다카의 대담,《쇼쿤！》1997년 4월호. 사토의 증언은 이시다카, 위의 책, 1997, 22쪽에서 재인용.

13 사토 가쓰미,〈신원이 확인된 납치 소녀身元の確認された拉致少女〉,《현대 코리아現代コリア》1997년 1·2월호, 10~11쪽. 아라키 가즈히로荒木和博 편,《납치와 구출 운동의 2000일拉致救出運動の2000日-1996年—2002年》, 소시사草思社, 2002에 수

록.

14 안명진이 한 증언의 신빙성에 대해선 와다 하루키,《한반도의 유사 사태를 바라는 것인가朝鮮有事を望むのか》, 사이류사彩流社, 2002에서 자세히 논했고, 이시다카와도 논쟁했다. 이제 와 생각해 볼 때 안명진의 얘기는 거의 대부분이 허언이었다고 생각해도 좋을 것이라 본다.

3 북일 국교 교섭 제2라운드로, 1997~2001

1 야마모토 에이지,《북한 외교 회고록(지쿠마신서)北朝鮮外交回顧録(ちくま新書)》, 지쿠마서방筑摩書房 2022, 179~180쪽.

2 《아사히신문》1998년 8월 11일.

3 《아사히신문》2000년 3월 8일.

4 스미야 미키오·와다 하루키 편,《북일 국교 교섭과 긴장 완화日朝国交交渉と緊張緩和》(이와나미 부클릿), 이와나미서점, 1999, 4~7쪽.

5 임원 명부와 창립 선언은 북일국교촉진국민협회 편,《북일 국교 교섭 어찌 되나どうなる日朝国交交渉》, 사이류사, 2003, 85~88쪽.

6 《아사히신문》2000년 8월 23일.

7 사토 가쓰미·하세가와 게이타로,《조선 통일의 전율朝鮮統一の戰慄》, 고분사, 2000, 243쪽.

8 《아사히신문》2000년 10월 1일.

9 《아사히신문》2000년 10월 5일.

10 《아사히신문》2000년 11월 1일.

11 야마모토 에이지, 앞의 책, 2022, 195쪽.

12 나카니시 데루마사 편,《북한과 국교를 맺으면 안 된다北朝鮮と国交を結んではいけない》, 쇼가칸문고, 2000, 167쪽.

13 와다 하루키,〈'일본인 납치 의혹'을 검증한다'日本人拉致疑惑'を検証する(下)〉,《세카이》2001년 2월호, 158쪽.

14 태영호,《3층 서기실의 암호3階書記室の暗号 北朝鮮外交秘録》, 분게이슌주, 2019, 136~137쪽.

297

15 　모리 인터뷰, 《아사히신문》 2002년 9월 12일, 모리 요시로·하야사카 시게조早坂茂三 대담 《쇼쿤!》 2002년 12월호, 53~54쪽.

16 　북일국교교섭검증회의 인터뷰, 마키타 구니히코, 2021년 7월 22일.

4　북일 정상회담과 북일 평양선언, 2002

1 　후나바시 요이치船橋洋一, 《더 페닌슐라 퀘스천: 한반도 2차 핵 위기ザ·ペニンシュラ·クエスチョン: 朝鮮半島第二次核危機》, 아사히신문사, 2006, 15쪽.

2 　다나카 히토시, 《외교의 힘外交の力》, 니혼게이자이신문출판사日本経済新聞出版社, 2009, 111~112쪽.

3 　다나카 히토시·다하라 소이치로田原総一朗, 《국가와 외교国家と外交》, 고단샤講談社, 2005, 44쪽.

4 　북일국교교섭검증회의 인터뷰, 다나카 히토시, 2021년 8월 29일.

5 　사토 가쓰미, 《일본 외교는 왜 한반도에 약한 것인가日本外交はなぜ朝鮮半島に弱いのか》, 소시사, 2002, 159~160쪽, 110쪽.

6 　요미우리신문 정치부, 《외교를 싸움으로 한 남자: 고이즈미 외교 2000일의 진실外交を喧嘩にした男: 小泉外交二〇〇〇日の真実》, 신초사, 2006, 26~30쪽.

7 　북일국교교섭검증회의 인터뷰를 참고했다.

8 　후나바시 요이치, 앞의 책, 2006, 44~45쪽.

9 　북일국교교섭검증회의 인터뷰를 참고했다.

10 　다나카 답변, 중의원 외무위원회, 2002년 9월 20일, 6쪽.

11 　《아사히신문》 2002년 9월 18일.

12 　북일국교교섭검증회의의 인터뷰를 참고했다.

13 　아라키 가즈히로 편, 앞의 책, 2002, 479쪽.

14 　아라키 가즈히로 편, 앞의 책, 2002, 479~481쪽.

15 　전문은 아라키 가즈히로 편, 앞의 책, 2002, 486~488쪽.

16 　아라키 가즈히로 편, 앞의 책, 2002, 490~492쪽.

17 　《아사히신문》 2002년 9월 27일.

18 　임동원, 앞의 책, 2008, 391~396쪽.

19 다나카 히토시, 앞의 책, 2009, 130~131쪽.

20 후나바시 요이치, 앞의 책, 2006, 64쪽.

21 히라사와 가쓰에이, 〈나가타초 일기永田町日記〉,《마이니치신문》2002년 10월 31일.

22 심포지엄 기록은 북일국교촉진국민협회 편,《북일 교섭 어찌 되나どうなる日朝国交交渉》, 사이류사, 2003에 수록돼 있다.

23 《현대 코리아》2002년 10월호, 10~11쪽, 13~14쪽, 17쪽.

24 〈제155 국회 중의원 안전보장위원회 의사록 8호第百五十五国会衆議院安全保障委員会議事録第八号〉1~2쪽, 9쪽, 14쪽.

25 사토 가쓰미,《납치 가족 '김정일과의 싸움' 전 궤적》, 쇼각칸문고, 2002, 208쪽.

26 사토 가쓰미, 위의 책, 2002, 210쪽.

27 《소문의 진상噂の真相》2003년 3월호, 30쪽.

5 2004년 고이즈미 재방북, 2003~2005

1 요미우리신문 정치부, 앞의 책, 2006, 46~47쪽.

2 《아사히신문》2003년 10월 8일.

3 와카미야 기요시,《진상: 북한 납치 피해자의 아이들은 어떻게 일본에 귀환했는가 真相: 北朝鮮拉致被害者の子供たちはいかにして日本に帰還したか》, 아스카신사飛鳥新社, 2004.

4 야부나카 미토지,《외교 교섭 40년 야부나카 미토지 회고록外交交渉四〇年　藪中三十二回顧録》, 미네르바서방ミネルヴァ書房, 2021, 142~143쪽.

5 와카미야 기요시 쪽의 설명은 와카미야 기요시, 앞의 책, 2004, 202~206쪽.

6 북일국교교섭검증회의 인터뷰, 야마사키 다쿠, 2021년 11월 3일.

7 《아사히신문》2004년 5월 22일 석간.

8 NHK 방송의 화면에서 받아 적은 내용이 와다 하루키《북한 현대사(이와나미신서)北朝鮮現代史(岩波新書)》(이와나미서점, 2012년, 212~214쪽)에 나와 있다. 북일국교교섭검증회의는 2021년 6월 1일 이 정상회담 내용을 공개해 달라고 외무상에게 요청했지만, 그해 7월 30일 '불공개' 결정을 전달받았다.

9   《아사히신문》 2004년 5월 23일.

10 《아사히신문》 2004년 5월 24일.

11 《아사히신문》 2004년 5월 23일.

12 야부나카 미토지, 앞의 책, 2021, 153~155쪽.

13 북일국교교섭검증회의 인터뷰, 스토 노부히코首藤信彦, 2021년 12월 4일.

14 이하 감정과 관련된 검증은 북일국교촉진국민협회가 2005년 3월 4일에 연 심포
    지엄 〈북일 관계와 6자회담日朝関係と六者会議〉을 하며 수행한 작업을 기초로 한
    것이다. 사용한 자료와 그 검증 결과는 국민협회 편,《북일 관계와 6자회담》, 사이
    류사, 2005에 수록돼 있다.

15 《아사히신문》 2004년 12월 9일.

16 《아사히신문》 2004년 12월 25일.

17 북일국교촉진국민협회 편,《납치 문제와 과거의 청산拉致問題と過去の清算》, 사이
    류사, 2006, 60~62쪽.

18 이시야마 이쿠오·요시이 도미오,《DNA 감정 입문DNA鑑定入門》, 난잔당南山堂,
    1998 , 175쪽.

6 아베 총리의 대북정책 선포와 시동, 2005~2007

1   〈다큐멘터리 격동의 남북조선ドキュメント・激動の南北朝鮮〉,《세카이》, 2006년 1
    월호, 203쪽.

2   《산케이신문》 2006년 6월 29일, 김영남의 기자회견(전문), 한국어로는 같은 날
    《통일뉴스》 기사(http://www.tongilnews.com/news/articleView.html?idxno=66057)에
    서 내용을 확인할 수 있다.

3   《아사히신문》 2006년 9월 27일.

4   이 드라마에 대한 소개는 하스이케 도루·와다 하루키·아오키 오사무 등,《납치
    문제를 다시 생각하다拉致問題を考えなおす》, 세토사青灯社, 2010, 66~79쪽 참조.

5   《교도통신》 2007년 1월 5일.

6   이 영화에 대한 소개도 하스이케·와다·아오키 등, 앞의 책, 2010, 80~92쪽 참조.

7   《마이니치신문》 2007년 2월 10일.

8   《아사히신문》2022년 3월 31일 석간.

7   아베 노선의 국책화, 2007~2012

1   북일국교교섭검증회의 인터뷰, 고사카 히로유키, 2022년 5월 15일.

2   와다 하루키와 기미야 다다시가 2008년 10월 방북했을 때 북한 외무성 연구원 이병덕李炳德으로부터 들었다.

3   아오키 오사무, 《르포 납치와 사람들ルポ拉致と人々》, 이와나미서점, 2011, 80~83쪽.

4   《마이니치신문》2009년 9월 23일.

5   《아사히신문》2010년 2월 23일 석간.

6   《마이니치신문》2009년 12월 9일 석간.

7   이 움직임에 대해서는 와다 하루키 · 우쓰미 아이코 · 김영호金泳鎬 · 이태진李泰鎭, 《한일 역사 문제를 어떻게 풀까日韓歷史問題をどう解くか》, 이와나미서점, 2013이 출판되었다.

8   북일국교교섭검증회의 인터뷰, 조지마 고리키, 2022년 5월 15일.

9   《산케이신문》2011년 6월 7일.

10 원문은 https://wikileaks.ch/cable/2009/09/09TOKYO2197.html에서 확인할 수 있다. 애초 위키리크스 발표엔 글자가 가려져 있었다.《뉴욕 타임스》인터넷판, 2011년 5월 3일 자에 전문이 공개되었다. 이는《요미우리신문》5월 5일 자에 보도됐다.

11 북일국교교섭검증회의 인터뷰, 조지마 고리키, 2022년 5월 15일.

12 《구원회전국협의회뉴스》2011년 10월 9일.

13 북일국교교섭검증회의 인터뷰, 고사카 히로유키, 2022년 5월 15일.

14 〈북일 정부 간 협의 과장급 예비 협의(개요)〉2012년 8월 31일, 외무성 누리집, 북일 교섭 항목.

15 《산케이신문》속보 뉴스, 2013년 5월 19일, 오후 3시 14분.

16 〈북일 정부 간 협의(개요)〉, 2012년 11월 16일, 외무성 누리집, 북일 교섭 항목.

8 아베 제2차 정권의 탄생, 2012~2015

1 《구원회전국협의회뉴스》2012년 12월 28일.

2 《산케이신문》2012년 12월 31일.

3 가와히토 히로시, 〈납치 문제와 지식인의 책임拉致問題と知識人の責任〉, 《세카이슈 호》2003년 3월 11일. 와다의 반론은 같은 잡지 4월 29일에 실렸다. 이 글은 와다 하루키, 《동시대 비평: 북일 관계와 납치 문제同時代批評: 日朝関係と拉致問題》, 사 이류사, 2005에 수록.

4 《아사히신문》2014년 1월 28일, 2월 28일.

5 《아사히신문》2014년 8월 31일.

6 〈제2차 북일 정부 간 협의(개요)〉2014년 3월 31일, 외무성 누리집, 북일 교섭 항 목.

7 〈북일 정부 간 협의(개요)〉2014년 5월 30일, 외무성 누리집, 북일 교섭 항목.

8 《아사히신문》2021년 8월 11일.

9 《아사히신문》2015년 4월 1일.

나오며 북미 대립의 심각화와 그 이후, 2016~2022

1 《조선중앙통신》2017년 3월 7일.

2 《아사히신문》2019년 5월 17일.

3 《아사히신문》2018년 9월 15일.

4 《요미우리신문》2019년 1월 28일.

5 《아사히신문》2020년 10월 27일.

6 《구원회전국협의회뉴스》2021년 11월 15일.

7 《아사히신문》2022년 10월 9일.

북일 관계·국교 교섭 연표

1945년	8월 15일 일본 항복, 식민지 지배가 끝나고 조선 해방
1948년	8월 15일 대한민국 건국 9월 9일 조선민주주의인민공화국 건국
1950년	6월 25일 한국전쟁 개시
1953년	7월 27일 정전협정 조인
1965년	6월 22일 한일 기본조약 조인
1977년	11월 15일 요코타 메구미 납치
1984년	7월 4일 한일연대시민기독교자 성명, 식민지 지배를 반성·사죄하는 국회결의 채택 요구
1985년	5월 독일 본 정상회담 때 이뤄진 미일 정상회담에서 나카소네 총리 교차승인안 제안
1987년	6월 한국 민주혁명, 11월 29일 대한항공기 폭파 사건, 김현희 체포

303

1988년	3월 26일 하시모토 아쓰시 공산당 의원, 국회에서 납치 문제 처음으로 질문
	7월 7일 노태우 대통령 '7·7선언'
	9월 8일 우쓰노미야·스미야·야스에·와다 등 북한 정책 개선을 요구하는 요망서

1989년	1월 20일 일본 정부 외무성 발표 '우리 나라의 북한 정책에 대해'
	3월 1일 '조선 식민지 지배의 사죄·청산을 요구하는 국민 서명운동' 개시
	3월 30일 중의원 예산위원회에서 북일 국교 정상화에 대해 무라아먀 도미이치 질문, 다케시타 총리 답변

1990년	9월 24일 가네마루·다나베 대표단 방북
	9월 28일 3당 공동성명

1991년	1월 30일 제1차 북일 국교 정상화 교섭 본회담

1992년	11월 5일 북일 교섭 제8차 본회담 결렬

1993년	8월 4일 고노 요헤이 관방장관 위안부 문제 담화

1994년	6월 무라야마 도미이치 3당연립 내각 탄생, 카터 방북, 북미 전쟁 회피
	7월 8일 김일성 주석 서거
	10월 21일 북미 제네바 합의

1995년	3월 28일 연립여당 방북단 방북(와타나베 미치오 단장)
	8월 15일 종전 50년 무라야마 총리담화

10월 3일 베이징에서 제2차 북일 쌀 지원 협의. 쌀 20만 톤 공여 합의

11월 사토 가쓰미, 니시오카 쓰토무 '가토 고이치 간사장은 북한의 꼭두각시인가'《분게이슌주》12월호

1997년	1월 25일 사토 가쓰미, 요코타 메구미 납치 의혹 발표
	3월 25일 '북한에 의한 납치 피해자 가족연락회 결성'(대표 요코타 시게루)
	4월 15일 납치의원연맹 발족(회장 나카야마 마사아키)
	10월 4일 '북한에 납치된 일본인을 구출하는 모임' 도쿄에서 결성 (회장 사토 가쓰미)
	11월 8~14일 일본인 배우자 제1진 고향 방문
	11월 11~14일 모리 연립여당 방북단 방북

1998년	4월 구원회 전국협의회 결성(회장 사토 가쓰미)
	10월 8일 김대중·오부치 '한일 파트너십 선언'

1999년	12월 1일 무라야마 도미이치를 단장으로 하는 초당파 의원단 방북

2000년	1월 4일 북, 이탈리아와 국교 수립
	4월 4~9일 북일 교섭 제9차 회담 8년 만에 재개
	4월 4일 오부치 내각 총사직, 모리 요시로가 총리가 됨
	5월 8일 북, 오스트레일리아와 국교 수립
	6월 13~15일 김대중 방북, 남북 정상회담
	7월 3일 북일국교촉진국민협회 설립
	8월 21~24일 지바에서 북일 교섭 제10차 회담

10월 9~13일 조명록 방미

10월 23일 올브라이트 미국 국무장관 방북

10월 30~31일 베이징에서 북일 교섭 제11차 회담

11월 30일~12월 5일 국민협회 방북단 방북, 무라야마 단장 등 김
영남 위원장과 회담

12월 와다 하루키 〈일본인 납치 의혹을 검증한다(1)〉《세카이》
2001년 1월호

12월 12일 북, 영국과 국교 수립

2001년　1월 싱가포르에서 나카가와 히데나오 전 관방장관과 강석주 제1
차관 비밀회담,

2월 1일 북, 캐나다와 국교 수립

3월 1일 북, 독일과 국교 수립

4월 26일 모리 퇴진, 고이즈미가 총리가 됨

5월 1일 김정남 불법입국 사건

9월 11일 뉴욕 등에서 9·11 테러

9월 19일 요도호 사건 관계자의 전처 야오 메구미가 아리모토 게
이코를 납치했다고 말함

10월 다나카 히토시 외무성 아시아대양주국장, 북한 쪽과 비밀 교
섭 개시

12월 22일 동중국해에서 해상보안청 순시선, 북 공작선을 포격 침
몰시킴

2002년　1월 29일 부시 대통령 연두교서 연설에서 '악의 축' 발언

3월 12일 경찰청, 아리모토 게이코 납치 인정, 납치 의혹 사건 8건
11명

4월 25일 새 납치의원연맹 설립, 회장 이시바 시게루

5월 한일 월드컵 공동 개최

7월 15일 와다 하루키《한반도의 유사 사태를 바라는 것인가: 불심선·납치 의혹·유사 입법을 생각한다》(사이류사)

8월 25~26일 평양에서 북일 국장급 회담

8월 30일 고이즈미 총리 9월 방북 발표

9월 17일 고이즈미 총리 방북, 북일 정상회담, 북일 평양선언, 김정일 납치 사죄, 13명 납치, 8명 사망, 5명 생존 통고

9월 17일 구원회 단독 성명 〈사망했다는 8명은 살아 있을 가능성이 높다〉

9월 27일 고이즈미 총리 가족회와 처음 만남

9월 30일 '북일 간의 진정한 화해와 평화를 촉구하는 긴급성명'(이타가키 류타 등 500명 서명)

10월 1일 사이키 참사관 등 귀국, 납치 피해자 보고서 제출

10월 3~5일 켈리 미 국무부 차관보 등 방북

10월 8일 북한, 5명 일시 귀국 발표

10월 9일 관계각료회의, 생존자의 '일시 귀국' 수용과 국교 교섭 재개 결정

10월 15일 납치 피해자 5명 귀국, 국민협회 첫 성명

10월 24일 5명을 돌려보내지 않는다는 정부 방침 결정

10월 29~30일 쿠알라룸푸르에서 북일 교섭 제12차 회담 결렬

11월 24일 전국협의회 특별연수회에서 사토 회장 강연

12월 사토 가쓰미《납치 가족 '김정일과의 싸움' 전 궤적》(쇼각칸문고)

12월 10일 중의원 안보위원회에서 사토 가쓰미, 폴러첸, 와다 하

307

루키 등 참고인 진술

12월 21일 국민협회 심포지엄 '북일 국교 교섭 어떻게 되나'

2003년	1월 26일 가족회에서 요코타 시게루 방북 희망 승인되지 못함
	2월 다나카 국장 자택 차고에 우익 단체가 폭발물을 둠

2004년 4월 22일 북한 용천에서 폭발 사고

5월 22일 고이즈미 총리 재방북, 북일 정상회담, 북에 남아 있던 납치 피해자 두 가족의 아이들 데리고 귀국, 납치가족회, 총리를 격하게 비난

5월 29일 용천 폭발 사고 피해자 구원대표단(와다, 후지사와 후사토시, 나카무라 데루코) 출발, 6월 15일 하스이케 가오루 부부, 요코타 메구미의 양친에게 메구미에 대해 보고

11월 9~14일 야부나카 국장 방북, 실무자 협의, 메구미 유골 가지고 귀국

12월 8일 호소다 관방장관 기자회견, 유골은 메구미의 것이 아니라고 발표

12월 24일 일본 정부 보고서 〈생사불명 납치 피해자에 관한 재조사〉, 8명 사망을 뒷받침할 만한 것이 아무것도 없다고 호소다 관방장관 발표

2005년 5월 국민협회 팸플릿,《북일 관계와 6자협의》(사이류사)

10월 26일~29일 제4차 방북단 파견(고마키, 와다)

10월 31일 아베 신조, 관방장관이 됨

12월 와다·다카사키《검증 북일 관계 60년사》(아카시서점)

2006년 3월 데시마 류이치《울트라 달러》(신초사), 다나카 히토시 국장을

중상

5월 국민협회 팸플릿 《납치 문제와 과거의 청산》(사이류사)

6월 16일 북한인권법 성립

7월 5일 북한, 7발의 미사일 발사. 일본 정부는 9개 항목의 제재 결정

9월 26일 아베 신조, 총리가 됨

9월 29일 납치문제대책본부 설치, 아베 총리 소신표명 연설

10월 3일 니혼TV 〈재회: 메구미 씨의 소원〉 방영

10월 9일 북한 핵실험

10월 11일 일본 정부 추가 제재

12월 10일 북한인권침해문제 계발주간 시작

2007년   2월 13일 6자회담 합의문

7월 9일 대북 라디오 방송 〈고향의 바람〉 시작, 안명진 한국에서 체포

9월 후쿠다 내각 출범

2008년   6월 11~12일 사이키 국장, 베이징에서 북한 쪽과 교섭·합의

7월 사토 가쓰미 구원회 전국협의회 회장 퇴임

7월 24일 평화포럼 중심으로 '북일 국교 정상화 연락회' 발족

8월 11~12일 사이키 국장, 선양에서 북일 교섭, 제2 합의

8월 말 김정일 뇌출혈

9월 24일 후쿠다 내각 퇴진, 아소 내각 출범

12월 12일 국민협회 연속토론 '납치 문제를 생각한다' 시작

2009년   4월 25일 〈아침까지 생방송〉에서 다하라 소이치로 "외무성도 생

존해 있지 않다는 것을 알고 있을 것"이라는 발언 문제화

9월 16일 하토야마 민주당 내각 탄생, 납치문제담당상 나카이 히로시

11월 8일 NHK 스페셜 〈비록 북일 교섭〉, 2004년 정상회담 기록을 부분적으로 흘림

2010년   2월 4일 국민협회 연속강좌 '조선과 일본' 제1회

3월 30일 반초회관 내 국민협회 사무실 폐쇄

5월 10일 '한국병합' 100년 한일 지식인 공동성명

6월 하토야마 퇴진, 간 나오토 내각 출범

7월 20~23일 나카이 납치문제담당상, 김현희를 일본에 초대

8월 10일 한국병합 100년 간 나오토 총리 담화

9월 30일 하스이케 도루, 와다, 스가누마 미쓰히로菅沼光弘, 아오키 오사무, 쇼지 쓰토무東海林勤《납치 문제를 다시 생각하다》(세토사)

11월 23일 연평도 포격 사건

12월 와다《이것만은 알아 두고 싶은 일본과 조선의 100년사》(헤이본사)

2011년   2월 5일 요코하마시 정부 주최 집회에서 요코타 시게루 납치 교섭 요구

3월 11일 도호쿠 대지진

3월 25일 북한 적십자 위로금 10만 엔 도착

4월 5일 일본 제재 연장 결정

5월 위키리크스 사이키 발언 폭로

6월 15일 북일 국교정상화추진의원연맹 재출범(에토 세이시로 회장)

8월 조지마 고리키 북에 유골 문제 제기

9월 간 나오토 퇴진, 노다 내각 출범

12월 17일 김정일 사망

2012년   2월 3일 전국 청진회 마사키 사무국장 등이 외무성에 성묘를 위한 방북 청원서 제출

7월 31일 국민협회 부회장 미키 무쓰코 사망

8월 9~10일 유골, 성묘에 관한 북일 적십자 협의

8월 29~31일 베이징에서 과장급 예비 협의

9월 13일 북일 평양선언 10주년 전국집회 개최

10월 9일 북한 지역에 남겨진 일본인 유골의 수집과 성묘를 요구하는 유족 연락회(북유족연락회) 결성

10월 22일 북유족연락회 성묘단 제1차 출발

10월 30일 민주당 사무국장 방북

11월 15~16일 정부 간 협의 울란바토르에서 개최, 스기야마 국장, 송일호와 회담

12월 26일 노다 민주당 정권 해체, 아베 제2차 정권 발족

2013년   1월 25일 납치문제대책본부 개편 결정, 원형 부활

1월 28일 아베 총리 소신표명 연설

1월 29일 정부, 여야당 납치문제대책기관연락협의회 설치

2월 북한 제3차 핵실험

5월 14~18일 이지마 내각 관방참여 방북

2014년   1월 25~26일 이하라 국장, 오노 과장 하노이에서 북일 비밀 교섭

3월 3일 선양에서 북일 적십자 회담

311

3월 10~14일 울란바토르에서 요코타 부부 김은경 일가와 면회

3월 30~31일, 베이징에서 이하라 국장과 송일호 대사가 정식으로

제2차 정부 간 협의

5월 29일 스톡홀름 합의 성립

7월 4일 북, 특별조사위원회 설치 발표

10월 7~13일 북일 교류학술방문단(단장 와다 하루키) 방북

10월 28~29일 평양에서 북일 교섭

2015년   3월 26일 총련 부회장 차남 송이버섯 밀수 혐의로 체포

3월 30일 일본 정부 제재를 연장

7월 2일 아베 총리, 북이 조사 보고 연기를 통고했다고 발표

2016년   1월 6일 북, 제4차 핵실험

2월 10일 일본 정부, 제재를 전면 부활

2월 12일 북, 일본이 스톡홀름 합의 파기를 선언했으니 조사위를

해체한다고 발표

9월 9일 북, 제5차 핵실험

2017년   9월 3일, 북 제6차 핵실험

9월 19~21일 트럼프·아베 유엔총회 연설

10월 와다《북미전쟁을 막는 것: 평화국가 일본의 책임》(세토사)

11월 5~8일 트럼프 대통령 방일·방한, 한국 국회에서 연설

11월 29일 북, 화성 15형 발사, "국가 핵무력 완성의 대업"을 성취

했다고 선언

2018년   1월 1일 김정은 신년사

2월 평창올림픽

4월 27일 남북 정상회담, 판문점선언

6월 12일 싱가포르에서 북미 정상회담, 북미 공동성명

11월 와다 《아베 총리는 납치 문제를 해결할 수 없다》(세토샤)

2019년 2월 27~28일 하노이에서 제2차 북미 정상회담 결렬

2020년 6월 16일 북, 남북 공동연락사무소 폭파

9월 아베 총리 퇴진, 스가 관방장관 후임 총리가 됨

2021년 4월 29일 북일국교교섭검증회의 제1회, 와다 하루키 보고 〈2022년, 우리의 패배, 일본 정부의 실패〉

9월 스가 퇴진, 기시다 총재 선거 승리

10월 4일 기시다 총리가 됨

10월 11일 입헌민주당 우부카타 의원, 요코타 메구미 사망을 언급해 비난받고 공천 취소

2022년 2월 27일 우크라이나 전쟁 개시

7월 8일 아베 신조 암살

옮긴이 후기

한국에서 '지한파 지식인'으로 잘 알려진 와다 하루키 도쿄대 명예교수를 처음 만나 뵌 것은 2012년 11월이었다. 당시 한일 관계는 그해 8월에 이뤄진 이명박 전 대통령의 독도 방문으로 급속히 악화되고 있었다. 이런 상황에서 한일 관계를 어떻게 관리해 나갈까를 두고 이원덕 선생이 이끄는 국민대학교 일본학연구소에서 와다 선생을 초청해서 작은 모임을 연 것이었다.

당시는 아직 일본어가 익숙지 않은 '특파원 지망생'이었기에 모임에서 오간 얘기를 겨우겨우 알아듣고 지면에 작은 기사(〈일본은 독도 한국령 인정하고, 한국은 일본 어업권 보장해야〉, 《한겨레》 2012년 11월 6일 10면) 하나를 남겼다. 이후 특파원(2013년 9월~2017년 3월) 부임 직전에 다시 한번 와다 선생을 뵙게 되어 도쿄에 도착하면 연락드리겠다고 말했다. 그로부터 두 달 뒤인 2013년 11월 15일 도쿄역 2층에 있는 도쿄스테이션호텔 커피숍에서 짧은 인터뷰를 하는 것으로 선생과의 관계가 시작됐다. 이후 한일 관계가 변곡점을 지날 때마다 연락을 드리고 이따금 찾아뵈었는데, 이 글을 쓰기 위해 회사 데이터베이스를 뒤져 보니 지면에 올린 정식 인터뷰 기사만 해도 4건이나 됐다.

선생과 인터뷰는 당시 한일 간의 최대 현안이던 일본군 '위안부' 문제를 중심으로 이뤄졌다. 와다 선생의 주장을 한국인들이 알아듣기 쉽게 옮기자면, 현재 일본 사회가 받아들일 수 있는 것은 '이 정도'(박근혜 정부 때 맺은 12·28위안부합의)까지이니 한국도 그에 맞춰 현실적으로 타협해야 한다는 것이었다. 가령, 12·28합의 1주년을 앞두고 선생과 했던 가장 마지막 인터뷰(〈일본 정부 책임 인정…위령비 세워 매듭을〉, 《한겨레》 2016년 12월 28일 6면)에 아래와 같은 구절이 등장한다. 와다 선생다운 현실주의적 답변이었는데, 섭섭한 마음이 드는 것을 감출 순 없었다.

새 대통령이 12·28합의를 없앤다고 하면 한국의 엄청난 국민적 힘이 일본을 겨냥하는 것처럼 보이게 된다. 위안부 문제는 그동안 경과가 있었고, 박 대통령의 거의 유일한 업적이라 할 수 있다. 새 대통령이 안정적으로 지역을 발전시키는 방향으로 주변국과 관계를 추진해야 한다. 새 대통령이 (합의 정신을 살려) 위령비를 만들고, 거기에 위안부에 대한 제대로 된 인식을 새겨 이를 세계로 확산해 가겠다는 뜻을 표명하면 된다. 위안부 문제에서 하나의 역사적 매듭을 짓는 게 바람직하지 않나 생각한다. 아베 총리는 위안부 문제에 대한 역대 일본 정부의 입장을 계승했고 한발 더 나아가 일본 정부의 책임을 인정했다. 그것으로 충분하다. 그리고 중요한 점은 촛불집회로 일본에서 소녀상 철거 주장이 완전히 사라졌다는 점이다.

이 답변을 통해 알 수 있듯 한일 과거사에 대한 와다 선생의 견해는 극단적 '현실주의'라 할 수 있다. 그 때문인지 한국의 민주화를 위해 오랜 시간 애쓰신 노고는 모두가 인정하면서도, 신생에 대한 한국 사회의 평가엔 '극과 극'으로 갈리는 지점이 있다.

한일 시민사회 간 연대가 본격적으로 시작된 것은 1970년대 초로 거슬러 오른다. 1973년 8월 김대중 납치 사건 이듬해인 1974년 4월 일본에선 '일본의 대한정책을 바로잡고 한국 민주화투쟁에 연대하는 일본연락회의'(일한연대 연락회의)가 결성된다. 이 모임의 사무국장을 맡은 이가 와다 선생이었다. 이후 일한연대 연락회의는 그해 7월 시인 김지하 등 민청학련 피고 7명에게 사형이 선고되자 이들의 구명을 위해 적극적으로 활동하게 된다. 이런 길고 긴 투쟁 과정에서 와다나 야스에 료스케(이와나미서점 사장) 등 일본의 진보적 지식인들과 리영희, 백낙청 등 한국의 지식인들 사이에 인간적 교류가 깊어진다.

이런 관계에 결정적으로 '금'이 가게 만든 것이 다름 아닌 위안부 문제였다. 와다 선생은 위안부 문제에 대한 일본 정부의 '법적 책임'을 인정하지 않고, '도덕적 책임'만을 받아들인 무라야마 도미이치 정권의 '아시아 여성기금'(1995~2007)에서 전무이사를 맡아 이 안을 적극 추진했다. 한국의 시민사회는 크게 실망했고, 와다 선생은 자신의 옛 동지들이었던 한국 지식인들 사이에서 크게 고립되기에 이른다.

특히 12·28합의가 나온 뒤 《한겨레》 지면(2016년 3월 12일)에 실린 서경식 선생의 비판 글이 여전히 기억에 새롭다. 그는 이 글에서 와다 선생을 향해 "초심은 어디 가고 왜 반동의 물결에 발을 담그냐"

라는 도발적 질문을 던졌다. 고심 끝에 와다 선생은 이 글에 대한 반론을 보내왔는데, 글의 제목이 〈아베의 사죄 표명이 12·28합의 백지 철회보다 중요〉(2016년 3월 26일 자)였다. '현실주의자' 와다 선생다운 글이라는 생각이 들어 반론문을 번역해서 실으며 〈위안부 문제에 관한 현실주의-서경식과 화해하기 힘든 심연〉이란 짧은 해설 글을 붙였다.

와다 선생은 왜 현실주의의 틀을 벗어나지 못할까. 그 점이 늘 아쉽고 안타까웠는데 이 책을 번역하며, 그 마음을 조금은 이해할 수 있다는 생각이 들었다. 와다 선생이 한반도와 관련해 위안부 문제와 더불어 전력을 기울인 또 다른 주제는 북일 국교 정상화였다. 이 책 《북일 교섭 30년》은 "2001년 중에 늦어도 2002년 (한일 공동) 월드컵 개최까지는 북일 교섭을 실현하자"라는 목표 아래 2000년 7월 3일 설립된 북일국교촉진국민협회(이하 국민협회. 와다 선생은 사무국장을 맡았다)의 활동을 반성적으로 되짚는 백서라 할 수 있다.

자신이 실무를 주도했던 이 단체에 대한 와다 선생의 평가는 냉정하기만 하다. "국민협회는 2020년을 맞아 우리의 패배를 인정하고 지난 역사를 되돌아보며 이후 나아가야 할 길을 생각하는 것을 목표로 삼기로 했다"라며 선선히 패배를 인정하고 있다. 여기서 주목해야 할 용어는 '패배'다. '실패'가 아닌 '패배'라는 말을 썼다면, 승리를 거둔 상대가 있다는 뜻이기 때문이다.

국민협회를 이끈 이들은 왜 패배한 것일까. 또 승리를 거둔 이들은 누군가. 와다 선생은 전전 체제의 일본 역사에 미련을 갖는 '보수 세력'과 지난 역사를 사죄·반성하며 북한과의 관계 정상화를 추진했던 '진보 세력'이 북일 국교 정상화라는 '결정적 전선'에서 맞붙었고, 이 처절한 싸움에서 보수 세력이 승리했다는 관점을 제시하고 있다. 일본의 진보 세력은 위안부 동원 과정의 강제성과 군의 관여를 인정한 1993년 '고노 담화'와 지난 식민 지배와 침략에 대한 사죄와 반성의 뜻을 담은 1995년 '무라야마 담화' 등 진일보한 역사 인식을 만들어 내는 데까지는 성공했다. 하지만 일본이 지난 35년간 한반도에 행한 식민 지배에 대한 '진정한 청산'을 마무리하는 북일 국교 정상화라는 더 중요한 싸움에선 쓰라린 패배를 맛보게 된다.

그 결정적 변곡점이 2002년 9월 고이즈미 준이치로 전 총리의 역사적 '평양 방문'이었고, 이 싸움의 향방을 사실상 결정지은 핵심 변수가 이 책의 중심 주제인 일본인 납치 문제였다. 고이즈미 총리는 평양 방문을 통해 북일 국교 정상화라는 새 역사를 열려 했지만, 김정일 위원장이 납치 문제에 시과하면서 예상치 못한 사태가 발생한다. 납치 문제가 일부 사람들이 제기해 오던 '의혹'에서 '사실'로 지위가 변하게 되면서 일본 사회가 상상하지도 못할 수준의 분노를 쏟아냈기 때문이다. 당시 고이즈미 총리의 평양 방문을 실현했던 다나카 히토시 전 외무성 아시아대양주국장은 이후 일본의 독립 언론인 아오키 오사무와 인터뷰에서 "납치 문제로 인해 전후 오랜 시간 한반도에 대해 '가해자'라는 의식을 가졌던 일본의 입장이 처음 '피해자'로 바뀌었다. 가해자가 피해자의 입장에 서는 순간 일본의 내셔널리즘적 퍼블릭 센티멘트(대중 정서)가 매우 강하게 터져 나왔다"라는 인식을 밝혔다.

이런 대중 정서를 이용해 일본의 운명을 결정한 인물이 다름 아닌 아베 신조(1954~2022) 전 총리였다. 와다 선생은 국교 정상화에 대한 희망이 사라지며 지금까지 적대적 관계로 남게 된 북일의 운명이 결정된 2002년의 상황을 다음과 같은 서늘한 문장으로 정리하고 있다.

이렇게 하여 북일 국교 정상화에 반대하고, 북한에 압력을 가해 붕괴시킨다는 것을 목표로 하는 이 세력이 일본 정부·국민·언론·여론을 제압한 것이 2002년의 결과였다. 가까스로 살아남은 것은 북일 평양선언뿐이었다. 이것은 북일국교촉진국민협회의 패배였을 뿐 아니라, 고이즈미 총리, 일본 정부, 일본 외무성의 실패였다고 말하지 않을 수 없을 것이다.

하지만 이 불행한 사태의 여파는 거기서 그치지 않았다. 2002년 일본 진보 진영의 '패배'는 일본 사회 전체의 패배, 더 나아가 한국을 포함한 동아시아와 전 세계의 패배로 이어졌기 때문이다.

먼저 일본을 보자. 납치 문제에 대한 일본인들의 분노가 폭발하며 일본에선 아베 정권이 탄생했다. 이를 통해 이후 일본의 국책으로 굳어지게 되는 아베의 '납치 3원칙'이 만들어진다. 납치 3원칙이란 ① 납치 문제는 일본의 최중요 과제다, ② 납치 문제의 해결 없이 국교 정상화는 없다, ③ 납치 피해자는 전원 생존해 있어 피해자 전원 탈환을 요구한다는 내용으로 구성돼 있다. 와다 선생은 이 원칙에 대해 일본이 조선을 식민 지배한 가해의 책임을 부정하고, 일본이 받은 피해만을 절대시하면서, 외교를 통한 문제 해결을 부정하고 북한과 철저히 싸우고 징벌을 가하려는 방침이라고 설명하고 있다.

불행하게도 이 납치 3원칙은 이후 북핵과 미사일 위기가 첨예해지면서 북일 국교 정상화 3원칙으로 발전하게 된다. 이 원칙은 북일 국교 정상화를 위해선 북한이 ① 완전하고 검증 가능하며 불가역적인 비핵화를 하고 ② 모든 사거리의 탄도미사일 폐기하며 ③ 납치 문제를 해결해야 한다는 내용이다. 하지만 이는 북한에 절대 굴복을 강요하면서 이미 죽은 요코타 메구미를 살려 내라는 도무지 실현 불가능하고 무책임한 결론일 뿐이다. 결국, 상대가 이행할 수 없는 요구를 제시해 북일 국교 정상화를 사실상 포기하고, 북한에 압력을 가해 정권을 무너뜨리려는 원칙이라고 할 수밖에 없다.

북일 국교 정상화가 사실상 불가능해졌다면, 두 나라는 '영원한 적대' 관계에 머물 수밖에 없다. 이런 갑갑한 상황은 지난 30여 년간 한반도와 세계정세에 매우 심각한 영향을 끼쳐 왔다. 와다 선생도 잘 설명하고 있지만, 1989년 말 냉전 체제가 붕괴한 뒤 나라가 붕괴할지 모르는 국난에 몰리게 된 북한 앞엔 '두 개의 옵션'이 있었다. 하나는 핵 개발을 통한 '대결의 길', 또 하나는 미일과 수교를 통한 '개방의 길'이었다. 한국이 중국·소련과 수교한다면, 북한 역시 미국·일본과 수교해 그 효과를 상쇄하면 된다. 냉전이 마무리되던 시점에 한일 모두가 공감하던 '교차승인론'이었다.

이 구상이 실현돼 2002년 무렵 북일 국교 정상화가 실현됐다면, 북한 체제에도 숨통이 트이게 됐을 것이다. 이 흐름 속에서 북미 관계 역시 극적으로 개선됐을지 모른다. 미일 모두와 관계를 풀어 고립을 탈피한 북한이 지금처럼 핵과 미사일 개발에 집착하고 있을 것이라 상상하긴 쉽지 않다. 동아시아는 북한의 핵실험과 미사일 발사로 시도 때도 없이 뉴스 속보가 이어지는 지금보다 더 평화롭고 더 살 만한 지역이 됐을 것임에 틀림 없다.

북한과 사실상 화해를 포기한 일본이 선택한 길은 미일 동맹을 강화해 '위험해지는 북한'과 '부상하는 중국'에 맞서겠다는 대결의 길이었다. 중국 견제를 위해 '재균형 전략'을 내세우고 있던 버락 오바마 행정부는 이에 적극 호응했다. 미일은 2015년 4월 미일 방위협력지침을 개정해 미일 동맹을 극동 지역의 평화·안정을 지키던 그동안의 '지역 동맹'에서 전 세계의 평화와 안전을 위해 역할을 하는 '글로벌 동맹'으로 강화했다.

이후 등장한 도널드 트럼프 행정부는 일본을 핵심 파트너로 삼아, 2017년 11월 '자유롭고 열린 인도·태평양'을 양국의 공동 전략으로 결정했다. 아베 전 총리가 2016년 8월 처음 제창한 이 '자유롭고 열린 인도·태평양'(FOIP)이란 용어가 미일의 공통된 안보 전략이 된 것이다. 미 국방부는 2019년 6월엔 '인도·태평양 전략 보고서'를 통해 한국·일본·오스트레일리아 등 인도·태평양 지역의 동맹국·동반국과 힘을 합쳐 중국의 도전을 꺾고 지역 내 패권을 유지하겠다고 선언했다. 미국은 이제 한·미·일 3각 동맹을 강화하고, 쿼드 Quad(미국·일본·오스트레일리아·인도), 오커스AUKUS(미국·영국·오스트레일리아), 인도태평양경제프레임워크IPEF 등 안보와 경제 양쪽 모두에서 다양한 협의체를 만들어 겹겹이 중국을 포위해 나가는 중이다. 일본은 자기 나름대로 "타이완 유사 사태는 곧 일본 유사 사태"라고 주장하며, 2022년 12월 적기지 공격능력을 확보하고 일본 국방예산을 국내총생산의 2퍼센트대로 올리는 것을 뼈대로 한 안보 3문서 등을 개정하게 된다.

이런 암울한 상황은 한국인들에게도 여러 복잡한 고민을 던진다. 2021년 저서 《신냉전 한일전》(생각의힘)을 통해 문재인 정부 시절이던 2018~2019년 이어진 한일 갈등은 남북 관계를 개선하고 북핵문제 해결의 실마리를 풀어 옛 냉전 질서를 깨뜨리려던 한국의 '현상변경' 전략과 한·미·일 3각 협력을 강화하고 그 힘으로 북한과 중국을 억제해야 한다는 일본의 '현상 유지' 전략이 충돌해 발생한 것이라 설명한 바 있다. 그 연장선상에서 한일의 대북정책이 엇갈려 갈등을 빚게 되면 한국이 불리한 상황에 놓이기 때문에 한반도 문제를 풀어 가는 데 일본을 배제하려는 '재팬 패싱'을 시도하면 안 된다고 지적했다. 그 대신 한반도 평화의 '방해자'가 아닌 예전 같은 '조력자'로 돌려놓기 위한 외교적 노력을 기울여야 한다고 주장했다.

그러나 이 책을 번역하며 이런 구상은 아마도 불가능할 것이라는 와다 선생의 체념을 읽을 수 있었다. 와다 선생은 "나 자신이 조건을 걸지 않고 김정은 위원장과 직접 마주한다는 결의를 갖고 있다"라는 기시다 후미오 총리의 2021년 10월 8일 일본 국회 소신표명 연설을 소개하며 "듣고 있는 의원들은 그것이 내용 없는 말이라는 것을 이해하고 있었다"라는 평을 남기고 있다. 전임자인 아베 신조, 스가 요시히데 두 총리처럼 '북한과 대화하겠다'고 앵무새 같은 말을 되풀이하고 있을 뿐 이를 시행할 능력도 의사도 없다고 본 것이다. 이 말에서 와다 하루키라는 한 지식인이 꽉 막힌 일본 사회 내에서 느껴야 했던 깊은 절망을 확인할 수 있었다. 일본 사회의 이 같은 '답답한 현실' 속에서 한일 관계에서 성취한 여러 성과(고노 담화, 무라야마 담화, 아시아 여성기금, 위안부 합의)를 지키고 의미를 부여하려는 것이 앞서 언급한 '와다식 현실주의'라 한다면, 그 절박한 심정을 아예 이해 못할 것도 아니란 생각이 든다.

그리고 마지막 질문. 아베의 납치 3원칙으로 인해 북일이 관계를 개선할 가능성이 사라졌다면, 그래서 일본이 한반도 평화의 '조력자' 역할을 해 줄 가망이 아예 없어졌다면 한국은 일본과 어떻게 사귀어야 할까. 윤석열 정부가 하는 대로 한일 관계를 개선하고, 한·미·일 3각 협력을 강화해 우리가 얻을 수 있는 것이 남북 화해를 통한 평화로운 동아시아가 아니라, 북중을 압박·봉쇄해 얻는 '아슬아슬한 평화'일 뿐이라면 그 협력에 얼마나 깊은 의미가 있을까. 물론, 2022년 2월 말 시작된 우크라이나 전쟁으로 인해 세계는 다시 진영화됐고, 미중 전략 경쟁이 치열해지는 정세 변화 속에서 필요한 선에선 한미 그리고 한·미·일 협력에 나설 수밖에 없을 것이다. 그러나 이런 협력의 최종 결론이 한국인들이 염원해 온 평화로운 한반도가 아니라면, 우리는 어떻게 반응해야 할까.

와다 선생은 이 책에서 일본의 대북정책을 좋은 방향으로 전환하기 위한 그 어떤 실마리도 제시하고 있지 않다. 그것이 현실주의자 와다 하루키의 최종 결론이라 한다면, 이 절망의 늪에서 빠져나갈 답을 찾아야 하는 것은 한국인 자신일 수밖에 없다. 2019년 봄 하노이 북미 2차 정상회담의 실패로 한반도 평화 프로세스가 작동을 멈춘 지 4년이 흘렀다. 이후 한반도 정세는 살벌하게 악화돼 왔다. 쉽지 않겠지만, 이 컴컴한 암흑 속에서 한 줄기 빛을 발견해 내야 한다. 한국 진보가 한반도의 평화를 고민하고, 해법을 찾아가는 과정에서 일본의 지난 30년간을 회고적으로 반성하는 이 책이 조금이나마 도움이 되기를 바란다. 우리는 현재와 같은 답답하고 위태로운 위기 상황을 벗어날 수 있는 해법을 찾아내야 한다. 컴컴한 망망대해에서 우리만의 북극성을 발견해야 한다.

2023년 7월
한국외대 앞 한 카페에서
길윤형